本书由国家自然科学基金（项目号：72002189）和浙江省自然科学基金
（项目号：LQ21G020008）资助出版

股票市场开放与公司信息环境

——基于陆港通的准自然实验

Stock Market Liberalization and Corporate Information Environment：
Evidence from Mainland-Hong Kong Stock Connect

黄健峤　著

中国财经出版传媒集团
经济科学出版社
Economic Science Press

图书在版编目（CIP）数据

股票市场开放与公司信息环境：基于陆港通的准自
然实验/黄健崤著 . -- 北京：经济科学出版社，
2023.4
ISBN 978 - 7 - 5218 - 4722 - 2

Ⅰ.①股⋯ Ⅱ.①黄⋯ Ⅲ.①股票市场 – 研究 – 中国
②上市公司 – 企业管理 – 研究 – 中国 Ⅳ.①F832.51
②F279.246

中国国家版本馆 CIP 数据核字（2023）第 073258 号

责任编辑：庞丽佳
责任校对：齐　杰
责任印制：邱　天

股票市场开放与公司信息环境
——基于陆港通的准自然实验
黄健崤　著
经济科学出版社出版、发行　新华书店经销
社址：北京市海淀区阜成路甲 28 号　邮编：100142
总编部电话：010 - 88191217　发行部电话：010 - 88191522
网址：www. esp. com. cn
电子邮箱：esp@ esp. com. cn
天猫网店：经济科学出版社旗舰店
网址：http://jjkxcbs. tmall. com
固安华明印业有限公司印装
710×1000　16 开　13.5 印张　230000 字
2023 年 6 月第 1 版　2023 年 6 月第 1 次印刷
ISBN 978 - 7 - 5218 - 4722 - 2　定价：50.00 元
（图书出现印装问题，本社负责调换。电话：010 - 88191545）
（版权所有　侵权必究　打击盗版　举报热线：010 - 88191661
QQ：2242791300　营销中心电话：010 - 88191537
电子邮箱：dbts@ esp. com. cn）

前言

　　自加入世界贸易组织以来，我国政府一直致力于推动资本市场的对外开放。2014 年 5 月，国务院发布《关于进一步促进资本市场健康发展的若干意见》指出，"稳步开放境外个人直接投资境内资本市场"；2017 年 10 月，党的十九大报告指出要"进一步扩大资本市场开放水平"；2022 年 10 月，党的二十大报告更是强调"坚持高水平对外开放，实行更加积极主动的开放战略，形成更大范围、更宽领域、更深层次对外开放格局"。受惠于政府的重视，A 股市场向海外投资者开放的各类改革也在近年快速推进，如 2014 年的沪港通、2016 年的深港通、2017 年的债券通、2018 年 A 股被纳入 MSCI 新兴市场指数和富时罗素指数体系以及 2019 年的沪伦通等。在这一系列资本市场开放政策中，以沪港通和深港通为基础的股票市场互联互通机制最为典型和代表，引发了投资者与公众的极大关注。因此，在资本市场开放水平不断提升的背景下，本书探讨股票市场开放的影响具有重要的理论贡献和现实意义。

　　基于此，本书以我国股票市场上沪港通、深港通的启动这一分步实施的陆港通机制为准自然实验，利用中国 A 股上市公司 2012～2017 年的数据，基于信息不对称理论、委托代理理论和迎合理论等，顺应着信息流的方向，通过控制公司固定效应及年度固定效应的双重差分模型，分别从信息的供给、解读及经济后果等维度探讨了股票市场开放对公司信息环境的具体影响。

　　本书共有七个章节，大体可分为三个部分。其中，第 1 部分由第 1 章和

第 2 章构成，是从研究背景及文献回顾等方面对研究基础的介绍；第 2 部分由第 3 章到第 6 章构成，是本书最为核心的部分，主要通过理论分析和实证检验探讨了股票市场开放对公司信息披露、资本市场信息解读的影响，并进一步从资源配置效率的视角探讨了相应的经济后果；第 3 部分为第 7 章，主要总结了相关研究发现，得到研究结论和政策启示，并指出了未来潜在的研究方向。

本书的主要结论如下：首先，从信息供给维度看，股票市场开放显著增加了公司自愿性业绩预告的数量，降低了公司盈余管理的程度，表明股票市场开放有利于公司信息披露数量和信息质量的提升；其次，从信息解读维度看，股票市场开放有利于降低公司的股价同步性和股价崩盘风险，意味着随着股票市场开放程度的提升，公司股价的信息含量得以提升；最后，从经济后果维度看，股票市场开放显著提高了公司的投资效率，说明股票市场开放能够促进发挥市场在资源配置中的决定性作用。

总而言之，本书对于股票市场开放与公司信息环境之间关系的探讨，具有以下理论和现实意义：第一，不仅丰富了国内股票市场开放的研究，还补充了国际上关于外资持股及股票市场开放的相关研究，并提供了中国制度背景下的独特证据，从而对于后续类似研究具有重要的借鉴意义。第二，拓展了中国资本市场信息环境相关研究。我国作为世界第二大经济体以及最大的发展中国家，对其资本市场信息环境改善的可能影响因素进行探究具有重要价值。本书从股票市场开放视角切入，为改善新兴资本市场信息环境提供了新的思路，丰富了现有对公司信息环境影响因素的研究。第三，本书的研究为股票市场互联互通机制的有效实施乃至后续资本市场的深度开放提供了丰富的证据支持，从而积极响应了党的二十大关于"坚定不移稳步推进高水平对外开放"的改革精神，对未来深化股票市场互联互通和推动资本市场高质量发展具有重要政策启示。

目 录

第 1 章

绪　　论

1.1　选题背景与研究意义

1.1.1　选题背景

2018 年是改革开放四十周年，中国奇迹式的经济增长，一方面源于对内的体制改革，另一方面源于对外的市场开放。中国经济的发展历程是持续改革开放的历程，而资本市场的持续对外开放是党和政府的重要举措，近年来也相继实施了一系列扩大开放的重要政策①，如 2014 年 11 月沪港通正式启动，2016 年 12 月深港通开始运行，2017 年 7 月债券通开通，2018 年 6 月和 9 月中国 A 股分别被正式纳入 MSCI 新兴市场指数和富时罗素指数体系，而上交所与伦敦证券交易所的沪伦通也逐步得以落实②。在这些对外开放政策中，以沪港通、深港通为代表的分步实施的股票市场互联互通机制是尤其

①　2018 年 1 月 31 日召开的证监会系统 2018 年工作会议中，时任证监会主席刘士余就强调未来一年的重点任务之一即"优化完善沪深港通机制，研究扩大沪深港通标的，扎实推进沪伦通，积极支持交易所市场对外开放"。

②　2018 年 2 月 5 日《证券日报》发表《2018 年沪伦通启动预期增强》文章称：自 2015 年中英两国政府宣布启动沪伦通可行性研究后，上交所和伦敦证交所建立了良好的沟通和工作机制。2017 年底中英双方同意进一步深入研究两地符合条件的上市公司到对方市场挂牌上市，以实现两地市场的互联互通，这有利于扩大我国资本市场双向开放，也有利于中英两国资本市场合作。

重要的资本市场开放制度创新[①]，受到了政府、投资者和媒体公众的极大关注：（1）2017 年 10 月 18 日习近平总书记在党的十九大报告中明确了"中国的金融市场会进一步开放"的目标[②]。这一系列金融市场开放的新进展和新要求均表明深化落实股票市场对外开放是构建开放型经济新体制的关键一步，扩大市场准入意味着将有更多的境外投资者进入内地的资本市场并参与到具体的经济建设中。（2）股票市场的互联互通机制也引发了中国香港地区和海外投资者的热捧，沪港通开通后外资持股占 A 股总股数超过 10% 的有福耀玻璃、宇通客车、方正证券、顾家家居、恒瑞医药等明星股票。2015年 5 月 19 日，上海机场（600009）由于境外总持股比例超过 28%，成为首只沪港通暂停买入的股票，而深港通开通后大族激光、华测检测、老板电器和美的集团等上市公司同样受到海外投资者的热捧，持股比例均超过 10%。（3）海内外媒体对中国股票市场的这一系列重大改革同样寄予了极大期望。在沪港通的开通日，《福布斯》指出"沪港通的启动是中国迄今为止向着内地市场和香港市场融合迈出的最大一步"；《华尔街日报》认为"沪港通令中国股市一举迈入全球顶尖市场行列"；《金融时报》则称"这是 10 年来中国在开放资本账户方面最重大的举措之一"；甚至还有海外媒体认为"沪港通的启动具有里程碑式的意义，不仅标志着中国向放开市场迈出了一大步，而且可能将改写全球投资版图"[③]；在深港通开通当日，新华社则以《深港通开通，中国资本市场对外开放迎来新里程碑》为题进行了整版报道，证监会新闻发言人张晓军表示"深港通将进一步扩大内地与香港股票市场互联互通的投资标的范围和额度，吸引更多境外长期资金进入 A 股市场，从而能改善 A 股市场投资者结构，促进经济转型升级"。随着沪港通、深港通的先后开启，上海、深圳和香港三大交易所真正实现互联互通，这对于内地资本市场对外开放以及不断发展壮大都是一个新的里程碑。

---

① 资本市场互联互通机制包括股票以及债券的互联互通，为了叙述方便，本书所涉及的互联互通仅为沪港通和深港通两项 A 股市场和香港证券市场的股票市场互联互通机制。

② 关于提升资本市场对外开放水平，在 2013 年 11 月党的十八届三中全会、2017 年 7 月第五次全国金融工作会议以及中央财经领导小组会议、2017 年 10 月党的十九大报告、2018 年 3 月第十三届全国人大一次会议都有重要论述。

③ 参见中国新闻网 2014 年 11 月 17 日报道：《外媒聚焦沪港通正式启动：或将改写全球投资版图》。

互联互通机制作为我国内地资本市场开放过程中的重大制度创新，其实施的重要初衷之一便是充分吸引成熟市场中的境外投资者参与到内地股票市场中来，从而引领价值投资，规范市场机制，提高上市公司治理水平。然而非常遗憾的是，与政府的重视、投资者的热情以及媒体和公众的持续关注不同，学术界不仅缺乏系统研究沪港通、深港通等重要市场开放政策对上市公司具体行为的影响的文献，甚至鲜有从学术的视角对股票市场开放的经济后果展开大样本的实证研究，尤其是忽视了对股票市场开放所产生的实质性影响（real effect）的考察。退一步说，即使是仅有的少数以中国的股票市场开放为背景的研究，大多只以"沪港通"单个政策为切入点，从而使得研究结果无法排除同一时间点上其他因素的干扰，即面临着混杂效应（confounding effect）的影响（Yoon，2017；钟覃琳和陆正飞，2018；钟凯等，2018）。然而，在国际学术界上这一领域的研究虽然相对丰富，但大多采用多个国家/资本市场的国别研究（Kim and Singal，2000；Bekaert and Harvey，2005；Gamra，2009），且由于缺乏较为完美的外生政策变更冲击，现有很多研究较难解决潜在的内生性等有效识别问题（identification problem），从而相关研究结果是混合甚至是互相矛盾的，比如，部分学者发现股票市场开放给上市公司提供了融资的重要渠道（Mitton，2006；Gupta and Yuan，2009）；促进了上市公司引进国外先进的生产技术、管理技能和人力资源，提高了公司的创新能力、风险承担能力和治理水平（Li et al.，2011），进而提升了公司价值（Rossi and Volpin，2004；Wang et al.，2009；Guadalupe et al.，2012）。然而，也有部分学者认为股票市场开放会导致股市"羊群行为"的增加，从而不利于资本市场的稳定（Stiglize，1999；Bae et al.，2004）。

幸运的是，中国 A 股市场的互联互通机制为股票市场开放的研究提供了干净的实验环境。因为中国 A 股市场与中国香港市场开展互联互通机制是一个逐步放开的过程，2014 年 11 月沪港通开始实施，取消了沪市 568 只股票对于中国香港投资者的交易限制；2016 年 12 月深港通也开始实施，取消了深市 881 只股票对于中国香港投资者的交易限制。这种时间上错开的准自然实验环境给我们提供了更为干净对照组的机会（Bertrand and Mullainathan，2003；Giannetti et al.，2015），即这种单一国家分步实施的政策场景

（staggered policy）为学术界提供了相对外生的研究场景。

与此同时，中国资本市场较差的信息环境一直被诟病（Morck et al.，2000；Gul et al.，2010；Chen et al.，2018）。彼得罗斯基和黄（Piotroski and Wong，2012）就指出中国作为最大的发展中国家，其资本市场的信息环境相比于全球其他主要经济体是非常不透明的。因此，如何改善这一现状同样是学术界很有意义的话题。基于此，本书选择公司信息环境这一切入点，以互联互通机制的分步实施为准自然实验，考察股票市场开放对上市公司信息环境的影响，以及进一步对资源配置效率的作用。从理论上说，公司的信息环境是一个多维系统，包括信息生产、收集、验证、传播、接受等过程，受到国家、地区和公司层面信息机制的影响，并最终实现供需平衡（Piotroski and Wong，2012）。在此理论基础上，本书首先从信息供给的角度出发，根据股票市场开放导致境外投资者进入 A 股市场渠道拓宽、持股水平增加，进而影响上市公司的迎合行为、外资股东的治理行为和监管当局的监管强化等基本逻辑，考察了股票市场开放对上市公司自愿性信息披露数量及会计信息质量的影响。其次，基于信息解读的视角，根据股票市场开放导致上市公司信息释放增加以及投资者将信息融入股价的能力提升的逻辑脉络，本书研究了股票市场开放对资本市场定价效率的影响，具体检验了股票市场开放与股价同步性、股价崩盘风险等之间的关系。最后，为进一步检验股票市场开放对公司信息环境影响的实际经济后果，进而丰富股票市场开放影响公司信息环境的基本逻辑，本书从资源配置效率的视角考察了股票市场开放对公司投资效率的影响。之所以以资源配置效率为切入点，一方面是因为信息的透明性是资源配置效率的关键因素，也是最优投资决策的必要因子（Myers and Majluf，1984；Bushman and Smith，2001；Biddle et al.，2009；Piotroski and Wong，2012），所以对企业资源配置效率的进一步研究就是绝佳的检验股票市场开放对信息环境影响的经济后果的研究。另一方面是为了部分解答目前资本市场实践所关注的重要现实问题，即金融市场改革对实体经济资源配置效率的作用。时任证监会主席刘士余在 2016 年 12 月深港通的开通仪式上表示"中国资本市场发展 26 年来的经验证明，只有坚定不移地扩大开放才能真正提高中国资本市场对实体经济的服务能力"；2017 年 7 月中央金融工作会议则进一步强调"金融要服务于实体经济"，2017 年 10 月习近平总书记在党的十九大报告中指出"深化金融体制改革需要增强金融服务实体经济能力",从而使得提升企业资本投资效率为代表的资源配置效率改善成为检验资本市场改革的关键问题,而目前又鲜有研究关注到股票市场开放之于企业资源配置效率的影响。

1.1.2 研究意义

承接上述研究背景和研究问题,本书的研究意义具体有以下三点:

(1)有效检验了沪港通、深港通这一股票市场互联互通机制在微观层面的政策效果。实施沪港通和深港通的重要目的之一便是完善 A 股上市公司的治理机制,提高内地资本市场的信息环境水平和资源配置效率。沪港通自 2014 年 11 月运行至今已超过八年,深港通自 2016 年 12 月运行至今也已六年有余,在微观层面其实施效果究竟如何还不得而知。本书则是较早地从公司信息环境视角展开了研究,从而提供了互联互通机制在微观层面影响的证据。

(2)有效拓展了股票市场开放、公司信息环境以及资源配置效率领域的研究。一方面,现有关于股票市场开放的研究较多讨论了外资股东对于对股价波动(Chen et al.,2013)、股利政策(Wang et al.,2009;Cao et al.,2017)、投融资行为(Gupta and Yuan,2009;Chen et al.,2017)和经营效率(Li et al.,2011;Guadalupe et al.,2012)的作用,较少有对公司信息环境的系统研究,且研究结果并不统一甚至相互矛盾;另一方面,资源配置效率的决定因素是公司财务领域的一个基本问题(Myers and Majluf,1984;Biddle et al.,2009),资源的优化配置是公司不断获得高质量的现金流乃至在激烈竞争市场中立于不败之地的必要保障。因而,本书的研究有助于从理论层面解答学术界和实务界非常关注的这一现实问题。

(3)具有较强的实践和政策启示。股票市场互联互通机制是国家政策持续推进的、资本市场新近发生的重大改革。2013 年 11 月党的十八届三中全会提出"要扩大金融业对外开放",2014 年 11 月和 2016 年 12 月沪港通和深港通政策分别随之推行,2017 年 11 月党的十九大会议更是明确指出"中国的金融市场会进一步开放",这意味着资本市场的互联互通机制是国家层面的重大系列改革举措，因而本书的研究有助于总结沪港通和深港通的执行效果，为后续深化资本市场互联互通机制改革提供经验证据，这对于未来深化股票市场互联互通等都具有重要的启示。

1.2 研究目标、思路与方法

1.2.1 研究目标

本书的研究以公司的信息环境为切入点，运用理论与实证的分析方法，系统探讨股票市场开放之于公司微观层面的影响。本书的研究主线是股票市场开放通过影响境外投资者持股作用于公司的信息环境水平，所关注的维度是上市公司的信息供给与资本市场的信息解读，以及最终产生的实质性后果。因此，本书研究的总体目标是：利用沪港通和深港通这两个中国股票市场逐步开放的重大事件作为准自然实验，研究股票市场开放对公司信息环境的影响，及其进一步对资源配置效率的作用，从而从信息环境视角系统地解读沪港通、深港通等股票市场互联互通机制的实施效果，补充并丰富国内外学术界关于股票市场开放、外资持股以及公司信息环境领域的系列研究。主要研究目标有以下三点：

（1）充分解决股票市场开放的有效识别问题（identification problem），提供外资持股与公司微观行为之间关系的系统性因果证据，丰富政策执行效果的微观层面证据。正如之前的诸多文献所述，内生性问题是导致股票市场开放问题研究陷入困境的一大关键原因，究竟是外资持股促使了公司治理水平的提高，还是治理水平高的公司吸引了外资持股，我们不得而知，所以如何有效地识别并降低内生性问题的干扰就显得尤为重要。利用沪港通和深港通相继实施的研究场景则能够较好地识别出外资持股的变化对上市公司行为的影响。实际上，互联互通机制实施的重要目的之一也正是引领 A 股回归价值投资，完善 A 股上市公司治理机制，但自 2014 年沪港通实施和 2016 年深港通实施以来却鲜有研究对其实际的执行效果加以深入的检验。因此，本书就是要从经验证据上探究股票市场开放背景下外资持股对上市公司具体行为的影响，从实证上检验股票市场开放对上市公司信息环境作用的内在机理。显然，从现实层面来看，单个上市公司很难影响到国家宏观层面的市场开放战略布局，因而如果观测到互联互通机制实施后上市公司信息环境的改善、资源配置效率的提高，只能是外资持股增加影响公司行为的逻辑，而不是相反。

（2）秉承"小题大做"的学术原则，选择公司信息环境这一独特视角对股票市场开放话题进行深入剖析，以求做到见微知著。为了更加集中于一个研究点，本书从信息供给和信息解读等方面系统地检验股票市场开放与公司信息环境的关系。通过比较互联互通机制实施前后标的公司与非标的公司的信息披露行为以及资本市场定价效率变化的差异，多个维度聚焦于一个研究核心，从而提供股票市场开放影响公司信息环境的因果证据，深化对股票市场开放在微观层面影响的系统性认识。

（3）从资源配置效率角度来进一步检验股票市场开放对公司信息环境影响的实际后果。这有助于回答"资本市场改革要有助于实体经济"的政策动因。资源配置效率的决定因素是公司财务领域的一个基本问题（Myers and Majluf，1984；Biddle et al.，2009），而包括股票市场开放在内的一系列资本市场改革，其目的都是为了实现资本的优化配置，提高资源的利用效率。通过对股票市场开放与公司资源配置效率的检验，从经济后果层面进一步丰富股票市场开放影响公司信息环境的逻辑，同时提供股票市场开放提高中国资本市场对实体经济服务能力的证据。

1.2.2　研究思路

本书总体逻辑框架如图 1-1 所示。首先，基于互联互通机制分步实施的股票市场开放准自然实验的理论基础与识别条件，本书从理论上阐述股票市场开放影响微观企业行为的主要逻辑。其次，基于信息供给的视角，探讨股票市场开放对公司信息披露行为的影响（包括信息披露数量、信息质量等）。再次，基于信息解读的视角，检验股票市场开放对资本市场定价效率的影响（包括股价同步性、股价崩盘风险等）；进一步地，深入讨论股票市场开放影响公司信息环境的经济后果，具体以投资效率为研究视角系统考察股票市场开放对公司资源配置效率的作用。在上述的实证分析过程中，本书还将进一步结合公司的具体特征展开横截面分析并依据理论基础检验股票市场开放影响公司信息环境和资源配置效率的潜在渠道。最后，结合中国资本市场开放的现实背景和具体的研究发现，提出相应的政策建议。

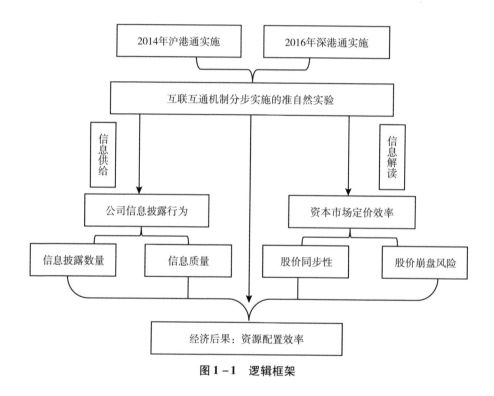

图 1-1　逻辑框架

1.2.3　研究方法

本书主要从理论分析和实证检验两个方面对股票市场开放与公司信息环境之间的关系展开研究。涉及的研究方法主要包括以下三点。

（1）文献研究法。基于现有研究资本市场开放、公司信息环境的理论成果，进行分类归纳，并总结已有研究的不足之处，同时结合信息不对称理论、委托代理理论、迎合理论等，提出适当的观点和解决方案。

（2）定性分析法。基于公司财务和会计学等相关理论进行定性分析，明确研究主题，从大方向上对研究问题形成初步的认识，进而厘清理论定位和现实意义。

（3）定量分析法。基于统计学和计量经济学的分析方法，采用大样本的上市公司数据对股票市场开放的影响进行定量研究。尤其需要指出的是，互联互通机制的分步实施给本研究的进行提供了天然的错层的准自然实验场景，因而本书采用控制公司固定效应和年度固定效应的双重差分模型（difference-in-differences model）来检验股票市场开放对公司信息环境的影响，降低了以往研究难以解决的内生性问题的干扰。同时为检验非随机性是否得到了有效的控制，本书还将采用平行趋势检验（parallel trend analysis）和安慰剂检验（placebo test）等计量分析方法。

1.3　研究框架与主要内容

1.3.1　研究框架

本书的研究以公司信息环境为切入点，基于中国资本市场开放的特殊制度背景，从现实意义层面分析了这一研究话题的重要性；通过对现有文献进行回顾与述评，进而明确了本书的理论贡献之所在，更是清晰了本书在整个研究领域中的定位；基于信息不对称理论、委托代理理论和迎合理论等，分析了股票市场开放对微观企业产生影响的内在机理并提出了相应的研究假设；最为关键的是，针对核心研究问题，本书借鉴已有文献针对分步实施的准自然实验场景设计了控制公司固定效应和年度固定效应的双重差分模型，通过基本的描述性分析、多元回归检验、横截面分析以及渠道分析和一系列稳健性检验，本书得到股票市场开放对于公司信息环境和资源配置效率产生积极影响的基本结论，并据此提出相应的政策建议。本书整体研究框架如图 1-2 所示。

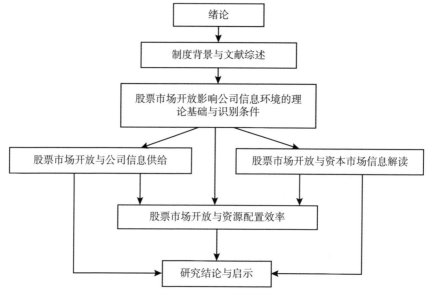

图 1 - 2　股票市场开放与公司信息环境：研究框架

1. 3. 2　主要内容

本书基于我国股票市场互联互通机制分步实施的现实背景，考察了股票市场开放对公司信息环境的影响，并进一步地以资源配置效率为视角探讨了股票市场开放影响公司信息环境的相关经济后果。与图 1 - 2 相对应，本书各章节的安排如下：

第 1 章为绪论。本章主要介绍了本书的选题动机，重点突出了本书的研究背景与研究意义，阐述了具体的研究问题、研究思路与研究方法。通过对核心研究内容的介绍，勾勒出了总体的研究框架，最后对研究的创新性进行了提炼。

第 2 章是制度背景介绍与国内外文献述评。本章首先对我国 A 股市场历年来的对外开放举措进行了详细的回顾与介绍，比较分析了分步实施的互联互通机制较以往市场开放举措的异同，突出了互联互通机制对于外资进入 A 股市场影响的重要性。其次，从文献层面分别关注了股票市场开放的研究和公司信息环境的研究。具体地，在股票市场开放的研究中，本章从宏观经济增长和微观企业行为两个方面回顾了相关文献，主要涉及资本市场稳定、经济增长、企业投融资行为、股利政策、经营行为、公司绩效等方面；在公司信息环境的研究中，本章主要从信息供给和信息解读两个维度对相关文献进行了回顾与述评。对这些研究的总结与回顾，一方面提供了研究的理论依据，另一方面突出了本书研究的创新性。

第 3 章从理论和识别两个维度探讨了股票市场开放对公司信息环境产生影响的潜在机制。本章介绍了与研究有关的理论基础，严格考究了股票市场开放与外资持股水平之间的联动关系，论证了互联互通机制作为准自然实验的恰当性，最终从理论上推理出股票市场开放影响公司信息环境及其相关经济后果的具体逻辑，并提供了后续实证章节的分析框架。

第 4 ~ 6 章是本书的实证章节。其中，第 4 章主要探讨了股票市场开放对公司信息披露行为的影响，具体包括自愿性业绩预告数量和会计信息质量两个方面。通过从数量与质量两个维度考察股票市场开放对公司信息供给的影响，该章的研究结论有助于提供股票市场开放影响信息环境的公司层面的证据。在这一章中，还探讨了股票市场开放在不同特征/类型公司的差异性影响，并尝试着去辨析股票市场开放影响公司信息披露数量与信息质量的潜在渠道。

第 5 章是从资本市场层面出发，主要检验了股票市场开放对公司股票定价效率的影响。具体地，本章考察了股票市场开放对公司股价同步性和股价崩盘风险的作用，同时在稳健性分析中也对公司股价的特质性波动展开了细致分析。对公司股票价格信息的考察有助于了解股票市场开放对资本市场信息解读能力的影响，因此本章相关的研究发现有助于从市场层面提供股票市场开放影响公司信息环境的证据。

第 6 章是对股票市场开放影响公司信息环境的经济后果的考察，即探讨了股票市场开放、公司信息环境及投资效率之间的互动关系。在前面的章节中，本书主要从信息供给和信息解读这两个维度论述了股票市场开放对上市公司信息环境的影响，那么股票市场开放对公司信息环境的提升作用是否会产生实际的经济后果呢？对这一问题的解答是"金融服务于实体经济"的基本要求，而实体经济健康发展的重要保障便是高效的资源配置。通过构建控制公司固定效应和年度固定效应的双重差分模型，本章探讨了股票市场开放对企业投资效率的影响，并进一步探讨了公司信息环境的变化在其中所发挥的作用。因此，本章的研究发现有利于从经济后果层面增进对股票市场开放影响上市公司信息环境的认识。

第 7 章是研究结论与启示。本章主要基于前述的研究背景、理论基础以及具体的实证结果，总结了全文的研究发现，得到了相应的研究结论，并为我国股票市场的深度开放提供了适当的政策建议。最后，本章还指出了本书研究所存在的局限和未来可能的研究方向。

1.4　研　究　创　新

本书的研究创新具体体现在以下三个方面：

（1）对资本市场对外开放和外资持股研究有重要的拓展和推进。本书不仅丰富了国内股票市场开放的文献，还补充了国际上关于外资持股及股票市场开放的相关研究，并提供了中国制度背景下的独特证据。从研究视角来看，国内外虽然已有部分文献关注了股票市场开放过程中外资股东的特殊影响，但集中于对股价波动（Chen et al.，2013）、股利政策（Wang et al.，2009；Cao et al.，2017）、投融资行为（Gupta and Yuan，2009；Chen et al.，2017）和经营效率（Li et al.，2011；Guadalupe et al.，2012）的讨论，较少有对公司信息环境的系统研究，且研究结果并不统一甚至相互矛盾。与成熟资本市场较公开透明的信息环境不同，中国上市公司面临着较差的宏观、中观以及微观信息环境（Piostroski and Wong，2012），本书基于中国制度背景检验股票市场开放对公司信息环境的作用将提供发展中国家独特的强有力的证据；从研究方法来看，现有文献由于缺乏较为完美的外生冲击，很难厘清外资持股与企业行为之间的因果关系（Bae et al.，2004；石凡等，2008；周县华等，2012），本书的研究设计则不仅巧妙地降低了内生性问题对研究结论的干扰，还拓展了这一领域的文献，对于后续类似研究具有重要的借鉴意义。

（2）有效拓展了中国资本市场信息环境的相关研究。在全球主要经济体中，中国资本市场的信息环境被认为是非常不透明的（Morck et al.，2000；Jin and Myers，2006；Gul et al.，2010；Piotroski et al.，2015；Chen et al.，2018）。作为世界上第二大经济体以及最大的发展中国家，对其资本市场信息环境改善的可能影响因素进行探究是非常有意义的。有研究发现执行国际会计准则（IFRS/IAS）会改善公司信息环境（Hung and Subramanyam，2007；DeFond et al.，2015），但另外有研究认为公司的信息环境水平受到产权结构、制度因素以及资本市场外在压力的影响（Fan and Wong，2002；Bushman et al.，2004），简单的会计制度等政策变化并没有很大的作用（Burgstahler et al.，2006；He et al.，2012；Daske et al.，2013），本书将拓展现有文献，认为在不用明显改变法律环境等制度因素的情况下，本国资本市场的开放政策同样是提升公司信息环境的可行措施。

（3）具有较强的实践和政策意义。本书较早地对我国股票市场开放的经济后果进行了系统探讨。实施沪港通和深港通的重要目的之一便是完善 A股上市公司的治理机制，提高内地资本市场的信息环境水平和资源配置效率。沪港通自 2014 年 11 月运行至今已超过八年，深港通自 2016 年 12 月运行至今也已六年有余，但其在微观层面的实施效果究竟如何尚不得而知。本书则较早地系统检验了陆港通实施的经济后果，相关结论有助于为股票市场互联互通机制的有效实施乃至后续资本市场的深度开放提供丰富的证据支持。实际上，党的十八届三中全会以来，持续扩大资本市场对外开放一直受到政策制定者的关注，2017 年 7 月，习近平总书记在第五次全国金融工作会议上强调"积极稳妥推动金融业对外开放"，同年 10 月，党的十九大报告中更是明确指出"中国的金融市场会进一步开放"，表明我国政府对于持续深化资本市场开放水平的决心和勇气，也说明在中国资本市场不断发展的过程中，外资扮演的角色一直以来都受到政策制定者的关注。因此，本书响应近年来中央政府关于"提高资本市场开放水平、建立多层次资本市场体系"的改革精神，突出了外资政策透明、稳定、可预期对于我国微观企业乃至资本市场健康发展的重要性，对党的十九大提出的深化资本市场对外开放和金融服务实体经济的系列改革具有重要的启示作用。

第 2 章

制度背景与文献综述

本章详细介绍了股票市场开放的制度背景，并对现有文献的研究成果进行了述评。在制度背景方面，本章对我国 A 股市场历年来对外开放、引进外资的举措进行了介绍，着重阐述了以沪港通、深港通为代表的互联互通机制，尤其是对比分析了互联互通机制作为我国资本市场的重大制度创新，与已有市场对外开放举措相比有何独特之处，从而突出本书研究的现实意义。在文献综述方面，本章首先分别对股票市场开放的研究以及公司信息环境的研究进行了回顾，然后通过述评指出现有研究的不足，从而论证本书的研究在理论层面的重要性。

2.1　我国 A 股市场开放的制度背景

改革开放以来，中国的市场经济持续健康快速发展，引进外资的数量与质量也与日俱增。自 1992 年我国确立社会主义市场经济体制后，"以市场换技术"的外资利用战略极大地促进了境外资本对我国的投资。2001 年，中国加入世界贸易组织后，"引进来、走出去"的开放战略进一步为外资在我国的投资提供了机遇。随着我国市场经济的发展，从 2006 年下半年开始，我国的外资利用政策进行了逐步调整，吸引外资的方式由简单的税收等政策优惠转变为完善的竞争秩序和健康的投资环境，外资逐渐享受国民待遇。据中华人民共和国商务部统计资料，截至 2016 年底，我国累计吸引外资超过 17 700 亿美元，自 1993 年以来，吸引外资一直居发展中国家首位。在资本市场开放层面，受惠于政府的重视，我国近年来也推出了一系列有利于深化资本市场开放水平的举措，如 2014 年沪港通实施，2016 年深港通实施，2017 年债券通实施，2018 年 A 股纳入 MSCI 新兴市场指数，以及即将推行的沪伦通，等等。深化资本市场对外开放水平的进程，实际上也表现为外资在内地资本市场的投资环境得到极大的改善。图 2 - 1 列示了我国内地股票市场开放进程中的大事记，在后面的分析中本书将对其中较为重要的部分事件作进一步的详细介绍。

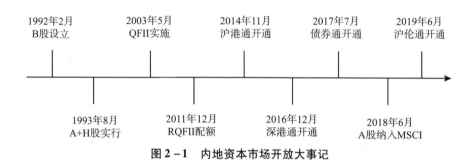

图 2 - 1　内地资本市场开放大事记

2.1.1　股票市场开放的布局

1990 年 12 月和 1991 年 6 月，上海证券交易所和深圳证券交易所相继成立。中国共产党第十三届中央委员会第七次全体会议通过了将证券市场的发展列入国民经济发展计划的提案，从此确立了证券市场应有的地位。

与此同时，国有企业的发展面临着长期亏损的窘境，不清晰的产权性质使得国有企业的低效问题一直为人诟病。为了有效解决这一难题，中国政府有意识、针对性地展开了局部私有化的进程，而其中重要的一部分内容就是将大部分小型国有企业以及经济效益不好的中型国有企业经过资产评估，向集体或私人投资者出售，实现产权的转移；同时对国有大型企业实行股份制改造。除关系到国家安全的特殊行业由国家独资经营以外，其他大型国有企业均可实行局部私有化。改造后的股份制公司不仅包括国有股权，还会有法人股以及少量的境内外私人投资者的股权。而这些私人股权是能够自由在上交所和深交所进行交易的。因此，"局部私有化"的改革实际上也为我国资本市场中外资持股的形成创造了必要的客观条件。

2.1.2 股票市场开放的发展

在不断引进外资的过程中，我国政府相继实施了一系列举措，其中就包括成立 B 股市场、允许内地企业在香港上市以及引入合格的境外机构投资者（QFII）等。

（1）B 股市场的成立。

从 1992 年开始，中国证监会允许部分上市公司发行人民币特种股票，即通常所说的 B 股。它是以人民币标明面值、以外币认购和交易，且在上海和深圳证券交易所上市的外资股。在 2001 年 2 月 19 日之前，B 股股票仅限外国投资者购买，且这些外国投资者一般都是境外共同基金和交换式基金，而国内投资者只能在 A 股市场进行股票交易。在 2001 年 2 月 19 日之后，B 股市场对具有外币账户的国内投资者开放。B 股市场的设立，不仅拓展了境内上市公司的融资渠道，更为重要的是，在人民币管制的背景下，B 股的存在给境外资本进入内地资本市场提供了较好的平台，从而有利于促进内地上市公司中外资持股比例的上升。

（2）允许发行 H 股。

1993 年，中国证监会批准部分国有企业到中国香港上市，同年 7 月青岛啤酒成为第一家获准在香港上市的国营企业，自此便拉开了 H 股发行的大幕。所谓 H 股，即是指经中国证监会批准，注册地在内地，在香港联合交易所上市，供境外投资者认购和交易的股票。在这过去的 20 多年里，共有 190 多家内地企业在香港上市，其中既包括在 A 股市场和 H 股市场交叉上市的企业，也包含仅在香港市场上市的内地企业，共募集资金超过 11.5 万亿港元。不难看出，允许发行 H 股，极大地促进了境外资本对内地企业的投资。

（3）QFII 制度的引入。

2002 年 11 月 8 日，中国证监会和中国人民银行联合下发《合格境外机构投资者境内证券投资管理暂行办法》，同日上交所和深交所分别发布了各自的《合格境外机构投资者证券交易细则》，标志着 QFII 制度在中国股票市场的确立。2003 年 5 月，QFII 机制在 A 股市场正式启动。中国证监会允许满足相关监管要求的境外资产管理公司、保险公司、证券公司、商业银行以及其他机构投资者（养老基金、慈善基金会、捐赠基金、信托公司等）将一定额度的外汇自己转换成人民币在 A 股市场上交易，交易对象包括上海证券交易所和深圳证券交易所上市的所有股票。自引入 QFII 制度后，QFII 投资额度和中国证监会批准的境外机构投资者数逐步增加，截至 2017 年 2 月，已有 278 家 QFII 合计获批 892.09 亿美元的投资额度。显然，引入 QFII 有助于激发投资者的信心，调整中国证券市场的投资主体结构，推动中国证券市场的国际化。

2.1.3　股票市场开放的腾飞

尽管近年来 QFII、QDII 和 RQFII 等制度不断完善，中国内地资本市场的开放程度有了很大提高，但与欧美成熟市场和多数新兴市场相比，中国内地资本市场的开放度还远远不够。尤其重要的是，内地资本市场开放的制度性基础设施仍然相当薄弱，投资者进行跨境投资的便利性还较差，还远不能满足境外投资者投资 A 股市场和内地投资者投资境外股票市场日益增长的强烈需求。

2012 年 11 月，中国共产党第十八次全国代表大会提出"稳步推进利率和汇率市场化改革，逐步实现人民币资本项目可兑换"，在党的十八届三中全会上也明确要求"推动资本市场双向开放，有序提高跨境资本和金融交易可兑换程度"。因此，以沪港通、深港通为代表的股票市场互联互通机制这一制度创新成为推进我国内地资本市场双向开放的重要举措。

（1）沪港通的实施。

2014 年 4 月 10 日，时任国务院总理李克强在博鳌论坛主旨演讲中首次指出将建立沪港通机制来提升资本市场对外开放的层次和水平。随后中国证监会和香港证监会发布联合公告，正式批复上海证券交易所和香港联合交易所开展互联互通机制试点（沪港通），即允许两地投资者通过当地证券公司买卖规定范围内的对方交易所上市的股票。同年 11 月 17 日，沪港通试点正式启动。

根据投资者的投资方向，沪港通又可以细分为沪股通和港股通。具体来说，沪股通主要是指中国香港境内的投资者可以通过香港的经纪商，经由香港联合交易所设立的证券交易服务公司向上海证券交易所进行申报，买卖规定范围内的沪市股票；与之对应，港股通即是指内地的投资者可以委托内地证券公司，经由上海证券交易所设立的证券交易服务公司，向香港联合交易所进行申报，买卖规定范围内的香港联合交易所上市的股票，但目前能够通过港股通进行买卖交易的投资者仅限于机构投资者以及证券账户及资金账户余额合计不低于 50 万元的个人投资者。试点初期，沪股通的股票范围是上海证券交易所上证 180 指数、上证 380 指数的成分股，以及上海证券交易所上市的 A＋H 股公司股票（共 568 只股票），总额度为 3 000 亿元人民币，每日额度为 130 亿元人民币；港股通的股票范围是香港联合交易所恒生综合大型股指数、恒生综合中型股指数的成分股以及同时在香港联合交易所、上海证券交易所上市的 A＋H 股公司股票，总额度为 2 500 亿元人民币，每日额度为 105 亿元人民币。2016 年 8 月 16 日，沪港通总额度取消，但每日额度仍然存在；2018 年 5 月 1 日，上海证券交易所发布《关于调整沪港通每日额度的通知》和《关于调整沪港通下港股通每日额度的通知》，沪港通每日额度扩大 4 倍，沪股通和港股通每日额度分别达到 520 亿元人民币和 420亿元人民币。关于沪港通的运作流程，如图 2－2 所示。

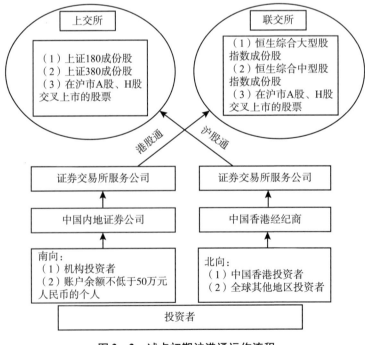

图 2－2　试点初期沪港通运作流程

（2）深港通的实施。

沪港通的成功实施，为资本市场的互联互通机制的深入推进积累了经验和基础。2015 年 1 月，时任国务院总理李克强在深圳考察时表示"沪港通后应有深港通"。2016 年 8 月，国务院正式批准《深港通实施方案》，中国证监会和香港证监会发布关于建立深港股票市场交易互联互通机制的联合公告；同年 12 月 5 日，深港通正式启动。在深港通开通当日，时任港交所行政总裁李小加就表示：如果沪港通是展开互联互通的第一步，现时深港通开通则为第二步，意味着互联互通成功地延伸。表 2 - 1 列示了我国近年来有关股票市场互联互通实施的重要事件。

表 2 - 1　　　　　　　　近年来股票市场互联互通机制实施大事记

时间	事项
2013 年 11 月 9 日	习近平总书记在党的十八届三中全会提出"扩大金融业对外开放"
2014 年 4 月 10 日	李克强在博鳌亚洲论坛上表示建立上海与香港股票市场交易互联互通机制。中国证监会与香港证监会联合公告，沪港通将于 2014 年 11 月 17 日开始实施
2014 年 6 月 13 日	《沪港股票市场交易互联互通机制试点若干规定》对沪港通业务活动作出规定
2014 年 9 月 26 日	《上海证券交易所沪港通试点办法》颁布，明确标的范围、额度控制等事项
2014 年 10 月 31 日	《关于沪港股票市场交易互联互通机制试点有关税收政策的通知》给予沪港通业务境外投资者转让差距所得税收优惠
2014 年 11 月 10 日	上海证券交易所发布《关于加强沪港通业务中上海证券交易所上市公司信息披露工作及相关事项的通知》，对参与沪股通的上市公司信息披露工作做进一步规范
2014 年 11 月 17 日	沪港通正式实施
2016 年 8 月 16 日	国务院批准《深港通实施方案》； 中国证监会与香港证监会联合公告，取消互联互通总额度限制，深港通择机实施
2016 年 9 月 30 日	深圳证券交易所颁布《深圳证券交易所深港通业务实施办法》
2016 年 11 月 5 日	《关于深港股票市场交易互联互通机制试点有关税收政策的通知》（同沪港通）

时间	事项
2016 年 12 月 5 日	深港通正式实施
2017 年 10 月 18 日	习近平总书记在党的十九大报告中明确提出"中国的金融市场会进一步开放"
2018 年 4 月 10 日	习近平主席在博鳌亚洲论坛主旨演讲中表示"大幅度放宽市场准入；创造更有吸引力的投资环境"
2018 年 5 月 1 日	沪/深港通每日额度扩大 4 倍
2018 年 10 月 12 日	证监会正式发布《关于上海证券交易所与伦敦证券交易所互联互通存托凭证业务的监管规定（试行）》
2019 年 1 月 18 日	中德就资本市场互联互通、A 股指数衍生品离岸市场建设等达成系列共识

与沪港通相类似，根据资金流向，深港通又可分为深股通和港股通。其中，深股通是指投资者委托香港经纪商，经由香港联合交易所在深圳设立的证券交易服务公司，向深圳证券交易所进行申报（买卖盘传递），买卖深港通规定范围内的深圳证券交易所上市的股票；而深港通下的港股通，则与沪港通下的港股通类似，是指投资者委托内地证券公司，经由深圳证券交易所在香港设立的证券交易服务公司，向香港联合交易所进行申报（买卖盘传递），买卖深港通规定范围内的香港联合交易所上市的股票。在试点初期，深股通的股票范围是市值 60 亿元人民币及以上的深证成分指数和深证中小创新指数的成分股，以及深圳证券交易所上市的 A + H 股公司股票（共计881 只）；而深港通下的港股通的股票范围是恒生综合大型股指数的成分股、恒生综合中型股指数的成分股、市值 50 亿元港币及以上的恒生综合小型股指数的成分股，以及香港联合交易所上市的 A + H 股公司股票。需要说明的是，深港通取消了总额度的限制（沪港通的总额度限制在深港通联合公告日一并取消），深股通和深港通下的港股通每日额度与沪港通保持一致，分别为 130 亿元人民币和 105 亿元人民币，而这一额度也在 2018 年 5 月 1 日起均扩大了 4 倍，即分别为 520 亿元人民币和 420 亿元人民币。图 2 - 3 列示了深港通的基本运作流程。

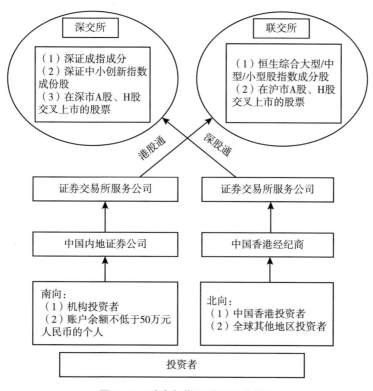

图2-3 试点初期深港通运作流程

2.1.4 互联互通机制的影响

2002年11月8日，中国证监会和中国人民银行联合下发《合格境外机构投资者境内证券投资暂行办法》，同日上交所和深交所分别发布了各自的《合格境外机构投资者证券交易细则》，标志着QFII制度在中国股票市场的确立。在QFII进入中国A股十周年之际，人民网刊文指出"境外投资者通过QFII参与我国资本市场的程度不断加深，推动了我国资本市场投资理念、基础制度、运行机制与国际资本市场接轨，加快了资本市场的国际化进程"[①]，不少学者也发现了合格境外投资者对于A股市场的积极作用的证据（饶育蕾等，2013；邓川和孙金金，2014；等等）。然而，QFII制度（包括

---

① 详文参见人民网2012年4月01日报道《QFII进入近十年 给中国带来了什么》。

后来的 RQFII 制度）远不能满足境外投资者对于 A 股市场强大的投资需求，一个最为鲜明的特点是 A 股市场的制度性基础较为薄弱，投资者进行跨境投资的便利性较差。

互联互通机制的实施，正是"对症下药"，极大地消除了境外投资者投资 A 股市场的障碍，提高了 A 股市场的开放水平[①]。与 QFII/RQFII 制度相比，首先，互联互通对北向投资者基本没有限制，面向全部的中国香港投资者开放，所吸引的目标投资者不仅包含机构投资者，还包括个人投资者，不仅包括中国香港本地投资者，还涵盖了借助中国香港这一平台通过沪股通和深股通进入中国 A 股市场的其他境外投资者。投资者门槛的降低极大地激发了境外资金投资 A 股市场的热情，境外投资者对于 A 股市场的参与不需要通过资产管理公司而可以直接以两地的交易所为载体，实现了境外投资者对于 A 股市场更为直接地参与，而 QFII 和 RQFII 仅限机构投资者，且对投资者资产管理规模等资质存在要求[②]。其次，互联互通机制下允许对规定范围内的融资融券标的股票进行卖空，相关的制度设计保障了不会产生资本流入或流出的压力，而 QFII 和 RQFII 在资金锁定期、汇出总额上有一定限制，因而互联互通渠道下交易成本更低。因此，对于境外投资者而言，"QFII/RQFII 好比一艘艘私人游轮，门槛高，随意性大，而互联互通机制则是境外资金投资 A 股的桥梁"[③]，因而互联互通机制的实施对股票市场开放的影响更大。

国内外媒体在沪港通和深港通开通当日对此事的评价同样突出了外资对中国股票市场开放这一重大事件的重视和期待：英国《金融时报》称"沪港通的启动或将改写全球投资版图"；新华网认为"深港通开通后中国资本市场对外开放迎来新里程碑"。到 2017 年 11 月沪港通开通三周年的时间里，沪股通和深股通累计成交 40 550 亿元人民币，为内地股票市场带来了 3 263 亿元人民币的净资金流入。中国香港和海外投资者合计持有沪市股票 3 103 亿元人民币，深市股票 1 814 亿元人民币；而在 2017 年 12 月 5 日

---

① 截至 2014 年底，QFII 的可用额度约为 110 亿美元，而沪港通北向（沪股通）额度约为 480 亿美元，在 2016 年 12 月深港通开启后，沪港通更是取消了总额度限制。

② 沪港通对投资者的限制相对较少，其审批流程也相对简单。而 QFII 和 RQFII 的申请则需要先后通过证监会的投资者资格审批和外管局的额度审批，相关申请需要 3～6 个月的时间。

③ 详细表述参见《财经》2017 年 11 月 27 日刊文。

深港通开通一周年的时间里，深股通累计净流入 1 487.63 亿元人民币，港股通累计净买入 971.35 亿元人民币，跨境资金净流入 516.28 亿元人民币，海外机构参与了 748 次股东大会投票，涉及 314 家深市上市公司。特别地，沪港通、深港通实施以来，不少 A 股标的上市公司中外资持股比例都超过了 10%，表 2－2 和表 2－3 分别列示了香港中央结算有限公司持股比例前十名的沪市上市公司和前十名的深市上市公司。这些证据很直观地表明随着股票市场开放，外资积极参与了 A 股市场的投资和具体的上市公司治理。股票市场互联互通机制的实施，极大地减少了境外投资者进入内地资本市场的障碍，提高了 A 股市场的国际化程度，从而为 A 股被纳入 MSCI 指数做了充分准备①，是 A 股市场全面进入全球股票市场的重要开端。2018 年 6 月，A 股市场已被正式纳入 MSCI 新兴市场指数，标志着中国金融市场开放的一大步。

表 2－2　　香港中央结算有限公司持股比重前十名的沪市上市公司

股票代码	股票简称	持股量（股）	持股比例（%）
600009	上海机场	329 880 906	30.16
603816	顾家家居	20 634 007	23.15
603515	欧普照明	21 420 314	16.81
601901	方正证券	1 379 998 741	16.76
600887	伊利股份	887 399 486	14.69
600066	宇通客车	266 103 367	13.97
600276	恒瑞医药	491 303 135	13.38
601888	中国国旅	243 219 203	12.45
600660	福耀玻璃	247 240 190	12.34
600258	首旅酒店	72 817 979	11.65

注：数据更新到 2019 年 3 月 15 日，数据来源为香港证券交易所官网。

---

① 根据《上海证券报》2017 年 6 月 27 日报道，MSCI 首席执行官 Henry Fernandez 表示通过与全球主要国家及地区超过 150 家投资机构进行多轮咨询后，收到的主要反馈意见包括"沪港通的建立使得海外资金进入中国市场比通过 QFII 和 RQFII 更加便捷高效、整个机制也更为成熟"。

表 2 - 3　　　香港中央结算有限公司持股比重前十名的深市上市公司

股票代码	股票简称	持股量（股）	持股比例（%）
002008	大族激光	197 467 715	18.50
000333	美的集团	1 075 489 942	16.28
300012	华测检测	264 458 371	15.95
300203	聚光科技	66 879 709	14.77
000651	格力电器	733 250 979	12.18
002508	老板电器	111 921 639	11.79
000858	五粮液	418 044 162	10.76
000418	小天鹅 A	44 615 761	10.10
002415	海康威视	866 764 474	9.27
002507	涪陵榨菜	67 467 242	8.54

注：数据更新到 2019 年 3 月 15 日，数据来源为香港证券交易所官网。

2.2　文　献　综　述

本书主要探讨股票市场开放与公司信息环境之间的关系，因此本节将从股票市场开放和公司信息环境两个方面分别进行文献回顾，然后根据现有文献的研究结果，指出相关的研究不足，突出有待进一步解决的问题和本书将要重点弥补的研究缺陷。

2.2.1　股票市场开放

随着全球化的增强，资本市场上外资股东也日渐活跃，来自境外的投资者对于本地宏观经济增长、上市公司行为等的影响逐渐受到国内外学者的关注。根据现有的研究成果，我们对于股票市场开放的研究将按照以下两个方面进行梳理：一是股票市场开放与宏观经济增长；二是股票市场开放与微观企业行为。

（1）股票市场开放与宏观经济。

第一，股票市场开放与市场稳定。基姆和西格纳尔（Kim and Singal，2000）以智利、委内瑞拉等 15 个开始实行股票市场对外开放策略的国家为研究样本，通过分析这些国家在开放前后各 5 年的月度通货膨胀率、名义汇率和实际汇率的变化，发现股票市场开放促进了资本的内流，但并没有发现市场开放对宏观经济环境造成负面冲击的证据；卡明斯基和施穆勒（Kaminsky and Schmukler，2002）考察了 1973 年以来 28 个成熟和新兴经济体中金融市场开放的短期和长期影响，并发现虽然短期来说，金融自由化程度的增加带来了更为显著的涨跌变动，但长期来说却是有助于更加稳定的市场的形成；何等（He et al.，2014）考察了 2001 年中国加入世界贸易组织后，中国股票市场与全球股票市场依存度之间的关系，并发现我国实施的 QFII 政策及利率改革措施等都对增进我国股票市场与国际市场之间的融合具有重要的促进作用。

第二，股票市场开放与经济增长。贝克特和哈维（Bekaert and Harvey，1995）发现股票市场开放能够有效改善资本的配置效率，有助于通过利用国际市场分散风险降低新兴市场的风险溢价，从而促进经济增长；克莱因和奥利弗（Klein and Olivei，1999）认为金融深化是 OECD 国家资本项目开放促进经济增长的重要方式，表现为在工业化国家中资本项目开放对经济增长的影响力更强；类似地，爱迪森等（Edison et al.，2002）在对 57 个国家（地区）研究后也发现资本市场的融合有助于促进实际人均 GDP、地区教育水平的增加；费歇尔（Fisher，2003）指出资本市场的开放，降低了发展中国家的资金使用成本，进而推动投资和经济增长水平的提升；贝克特和哈维（Bekaert and Harvey，2005）分析了股票市场开放对经济的平均增长效应，通过考察一个包含 28 个证券市场开放的共 50 个国家的研究样本，他们发现股票市场的开放在随后的 5 年内会带来经济 1.13% 的增长；贾麦拉（Gamra，2009）发现资本市场开放的效果与市场开放的水平和结构相关，通过研究 1980～2002 年间 6 个东亚国家的数据，他认为对金融市场的适当开放有助于在管控风险的同时给经济增长带来新的动力；在此基础上，昂（Ang，2014）发现促进技术创新是资本市场开放刺激经济增长的重要渠道；此外，我国学者林曙和叶海春（2014）则发现股票市场开放对发展中国家短期的经济增长效率的影响，主要是取决于消费而不是投资，而对于长期的经济增长并没有显著的影响。

（2）股票市场开放与微观企业行为。

第一，股票市场开放与公司投资行为。米顿（Mitton，2006）发现对外开放度越高的公司拥有越高的投资水平，也拥有更高的增长率和投资效率；赵瑞光（2016）发现外资大股东可以通过降低信息不对称程度并减轻代理问题，来提升国有企业投资效率，而且这一促进作用在市场化程度较低的地区更为明显；贝娜等（Bena et al.，2017）检验了 2001～2010 年间包含 30 个国家（地区）的上市公司的研究样本，发现股票市场开放显著影响公司投资决策，即外资机构持股比重越大，越容易促进上市公司对有形资产、无形资产以及人力资本的投资，因而外资不是短期视角下的财务投机者，而是具有长期影响的价值投资者；陈等（Chen et al.，2017）发现政府股权会降低投资与 Q 值之间的敏感性，而外资股权则会增强投资与 Q 值之间的敏感性，因此，外资持股有助于提升公司的投资效率。

第二，股票市场开放与公司融资行为。奥古斯丁（Agustinus，2007）检验了 1994～2004 年间 157 家印度尼西亚上市公司的数据，发现外资控股的企业更不容易面临融资约束的困境，尤其是在金融危机后短期项目投资上这些外资持股企业相对而言更不可能遭遇融资难的问题；石凡等（2008）则发现境外战略投资者的引入能够显著降低 IPO 首日抑价，降低了股权融资成本；古普塔和袁（Gupta and Yuan，2009）发现股票市场开放增加了公司获取外部融资的渠道，从而降低了企业的融资约束，这不仅便捷了原有企业的规模扩张，也降低了新企业的进入成本；邓川和孙金金（2014）基于我国 QFII 持股的数据检验了外资对企业融资约束的影响，并发现 QFII 持股与企业融资约束程度之间存在明显的负相关关系，具体表现为有 QFII 持股的民营企业从当期现金流中提取了更少的现金储备，拥有更强的长期债务融资能力。

第三，股票市场开放与公司经营行为。瓜达卢佩等（Guadalupe et al.，2012）选取了 1990～2006 年间西班牙的制造业公司为研究对象，发现股票市场开放使得外资股东能够通过跨国并购国内制造业企业，帮助国内企业通过采用新的设备和组织实践，实现生产和流程上的创新，以及更好地应用国外先进的科技，提升生产效率；布巴克里等（Boubakri et al.，2013）发现股票市场开放提升了私营企业的风险承担水平，一方面，外资股东为寻求提升业绩可能会促使管理层实行一些有风险的创新性项目，另一方面，外资股东治理动机的增加抑制了管理层"安享职业生涯（Enjoy the Quiet Life）"的机会主义行为；张敏等（2014）选择了关联贷款发放这一独特视角，考察了外资股东的加入对商业银行治理结构的影响，并发现外资持股能够显著抑制商业银行的关联贷款发放行为，尤其在金融生态环境较差时，这种抑制作用更强，说明外资持股有助于改善商业银行的治理结构；然而，李文贵和余明桂（2014）利用中国工业企业数据库的数据发现，虽然非国有股权比例能够提升民营化企业的创新水平，但在不同的非国有股权类型中，并没有发现外资持股比例影响民营化企业创新水平的证据；梁等（Luong et al.，2017）发现外资机构股权通过发挥外资股东的监督作用、给经理人开展创新活动提供保障以及促进高创新经济体的知识溢出效应等渠道，显著提升公司的创新水平，具体表现为外资持股增加了各年份公司总体的专利申请数和认证数。

第四，股票市场开放与公司股利政策。达尔奎斯特和罗伯逊（Dahlquist and Robertsson，2001）根据瑞典公司数据发现外资实际上偏爱投资大公司以及低股利支付的公司；然而，崔等（Choe et al.，2005）则持有相反的观点，他们发现境外投资者由于市场差异所致的信息劣势，更加热衷于投资高股利支付的公司，外资持股与公司高股利支付率之间存在显著的正相关关系；王等（Wang et al.，2009）发现在中国台湾地区平衡股利政策实施前后，外资的持股偏好出现了明显的转变，源于外资股东的节税需求和降低代理成本需求的变化，政策实施之前较低现金股利支付的公司受到外资的青睐，之后外资则更喜欢高股利支付公司；周县华等（2012）发现高现金股利分配的上市公司更容易成为外资偏好的对象，而外资持股的增加也促进了上市公司股利支付水平的上升；类似地，曹等（Cao et al.，2017）发现股票市场开放背景下，外资持股一方面影响公司股利决策，另一方面也会受到公司股利政策的影响，主要表现为公司股利支付的变化会显著正向影响后续的外资持股状况，但反之则不成立。

第五，股票市场开放与公司信息环境。贝等（Bae et al.，2012）认为境外投资者具有信息优势，不仅掌握当地资本市场中的信息，还拥有全球市场中的信息，从而能够提高新兴市场中信息的传送效率，因此，金融开放有助于提升公司股价的信息含量；何等（He et al.，2013）通过用知情交易的可预测性以及股价的非同步性来表征公司的信息环境，发现外资持股比例越高，知情交易的可预测性越强，股价的非同步性也越高；进一步地，基姆和易（Kim and Yi，2015）发现在韩国，当地公司会通过设立投资者关系部门以及增加自愿性披露来促进与境外投资者的沟通，表明外资持股的增加一方面增进了市场对于公司特质信息的需求，另一方面也提升了公司信息披露的动机；吴德军（2015）则通过对比 AH 股、AB 股上市公司与仅在 A 股上市的公司，发现外资持股会增加股票价格对于公司特质信息的反映，降低了经理人隐藏信息的程度，从而有助于避免公司负面消息的累积与集中释放；贝乌斯林克等（Beuselinck et al.，2017）探讨了外资股东在影响财务报告质量中所扮演的角色，通过研究希腊、意大利、葡萄牙和西班牙 4 个国家 2002～2007 年的公司数据后发现，在投资者保护较好的国家，外资持股比例越高，企业的盈余质量越高，且这一效应在外资股东为境外机构投资者时更强。尹（Yoon，2017）通过对沪港通开通前半年的数据发现标的上市公司会在政策实施前主动增加私有信息的披露以吸引境外资金的进入。钟覃琳和陆正飞（2018）则发现入选沪港通标的后公司股价的信息含量提升。然而，也有学者发现了相反的结论，如崔等（Choi et al.，2013）从股票市场中的买卖价差视角出发，发现外资持股越高，信息不对称程度越大，外资股东更倾向于增强自身的信息优势而非改进当地资本市场的信息环境；何佩励（2015）利用 2006～2012 年间中国股票市场的数据，发现不同类型的外资对我国股市的信息环境影响是不同的，境外大股东的直接持股提高了股价同步性，而境外中小股东则降低了股价同步性。

第六，股票市场开放与公司股价波动。崔等（Choe et al.，1999）考察了 1997 年亚洲金融危机前后韩国股票市场中国外投资者的交易行为，并发现在危机之前，外资具有明显的"羊群效应"和正反馈效应，投资者的投资决策趋同化，使得买卖压力超过市场所能提供的流动性，进而导致股价的大幅波动，而在危机期间，境外投资者的"羊群效应"减弱甚至消失；刘成彦等（2007）以我国 2005 年 5 月实行的股权分置改革为背景，考察了我国股票市场中的合格境外投资者在股改前后是否具有"羊群行为"。实证研究发现，A 股市场中的 QFII 存在"羊群效应"，这种行为特质尤其表现在股改之后和非大盘股中；类似地，张佑辉等（2008）也发现了我国资本市场中 QFII 持股比例与股价波动性之间的正相关关系；陈等（Chen et al.，2013）则有差异化的发现，基于 1998～2008 年间中国 A 股 1 458 家上市公司的数据，实证结果表明，外资机构股权能够通过增强流动性对波动性的影响显著增加公司层面的股票回报波动性，外资个人股权实际上降低了回报的波动性，而政府股权则有效抑制外资个人股权对于波动性的降低效应。

第七，股票市场开放与公司绩效。石凡等（2008）考察了引进境外战略投资者对公司价值的影响，发现引入境外战略投资者能够显著提高公司 IPO 后经市场调整的累积超额回报，从而提升公司价值；王等（Wang et al.，2014）则发现 QFII 持股对于业绩的提升作用主要体现在短期，从长期来看，QFII 持股并没有对公司业绩产生显著影响；格里纳韦等（Greenaway et al.，2014）通过比较三种持股类型（内外资联营企业、外资独资企业、内资独资企业），发现联营企业的业绩表现要显著好于外资独资企业或内资独资企业，这表明外资持股并非越多越好，外资股权对于公司业绩的影响呈现出倒"U"型的关系；刘家松等（2016）检验了我国 2007～2015 年商业银行境外引资与经营绩效之间的关系，也同样发现了外资持股比例与持股时间与银行绩效呈现倒"U"型关系；本蒂沃利等（Bentivogli et al.，2016）考察了意大利市场中外资股权对于公司业绩的影响，他们发现，外资企业在规模、盈利能力、财务稳健性等方面都要强于内资企业，这表明外资股权对于公司业绩表现具有正面影响。

2.2.2　公司信息环境

与信息环境相关的概念，最早由美国未来学家托夫勒（Toffler）提出，自此引发了学术界和实务界对信息环境的关注。根据信息生态学的理论，达文波特和普鲁萨克（Davenport，1997）将信息环境概括为信息流动过程中所涉及的各要素的集合；而从实务视角出发，英国联合信息系统委员会将信息环境定义为信息本身及其加工、使用人形成的统一体。

在对资本市场的研究中，贝等（Bae et al.，2006）发现公司的收益波动性、盈余公告反应以及信息生成等能够有效反映公司的信息环境。与这一视角相类似，阿列克萨尼扬（Aleksanyan，2009）认为媒体、分析师以及上市公司向证券市场披露的各种财务信息都是对公司信息环境的体现。勒曼（Lerman，2011）则认为信息环境可由信息的可获得性、准确度以及是否存在歧义这三方面的指标来衡量。

综合上述文献不难看出，上市公司的信息环境，并非一个单维度的概念，其本质是上市公司"内外部人"之间的信息不对称程度。上市公司信息披露行为、市场参与人对于公司披露信息的加工与解读，都能够在一定程度上表征公司的信息环境。而现有关于上市公司信息环境的研究，也主要涉及公司信息供给和信息解读两个大的方面。彼得罗斯基和黄（Piotroski and Wong，2012）认为公司的信息环境是一个多维系统，包括生产、收集、验证、传播、接受等过程，受到国家、地区和公司层面信息机制的影响。据此，本书从信息流的角度出发，将信息环境定义为信息供给方和信息使用方对公司信息透明度的共同作用与感知，是多维度的统一体。因此，下文将分别从信息的提供与解读两个层面来综述公司信息环境的相关文献。

（1）信息供给。

作为信息生产的源头，公司的信息披露质量自然会影响与之对应的信息环境；与此同时，分析师和媒体作为重要的资本市场信息中介，在信息处理、传播等方面具有固有优势，现有很多研究从公司信息披露、分析师和媒体关注等视角探讨了公司的信息环境。

首先是对公司信息披露的研究。戴蒙德等（Diamond et al.，1991）发现提示公开信息披露有助于降低信息不对称程度，增加投资需求，提高证券市场的流动性；沃菲尔德等（Warfield et al.，1995）从盈余管理的角度出发，发现管理层持股比例显著正向影响会计利润的信息含量，表现为管理层持股比例越高，可操控性应计利润越低，这表明管理层持股能够约束管理层的投机行为，从而提高公司的信息透明度，降低代理成本；程（Cheng，2008）发现盈余管理与长期业绩的负相关关系主要是由信息不对称程度高的公司引起的，对于信息环境更为透明的公司，二者并未表现出负相关关系；此外，巴贝尔（Baber，2009）认为财务重述源于前期的会计差错，而会计差错的根源可能就是管理层的机会主义行为，如管理层面临来自股东的业绩压力时，就极有可能进行不合规的会计操纵方式，满足薪酬、晋升等私有动机。而实际上，这种错报财务信息的做法使得公司的信息环境恶化；从财务报告后的结果来看，施耐德（Schneider，2009）通过考察被出具否定意见内控审计报告的企业后发现，这些企业盈余质量较低，会计信息质量较差。针对公司层面的信息环境研究，国内学者也有很多尝试并进行了一定拓展，例如，王雄元等（2009）认为过早或过晚的年报披露可能意味着较大幅度的正向或负向盈余管理，公司盈余质量较低，信息不对称程度较大；陈俊等（2010）以披露变更为切入点，发现披露变更方向对盈余管理行为的影响呈现出非对称性，反映出动机选择导致可能存在的机会主义披露不仅不会改善公司信息环境，反而有利于管理层实施更为隐蔽的盈余管理；张丽达等（2016）发现在日渐复杂的信息环境中，媒体的负面报道与审计师出具非标准的审计意见正相关，尤其是在企业内部控制存在重大缺陷而管理层没有改进意愿时，审计师出具非标意见的可能性更大，表明企业的信息环境会显著影响审计师行为。

其次是对分析师的研究。国外研究层面，布朗等（Brown et al.，1987）发现平均的分析师预测偏差能够被用来衡量非预期性盈余。具体来说，他们从企业规模、证券分析师的预测精度以及企业的经营业务数量三个方面分别来衡量信息集合的维度、信息的差异程度以及信息变量的相关程度，从而间接说明分析师的预测能力与公司的透明度密切相关；齐巴特（Ziebart，1990）以及郎等（Lang et al.，1996）发现分析师及市场参与方的预测分歧度或偏差是对不确定性或一致性与否的有效度量，而这种不确定性或一致性正是信息环境的重要特质；希利等（Healy et al.，1999）也发现良好的信息环境能够通过分析师报道的增加和盈余预测精度的提高两方面来体现；此外，布赖恩等（Bryan et al.，2007）则指出分析师不仅会关注基本的会计信息，还会关注非会计信息，从而说明分析师在信息传递过程中对于降低信息不对称程度发挥着重要作用；瓦莱罗等（Valero et al.，2009）和于（Yu，2010）认为证券分析师的跟踪人数的变化会显著影响企业的信息不对称程度，跟踪的分析师人数增加能够向投资者传递更全面的企业基本面信息，进而人数的多寡能够衡量公司的信息环境优劣；程等（Cheng et al.，2016）则指出分析师的实地调研是分析师信息获取的重要渠道。国内研究层面，朱红军等（2007）发现证券分析师能够显著降低公司的股价同步性；薛祖云等（2011）利用 2003～2009 年 A 股分析师预测数据发现分析师在证券市场中扮演着信息竞争和信息补充这两种角色；肖土盛等（2017）发现分析师的预测活动能够在信息披露与股价崩盘风险之间起到中介作用；除此之外，近年来还有很多文献以分析师关注为标识，研究了与公司的信息问题相关的经济后果，例如，李春涛等（2016）探讨了分析师跟踪与公司盈余管理途径选择之间的关系，并发现分析师对于应计盈余管理具有监督效应，而对真实盈余管理却有促进作用。

最后是对媒体报道的研究。与分析师的作用类似，也有部分文献从媒体的视角探讨了其对于公司信息环境的影响，比如，戴克等（Dyck et al.，2008）发现媒体监督是新兴资本市场上替代司法保护不足的一项重要制度安排；由于投资者对信息的掌控能力存在固有的局限性，方和佩雷斯（Fang and Peress，2009）发现媒体关注能够影响投资者的认知，媒体对某家公司的新闻报道越多，投资者对该公司的了解程度就越深，信息不对称程度越低；在此基础上，于忠泊等（2012）将媒体关注影响公司治理的渠道概括为传统监督机制、声誉机制以及市场压力机制，新闻媒体能够通过多个维度影响公司信息环境的形成，进而影响治理水平。

（2）信息解读。

信息环境的好坏最终体现为投资者对于公司特质信息的感知与理解。现有从信息解读视角来考察公司信息环境的文献大多都关注了公司股价的特质性波动，比如股价同步性、股价崩盘风险等。

从股价同步性层面来看，罗尔（Roll，1988）最早提出了股价同步性的概念，并从股价变动的视角考察了公司的信息环境。所谓股价同步性，即是指公司股票价格波动与市场价格波动存在很大的关联性，呈现出"同涨齐跌"的现象。他认为股价同步性程度越高，上市公司股价包含的信息多为市场变动的信息，而反映的公司特质信息就较少，因而信息含量越低，信息环境越差。在罗尔（1988）的基础上，一系列文献开始关注股价变化对于市场信息效率的反应，比如，莫克等（Morck et al.，2000）发现相对于成熟资本市场，新兴资本市场中股价同步性显著要更高，股票价格所包含的公司特质信息更少，说明新兴市场中信息环境相对更差；杜尔涅夫等（Durnev et al.，2004）在研究股价波动与股价信息含量关系时，将公司层面信息波动定义为不能被市场与行业收益解释的部分，从而为以股价同步性表征公司信息环境的研究提供了理论基础；金和迈尔斯（Jin and Myers，2006）则发现公司的不透明度越高，股价同步性越高；类似地，赫顿等（Hutton et al.，2009）也发现对于同一个股票市场而言，公司的信息环境越好，股价反映公司特质信息就越多，同步性越低。国内研究层面，不少学者也开始关注到中国上市公司的股价信息含量问题。孔东民和申睿（2007）通过检验 R^2 与公司信息环境时发现，R^2 能够显著解释股价对市场信息和公司信息的反应状况，具备对公司信息环境的解释力度；袁知柱和鞠晓峰（2009）运用非平衡面板数据，实证表明股价波动非同步性是中国上市公司股价信息含量的有效测度；钟覃琳和陆正飞（2018）从股价的非同步性波动视角入手，发现沪港通交易制度的实施有利于提升公司股价的信息含量。

从股价崩盘风险层面来看，不少学者也开始用个股的股价崩盘来表征公司的信息不透明度。金和迈尔斯（Jin and Myers，2006）根据委托代理理论，认为经理人的信息隐藏动机是股价崩盘风险的根源。出于对机会主义行为的私利性动机的考虑，经理人往往对公司内部已经发生的负面信息选择暂时性隐藏。随着时间的推移，当这种非及时披露的负面消息累积到公司承载能力的极限时，负面消息将会集中释放，从而对市场股价产生巨大冲击，导致股价暴跌，形成崩盘；赫顿等（2009）利用美国的数据，也验证了经理人的信息隐藏假说；许年行等（2013）通过考察机构投资者的持股情况，发现机构投资者的"羊群行为"会提高公司股价的未来崩盘的可能；王化成等（2015）利用中国市场的数据，则发现大股东持股有利于通过发挥"监督效应"和"更少掏空效应"来降低公司的股价崩盘风险；谢德仁等（2016）研究了控股股东质押与股价崩盘风险之间的关系，并发现利益相关方会对控股股东质押的公司进行"排雷"行动进而降低股价崩盘风险。

综上所述，从信息解读视角来看，股价同步性、股价崩盘风险等公司股价波动层面的信息都反映了投资者对于公司信息的了解，尤其是私有信息的理解，在信息的具体运用层面表征了公司信息环境的好坏。因此，对股价波动的研究，可以从信息解读层面反映公司的透明度。

2.2.3 文献述评

（1）对股票市场开放文献的述评。

从上述文献可以看出，近年来对股票市场开放的研究在深度和广度上逐渐拓展，这为本书研究的开展提供了理论和实践上的指导。然而，现有研究也存在一些非常关键且急需解决的重要问题。从宏观层面来探讨股票市场开放的影响多是采用跨国家/资本市场的实证分析（Kim and Singal，2000；Bekaert and Harvey，2005；Gamra，2009），忽视了不同国家基本面本身就存在巨大差异的特点，因而研究结论往往受到噪声干扰。更为重要的是，从整个宏观经济的视角来考察股票市场开放的影响使得我们很难清楚地探究出股票市场开放产生影响的内在机理，而微观企业作为支撑宏观经济发展的重要主体，考察股票市场开放对微观企业行为的影响有利于厘清股票市场开放发挥作用的潜在机制，因此也逐渐有学者从这一视角展开了研究，但大多不够系统，且其检验方法多难以克服较为严重的内生性问题。

首先，从研究视角上来看，国内外虽然已有部分文献开始关注股票市场开放过程中外资股东的特殊影响，但大多相对集中在对股票市场股价波动（Chen et al.，2013）、股利政策（Wang et al.，2009；Cao et al.，2017）、投融资行为（Gupta and Yuan，2009；Chen et al.，2017）和经营效率（Li et al.，2011；Guadalupe et al.，2012）等的讨论，即使是从公司信息环境视角开展的研究，也不系统且研究维度相对单一，研究场景多基于国外成熟的资本市场，部分研究结论尚不一致甚至互相矛盾。很显然，与成熟资本市场较公开透明的信息环境不同，中国上市公司面临着较差的宏观、中观以及微观信息环境（Piostroski and Wong，2012），基于中国制度背景检验股票市场开放对公司信息环境的作用不仅可提供发展中国家独特的证据，更是可提供检验该问题的"绝佳土壤"。

其次，从研究方法上来看，现有文献之所以发现股票市场开放对上市公司行为影响的结论并不一致，一个重要且非常可能的原因是现有的文献难以厘清外资持股与上市公司具体行为之间的因果关系，其大多未能很好地处理甚至是忽视了对内生性问题的解决（如表2-4所示）。外资的持股过程并非是一个随机选择的过程，股票市场开放后，境外投资者可能会主动选择治理好、绩效好的上市公司；另外，也可能是因为治理好、绩效好的公司吸引了外资的进入。现有很多文献未能充分认识到这一点，即使是注意到这些内生性问题的研究，所采用的内生性处理方法往往也并非特别干净，比如，部分研究通过 Heckman 两阶段法或是通过选择或构造工具变量，想尽可能地降低内生性的干扰，然而实际上它们在使用这些方法解决内生性问题的时候，多存在严重的识别问题，比如所选择的工具变量（IV）并不同时满足相关性与外生性的基本要求，从而并非一个有效的工具变量等。同时，有少数几篇论文利用沪港通政策实施进行了初步研究，但正如前述，单一政策的检验可能会面临混杂效应（confounding effect），没法排除同一时间点上的其他因素的干扰，而分步实施的政策研究则可很好地降低这一问题的影响。因此，一个良好的实验环境对于我们有效识别并研究股票市场开放与上市公司行为之间的因果关系至关重要，而沪港通和深港通的相继开启，则正为我们研究的进行提供了错层的准自然实验场景，从而可以巧妙地进行研究设计以降低以往研究难以解决的内生性问题的干扰。

表 2 - 4　　股票市场开放与微观企业行为主要文献分类及其内生性处理方法

	积极影响	内生性处理	消极影响/无影响	内生性处理
投资行为	米顿（Mitton，2006） 赵瑞光（2016） 陈等（Chen et al.，2017）	固定效应 无 Heckman + IV + PSM		
融资行为	奥古斯丁（Agustinus，2007） 古普塔和袁（Gupta and Yuan，2009） 邓川和孙金金（2014）	无 固定效应 + IV 无		
经营行为	瓜达卢佩等（Guadalupe et al.，2012） 布巴克里等（Boubakri et al.，2013） 梁等（Luong et al.，2016）	固定效应 + PSM 2SLS + IV/同步方程 IV	李文贵等（2014）	变量滞后一期/IV

	积极影响	内生性处理	消极影响/无影响	内生性处理
股利政策	曹等（Cao et al.，2017） 周县华等（2013）	3SLS + PSM 同步方程 GMM - SYS	王等（Wang et al.，2009）	无 无
信息环境	何等（He et al.，2013） 贝乌斯林克等（Beuselinck et al.，2013） 吴德军（2015）	自变量滞后一期 Granger + Heckman 3SLS	崔等（Choi et al.，2013） 何佩励（2015）	3SLS 无
股价波动	崔等（Choe et al.，1999） 陈等（Chen et al.，2013）	事件研究法 一阶差分回归	陈等（Chen et al.，2013） 刘成彦等（2007） 张佑辉等（2008）	一阶差分回归 无 无
企业绩效	本蒂沃利等（Bentivogli et al.，2016） 石凡等（2008）	PSM + DID 无	格里纳韦等（Greenaway et al.，2014） 王等（Wang et al.，2014） 刘家松等（2016）	一阶差分 GMM 自变量滞后一期 GMM - SYS + 滞后

（2）对公司信息环境文献的述评。

对于上市公司信息环境的研究，学术界已经取得了一定的研究成果。本书根据信息流的方向，从信息供给与信息解读这两个维度，分析了影响公司信息环境的相关因素及其相应的经济后果。然而，公司的信息环境是不同层面因素共同作用的结果，现有的学术研究大多只从单一维度衡量了公司的信息透明度状况（如表 2 - 5 所示），缺乏从整体上对公司信息环境形成系统性的认识，例如，仅从盈余管理层面分析公司信息环境水平的高低等。实际上，将这些不同层面的公司信息环境度量指标纳入一个框架体系，对于我们充分认识公司信息环境的变化，显得尤为重要。本书正是尝试从整体上提供股票市场开放背景下公司信息环境变化的直观认识。

表 2 - 5　　　　　　　　　　　　不同维度的信息环境度量

信息流阶段	研究对象	文献
信息供给	公司信息披露	沃菲尔德等（Warfield et al.，1995） 巴贝尔（Baber，2009） 施耐德（Schneider，2009） 陈俊等（2010） 张丽达等（2016）
	分析师	布朗等（Brown et al.，1987） 郎和伦德（Lang and Lundholm，1996） 霍尔姆瓦莱罗等（Valero et al.，2009） 于（Yu，2010）
	媒体	方和佩雷斯（Fang and Peress，2009） 于忠泊等（2012）
信息解读	股价同步性	罗尔（Roll，1988） 莫克等（Morck et al.，2000） 杜尔涅夫等（Durnev et al.，2003） 赫顿等（Hutton et al.，2009） 孔东民等（2007） 钟覃琳和陆正飞（2018）
	股价崩盘风险	金等（Jin et al.，2006） 赫顿等（Hutton et al.，2009） 许年行等（2013） 王化成等（2015） 谢德仁等（2016）

　　根据上述对国内外研究的回顾和评述，我们将基于互联互通机制分步实施的准自然实验环境，以公司信息环境为切入点，立足于中国深化股票市场开放和金融服务于实体经济的制度背景，从信息供给和信息解读这两个维度考察股票市场开放对上市公司信息环境及进一步对资源配置效率的影响。

第3章

股票市场开放与公司信息环境：
理论与识别

本章从理论层面分析了互联互通机制的实施影响微观企业行为的基础。具体来说，本章的内容分为三个部分：首先是对相关核心理论的介绍；其次是严格辨析了互联互通机制的分步实施作为股票市场开放的准自然实验的识别条件，即考究了互联互通机制的实施与外资持股之间的联动关系；最后从理论层面分析了股票市场开放对微观企业行为的影响，尤其是从理论上推理出股票市场开放影响公司信息环境的逻辑、渠道和经济后果，并提供后续实证研究章节的分析框架。

3.1 理论基础

本书探讨的是股票市场开放与公司信息环境之间的关系。股票市场开放作为一项重要的外部治理机制，其所涉及的基础理论主要包括信息不对称理论、委托代理理论以及迎合理论等。通过对信息不对称理论和委托代理理论的介绍，有助于更清晰地从资本市场层面理解股票市场开放影响公司信息环境的内在机理；通过对迎合理论的介绍，有助于从公司层面了解经理人为应对外部环境变化而采取相应行为的逻辑。因此，本节将对上述相关理论进行具体介绍。

3.1.1　信息不对称理论

信息不对称现象，主要是指在经济活动中，市场参与方对于信息的掌握程度是有差异的，从而造成具有信息优势的一方在交易活动中处于有利地位，能够通过优势信息从市场交易中获取利益，而具有信息劣势的一方则处于不利地位，会因为信息的匮乏而对交易缺乏信心，这样的结果会影响到企业、投资者的具体行为乃至市场对于资源的配置效率。

20 世纪 70 年代，美国三位经济学家（约瑟夫·斯蒂格利茨、乔治·阿克尔洛夫和迈克尔·斯彭斯）最早研究了信息不对称这一现象，他们分别从商品交易、劳动力和金融市场三个不同的维度探讨了信息的重要性，从此信息经济学越来越成为市场经济理论的主流。在此之前，莫迪里阿尼和米勒（Modigliani and Miller，1958）认为在无摩擦的市场中，市场参与方具有完全的信息，因而没有交易成本，即 MM 理论；但实际上，现实生活中交易双方对于信息的理解是不完整的，相关参与人发现信息的能力也十分有限，比如，在二手车市场上，卖方比买方掌握更多的二手车质量的信息；在保险市场上，投保人比保险公司掌握更多有关投保标的的信息等。因此，信息俨然成为一种稀缺的经济资源，对信息资源的优先占有会带来自身财富的增加。

信息不对称理论认为，信息的不完备性使得交易双方在交易前面临着"逆向选择"（adverse selection），在交易后面临着"道德风险"（moral hazard）问题。其中，逆向选择问题最为典型的就是柠檬市场，表现为在信息不对称的情况下，卖方比买方掌握更多的商品信息，由于市场对于商品好坏信息难以区分，因此市场只会以平均价格来对商品的质量给予平均判断，从而造成提供好商品的卖方不愿参与到市场交易中，极端情况下便会造成优质品逐渐退出市场，劣质品逐渐占领市场。在股票市场的交易中，逆向选择也是常见的一种现象，比如，部分上市公司管理层利用自身的信息优势获取利益，而使得投资者承担相应损失，那么投资者就会丧失信心，股票市场可能就会产生逆向选择，造成股价扭曲，最终体现为市场效率下降。

道德风险问题是信息不对称状态在事后的重要表现，是一种事后机会主义行为，最为典型的便是"偷懒""搭便车"等现象。虽然"道德风险"一词最早是在研究保险合同时所提出的，但后来一般泛指在信息不对称的情形下，合同的不完全性使得经济行为主体在最大化自身效用的时候作出的不利于他人利益的行为，这种情形的发生主要是因为监督成本比较高，交易一方很难直接对另一方的行为进行观察。在资本市场中，道德风险的潜在表现诸如私自改变借入资金的用途，不关心融入资本的使用效益等。

因此，信息不对称理论的引入，打破了自由市场在完全信息情况下的假设，指出了自由市场机制下市场体系的固有缺陷，突出了信息之于市场经济的重要性，同时也揭示了政府在降低信息不对称程度方面的重要作用。

3.1.2 委托代理理论

信息不对称在公司治理领域所引起的一个重要问题便是委托代理冲突。随着生产力的发展和市场分工的细化，专业化的要求便导致了委托代理关系的出现：在公司经营方面，所有者由于自身精力、能力和知识等原因而不能完全高效地经营企业，这就需要具有精力和专业技能的代理人来代替所有者行使公司的经营管理等方面的权力，即企业所有者让渡经营权，只保留剩余索取权，从而所有权与经营权相分离。然而，在委托代理关系的框架下，企业所有者（委托人）与经理人（代理人）的效用函数不一样，委托人追求的是股东财富的最大化，而代理人追求的则是自身利益的最大化，二者对于风险偏好、责任承担等也存在较大的差异，从而导致在信息不对称和契约不完备的背景下，代理人可能会利用自身的信息优势偏离委托人预期的目标函数，造成二者之间的利益冲突，如代理人追求自身的薪酬、在职消费等而采取一些有损于委托人利益的私利性行为以增加自身的效用，这就导致了委托代理问题的出现。

实际上，委托代理问题在现实生活中普遍存在，而在经济生活中更是体现在股东与经理人之间的利益冲突、大股东与中小股东之间的利益冲突等方面。其中，股东与经理人之间的利益冲突问题又被称为第一类代理问题，而控股股东与中小股东之间的利益冲突问题则被称为第二类代理问题。这些代理问题的存在会对企业的融资成本、投资效率等产生负面的冲击，降低企业的资本配置效率。

委托代理理论就是建立在非对称信息博弈论的基础之上的，其所研究的核心任务就是如何在契约理论的框架下，通过行之有效的激励机制降低企业内外部人之间的信息不对称程度，减少代理冲突，促使代理人尽可能地按照委托人的意愿行事。因而，设计出最优的激励机制，在保障委托人利益的前提下来激励代理人成为委托代理理论关注的重中之重。现有研究也从多个方面关注了降低企业委托代理成本的方法，比如，董事会制度、经理人薪酬制度、公司资本结构决策等内部治理机制以及市场化推进、法律法规完善、产品市场竞争等外部治理机制。

因此，区别于传统的微观经济学视角，委托代理理论从企业内部、企业之间的委托代理关系的视角来解释经济生活中的现象，是现代公司治理理论的基础。

3.1.3　迎合理论

迎合理论最早源于对股利政策的研究。贝克和伍格勒（Baker and Wurgler，2004）在探讨公司股利发放动机时指出，投资者的需求影响公司的现金股利政策，当投资者偏好发放股利的公司时，管理层会主动迎合投资者的需求而发放更多的现金股利；而当投资者更愿意给不发放股利的公司更高的溢价时，管理层会选择减少公司现金股利的发放。通过研究美国市场1962~2000年间的公司现金股利的数据，其发现公司发放股利的倾向随着股利溢价的增加而增加，表现为公司股利发放的倾向与股利溢价显著正相关，而不发放股利的倾向与股利溢价显著负相关，这表明管理层会迎合投资者的股利偏好而采取相应的股利政策，从而从实证的角度印证了股利迎合理论的存在。

在此之后，迎合理论得到了不断的发展，逐渐拓展到对公司更名、兼并收购、盈余管理等方面的研究。例如，在公司更名方面，库珀等（Cooper et al.，2001，2005）发现20世纪90年代末互联网概念受到追捧时，很多企业将公司名称更改为与互联网相关；而在互联网泡沫破灭后，又有很多公司开始从公司名称中删除互联网字样，体现了公司对投资者非理性需求的迎合；

在兼并收购方面，张（Zhang，2009）从迎合理论的视角解释了为什么企业并购过程中更偏爱现金支付这一方式，并认为企业并购过程中的现金支付可以看作是主并方对并购标的公司股东的股利支付，是迎合投资者的表现；在盈余管理方面，拉贾戈帕尔等（Rajgopal et al.，2007）认为管理层的迎合行为是公司盈余管理的重要动因，这是因为投资者会对实际业绩超出预期的企业给予正面的市场反应，因而管理层会通过盈余管理行为增加公司利润以迎合投资者的需求，从而维持或提升公司股价。

因此，迎合理论已被用来解释公司的多种决策行为，现多用来描绘公司管理层迎合市场上投资者的偏好而采取的对公司相关决策和表现进行调整的行为。

3.2　内部有效性分析

在互联互通机制实施之前，我国内地上市公司的外资持股主要包括通过在境外市场上市发行的境外流通股份（比如，H 股等）、境外投资者通过 B 股市场购买的 B 股、通过 QFII、RQFII 等渠道购买的流通 A 股等；而在互联互通机制实施之后，除上述上市公司外资持股的形成方式之外，境外投资者通过沪港通、深港通等市场联通方式购买的流通 A 股也是外资持股形成的重要渠道。那么，互联互通机制的实施是否确实引起了 A 股市场上外资投资的增加呢？这需要直接的经验证据来支撑。

从宏观层面的定性分析来看，互联互通机制的实施的确增加了境外投资者对于 A 股市场的青睐。2014 年 11 月沪港通的开启，取消了沪市 A 股 568 只股票对于中国香港投资者的交易限制，2016 年 12 月深港通的开启，取消了深市 A 股 881 只股票对于中国香港投资者的交易限制，境外资金进入 A 股的渠道得到拓宽。互联互通机制设立伊始，沪股通总额度为 3 000 亿元人民币，每日额度为 130 亿元人民币；港股通总额度为 2 500 亿元人民币，每日额度为 105 亿元人民币。而在 2016 年 8 月 16 日，中国证监会和香港证监会联合公告深港通启动时，随即取消沪港通和深港通总额度限制，表明境外资金对 A 股市场强大的投资需求。根据港交所公布的数据显示，截至 2017

年 10 月 31 日，沪股通和深股通累计成交 40 550 亿元人民币，为内地股票市场带来了 3 263 亿元人民币的净资金流入。中国香港和海外投资者合计持有沪市股票 3 103 亿元人民币，深市股票 1 814 亿元人民币。在短短的 3 年间，通过沪深股通北上资金不断增加，目前已经发展到占 A 股市场国际投资者份额的一半，而且这个规模将会持续扩大；而在 2017 年 12 月 5 日深港通开通一周年的时间里，深股通累计净流入 1 487.63 亿元，港股通累计净买入 971.35 亿元，跨境资金净流入 516.28 亿元，海外机构参与了 748 次股东大会投票，涉及 314 家深市上市公司。这很直观地表明股票市场开放，外资积极参与了 A 股市场的投资和具体上市公司的治理。

从微观层面的定量分析来看，互联互通机制的推进显著提升了上市公司的外资持股水平。在互联互通实施之前，在 A 股上市公司的股东结构中，通过购买 H 股而成为公司股东的香港投资者统一被标识为"香港中央结算有限公司"；与 H 股股东一样，根据互联互通交易制度安排，通过沪港通、深港通渠道购买内地上市公司股票的境外投资者也被统一标识为"香港中央结算有限公司"。在这里，我们基于香港证券交易所官网（http：//www.hkex.com.hk）和 Wind 数据库已有的统计，收集了香港中央结算有限公司持有 A 股上市公司股份情况的详细数据，通过构建境外投资者持股 A 股上市公司股份情况数据库实证检验了互联互通机制的实施与外资持股之间的联动关系，即探讨了互联互通机制的实施对 A 股标的公司和非标的公司的外资持股变动的差异化影响。我们预期，对于沪港通标的公司和深港通标的公司，外资持股比例将显著增加。

首先，我们简单描绘了 2012～2017 年度 A 股市场上外资持股情况的年度变化趋势。具体地，图 3 - 1 反映的是外资持股占公司总股份数的年度变化；图 3 - 2 反映的是公司前十大流通股股东中包含香港中央结算有限公司的上市公司家数变化。从图 3 - 1 可以看出，自 2014 年开始，A 股市场上外资持股比重稳步上升，尤其是在 2016 年后，上升速度显著加快；从图 3 - 2 可以看出，在 2014 年之前，香港中央结算有限公司进入到前十大流通股股东的 A 股上市公司数在 50 家左右，而自沪港通和深港通相继实施后，这一数值迅速提升，在 2017 年底就已经达到了 355 家。这两部分的结果初步印证了互联互通机制的实施对于外资进入 A 股市场的重要影响。

（%）

图 3 - 1　外资持股比例年度变化

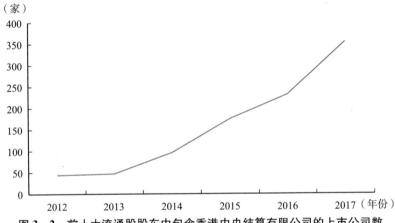

（家）

图 3 - 2　前十大流通股股东中包含香港中央结算有限公司的上市公司数

　　其次，为了探讨股票市场开放与外资持股之间的联动关系，我们采用了简单的描述性分析和多元回归分析两种方法。具体地，本书以 2012～2017 年中国 A 股上市公司为初始研究样本①，并在此基础上进行了如下筛选程序：（1）根据沪港通和深港通的选股要求，剔除了互联互通机制实施当年及之后才上市的公司观测；（2）为防止交叉上市等因素对研究结果的干

---

　　①　之所以将研究区间限定在 2012～2017 年，是为了保证互联互通机制实施前后，有足够的年份观测以比较政策之于标的公司和非标的公司的差异化影响，这一选择与钟凯等（2018）、钟覃琳和陆正飞（2018）类似。而实际上，将样本起始年份拓展到 2012 年之前，本书的研究发现并未出现实质性的改变。

扰，剔除同时发行 H 股的上市公司观测；（3）根据互联互通标的的选股要求，剔除样本期间内被 ST 的上市公司观测；（4）鉴于沪股通和深股通标的的股名单随着上证 180 指数、上证 380 指数、深证成指、深证中小创新指数以及是否同时发行 A 股和 H 股的变化而调整，故为了使得研究结果较为可信，剔除 2014 年 11 月 17 日之后新增的沪股通标的的股观测和调出的沪股通标的的股观测，剔除 2016 年 12 月 5 日之后新增的深股通标的的股观测以及调出的深股通标的的股观测[①]；（5）剔除其他财务数据缺失的观测。最终本节得到了 9 478 个公司/年份观测值[②]。相关的实证结果如表 3 - 1 和表 3 - 3 所示。

表 3 - 1　　　　双重差分分析：互联互通机制实施与外资股东持股

Panel A 有外资持股的公司

	(1)	(2)	(3)
	SHHK = 1	SHHK = 0	diff [（1）-（2）]
(4) Post = 0	0.011	0.009	0.002 (0.79)
(5) Post = 1	0.017	0.011	0.006 *** (3.42)
(6) diff in diff [（5）-（4）]	0.006	0.002	0.004 * (1.81)

---

①　之所以进行此项操作，是因为互联互通标的的股的名单基本上每半年会调整一次，且每一次调整的幅度都非常小，很大一部分调出股票其调出和其调入之间的时间间隔都不满一年。比如，部分沪港通标的的股在 2014 年 12 月 15 日即被调出标的股股票名单，很显然将这样的股票包括在实验组样本中是不合适的（如 600199——金种子酒，在 2014 年 11 月 17 日被列入沪港通标的的股，而在 2014 年 12 月 15 日指数名单调整时即被调出沪港通标的的股名单）。而本书的研究是以年度为最基本的时间单位进行度量的，因此，如果不将这些股票剔除的话，这可能会影响到对公司是否为标的的股股票界定的准确性。

②　后续实证章节中样本观测数可能与此略有差异，主要是由于研究对象不同，相关变量的选择有一定差异，从而影响了财务数据缺失的观测数，最终造成进入回归分析中的公司/年份观测数略有不同。

Panel B 是否为前十大流通股股东

	(1)	(2)	(3)
	SHHK = 1	SHHK = 0	diff [(1) - (2)]
(4) Post = 0	0.000	0.000	0.000 (0.00)
(5) Post = 1	0.172	0.005	0.167 *** (31.95)
(6) diff in diff [(5) - (4)]	0.172	0.005	0.167 *** (25.60)

注：括号中为 t 值，*** 、** 、* 分别表示在 1%、5% 和 10% 的水平下显著。

　　表 3 - 1 列示了互联互通机制的实施对外资持股影响的双重差分描述性结果。我们根据上市公司是否为互联互通标的将样本分为实验组（是，则 SHHK = 1）和控制组（否，则 SHHK = 0），根据样本年份是否为互联互通机制实施之后划分了政策影响时间段（是，则 Post = 1；否，则 Post = 0）。

　　第一，我们分析了在互联互通政策前后 A 股上市公司外资持股比例的变化情况，相关结果列于 Panel A 中。可以看出，在互联互通机制实施之前，实验组公司的外资持股比例平均而言约为 0.011，控制组公司的外资持股比例约为 0.009，二者较为接近；而在互联互通机制实施之后，实验组公司的外资持股比例增长到 0.017，增加比例约为 55%，控制组公司的外资持股比例为 0.011；更为重要的是，双重差分检验显示实验组公司的外资持股比例变化要显著高于控制组公司的外资持股比例的变化，表现为双重差分统计量为 0.004，且在 10% 的水平下显著为正，从而说明互联互通机制的实施显著提高了标的上市公司的外资持股水平①。

---

　　① 需要注意的是，虽然平均而言现阶段外资持股水平还不是很高，但是互联互通机制的实施对于外资持股的影响及外资参与 A 股上市公司治理的影响效果还是较为明显的，不少上市公司都由于互联互通机制的实施，外资持股比例都得以显著提升，比如，2015 年 5 月 19 日，上海机场（600009）由于境外总持股比例超过 28%，成为首家沪港通暂停买入的股票。2017 年，由于沪港通开通后导致外资持股占 A 股总股数超过 10% 的还有福耀玻璃、宇通客车、方正证券等。而深港通开通后大族激光、华测检测、老板电器和美的集团等上市公司同样受到海外投资者的热捧，持股比例均超过 10%。此外，根据和讯网 2017 年 6 月 3 日报道《港交所董事总经理：未来要方便海外投资者参与股东大会表决》："截止到 2017 年 6 月，通过沪港通渠道进入 A 股市场的海外投资者已经参与 A 股标的公司的投票次数超过 2 000 次"。

第二，我们还从香港投资者是否成为公司前十大流通股股东的角度分析了互联互通机制的影响。一般而言，成为上市公司的前十大股东，能够在一定程度上影响甚至是参与到具体的公司决策中来。因此，我们根据香港中央结算有限公司是否位列上市公司前十大流通股股东，设置了一个二元变量Dtop10，如果公司前十大流通股股东中有香港中央结算有限公司，则 Dtop10取 1，否则 Dtop10 取 0，然后通过双重差分分析探讨了香港投资者成为公司前十大流通股股东概率的变化情况，相关描述性统计结果列于 Panel B 中。可以看出，在互联互通机制实施前，实验组样本公司前十大流通股股东中有香港中央结算有限公司的概率接近于 0①，而在互联互通机制实施之后，这一概率上升到 17.2%；对应地，控制组样本公司前十大流通股股东中有香港中央结算有限公司的概率在政策实施前后仅从 0 上升到 0.5%；双重差分分析显示，两组样本中概率的增幅差异为 17.2%，且在 1% 的水平下显著，说明互联互通机制的实施确实有利于增加香港投资者成为公司前十大流通股股东的可能。

此外，我们还进一步采用多元回归的方法检验了股票市场开放对外资持股水平的影响。具体地，参考伯特兰和穆莱纳桑（Bertrand and Mullainathan，2003）对于分步实施的准自然实验的设计方法，我们构建了如下控制公司固定效应和年度固定效应的双重差分模型：

$$
\begin{aligned}
\text{Foreign} = &\ \alpha + \beta_1 \text{SHHK} \times \text{Post} + \beta_2 \text{Size} + \beta_3 \text{Lev} + \beta_4 \text{ROA} + \beta_5 Q + \beta_6 \text{Top1} \\
&+ \beta_7 \text{Bsize} + \beta_8 \text{Big4} + \beta_9 \text{Absda} + \text{firmF. E.} + \text{yearF. E.} + \varepsilon \quad (3-1)
\end{aligned}
$$

在上述模型中，Foreign 为被解释变量，与前文描述性统计一致，在这里我们采用了两种方式进行衡量：一是境外投资者（包括 QFII 持股、通过H 股持股以及通过互联互通渠道持股的外资股东）持有的上市公司股份占上市公司发行总股份的比重 Foreignshare；二是直接考察香港投资者的影响，根据上市公司前十大流通股股东中是否有香港中央结算有限公司，设置虚拟变量 Dtop10。本节中最重要的解释变量即为 SHHK × Post。其中，SHHK 为政策干预变量，当公司为互联互通标的时取 1，否则取 0；Post 为政策发生

---

① 这主要是因为在样本筛选过程中，为防止交叉上市等因素对研究结果的干扰，我们剔除了同时发行 H 股的公司观测。而在不剔除发行 H 股公司观测的情形下，本书的研究结果未发生实质性改变。

时点变量,在互联互通机制实施当年及之后年份取 1,否则取 0,即对于涉及沪港通业务的上市公司而言,2014 年及其之后 SHHK × Post 取 1;对于涉及深港通业务的上市公司而言,2016 年及其之后 SHHK × Post 取 1;其他情况下 SHHK × Post 取 0。在这样的设定下,SHHK × Post 的取值如表 3 – 2 所示(后文章节同)。

表 3 – 2　　　　　　　　　　变量 SHHK × Post 取值示意

公司	2012 年	2013 年	2014 年	2015 年	2016 年	2017 年
沪港通标的公司	0	0	1	1	1	1
深港通标的公司	0	0	0	0	1	1
其他 A 股公司	0	0	0	0	0	0

此外,参考周县华等(2012),在模型(3 – 1)中我们还进一步控制了可能影响境外投资者持股的系列变量,包括公司规模 Size,杠杆水平 Lev,盈利能力 ROA,成长性托宾 Q,第一大股东持股比例 Top1,董事会规模 Bsize,是否四大审计 Big4,以及公司的盈余管理水平 Absda。我们预期,互联互通机制的实施,会提升上市公司的外资持股水平,促进香港投资者更多地参与到内地的股权结构中去,因而 β_1 应该显著为正。

双重差分模型的检验结果如表 3 – 3 所示。第(1)列和第(3)列均为不控制其他控制变量的情形,第(2)列和第(4)列为控制了上述控制变量后的情形。对境外投资者持股比例的实证结果显示(见第(1)、第(2)列),在不控制及控制相关控制变量的情况下,SHHK × Post 的系数均为 0.002,t 值分别为 4.78 和 5.06,均在 1% 的水平下显著为正,说明互联互通机制的实施确实导致了标的上市公司外资持股比例的提升。对于香港投资者是否成为公司前十大流通股股东的检验显示(见第(3)、第(4)列),在不控制相关控制变量的情况下,SHHK × Post 的系数为 0.116,t 值为 17.33,在 1% 的水平下显著为正;在控制相关控制变量的情况下,SHHK × Post 的系数为 0.122,t 值为 12.70,也在 1% 的水平下显著为正,从而说明互联互通机制的实施确实提升了香港投资者成为公司前十大流通股股东的概率。

表 3 – 3   股票市场开放对外资持股的影响

变量	（1）	（2）	（3）	（4）
	外资持股比例		是否为前十大流通股股东	
	Foreignshare	Foreignshare	Dtop10	Dtop10
SHHK × Post	0. 002 *** (4. 78)	0. 002 *** (5. 06)	0. 116 *** (17. 33)	0. 122 *** (12. 70)
Size		0. 000 (0. 60)		− 0. 006 (− 0. 75)
Lev		0. 001 (1. 07)		− 0. 028 (− 1. 25)
ROA		0. 001 (0. 45)		0. 131 *** (2. 73)
Q		0. 000 *** (3. 30)		0. 004 ** (2. 22)
Top1		0. 000 ** (2. 41)		0. 001 *** (2. 66)
Bsize		− 0. 001 (− 0. 97)		− 0. 008 (− 0. 33)
Big4		0. 006 * (1. 79)		0. 072 (1. 07)
Absdacc		− 0. 001 (− 1. 02)		0. 052 (1. 52)
Constant	0. 001 *** (4. 30)	− 0. 003 (− 0. 62)	0. 000 (0. 00)	0. 104 (0. 57)
Firm F. E.	Yes	Yes	Yes	Yes
Year F. E.	Yes	Yes	Yes	Yes

续表

变量	(1)	(2)	(3)	(4)
	外资持股比例		是否为前十大流通股股东	
	Foreignshare	Foreignshare	Dtop10	Dtop10
N	9 478	9 478	9 478	9 478
R^2	0.56	0.56	0.40	0.40
F	11.039 ***	4.841 ***	152.708 ***	17.345 ***

注：括号中为 t 值，*** 、** 、* 分别表示在 1%、5% 和 10% 的水平下显著。

综合表 3-1 和表 3-3 的结果可以发现，互联互通机制的实施确实会对 A 股上市公司的外资持股情况产生显著影响。同时，结合宏观层面互联互通机制开放对外资投资的影响效果，可以看出以互联互通机制作为准自然实验来探讨股票市场开放与公司信息环境之间的关系是恰当的。尤其需要说明的是，互联互通机制作为我国股票市场对外开放的重大制度创新，是国家顶层设计的战略需求，较强的外生性使得我们能够利用这一天然的实验场景来检验股票市场开放的宏微观影响。沪港通和深港通的分步实施，不仅给我们提供了较为完美的实验组和对照组样本，这种分层的准自然实验也使得我们能够更加有效地利用双重差分模型的研究设计来降低内生性问题的干扰，以便我们深入洞悉股票市场开放对上市公司信息环境的影响。

3.3 股票市场开放与微观企业行为：影响机制分析

开放的目的在于发展。"任何一个国家要发展，孤立起来、闭关自守是不可能的，不加强国际交往，不引进发达国家的先进经验、先进科学技术和资金，是不可能的"[①]，新兴资本市场由于起步晚、起点低，为了加速发展

[①] 邓小平，《政治上发展民主，经济上实行改革》，见《邓小平文选》第 3 卷，1985 年 4 月 15 日。

并提高在国际上的影响力，就非常需要也非常有必要积极主动地去与国际成熟的资本市场接轨，而推动市场快速走向成熟的关键一步便在于开放。那么，很直接且非常关键的一个问题便是，作为资本市场的重要参与者，微观企业的具体行为是否会受到股票市场开放政策的影响呢？从国际研究经验上来看，基于索洛（Solow，1956）的增长模型，股票市场开放将促进国际资金的有效配置。当新兴市场不对发达资本市场中的投资者开放时，资源将在发达市场中聚集，然而回报却很低，因此投资者有迫切的意愿在新兴市场开放后投资新兴市场以增加回报，而这种资本流入的增加势必会导致新兴市场中外资投资的增加（Fischer，1998，2003；Chari and Henry，2008；Bae et al.，2012）。莱文和泽沃斯（Levine and Zervos，1998）发现股票市场开放有助于提高市场流动性并降低股权融资的资本成本；亨利（Henry，2000）发现在市场开放后，私有投资将会显著地增加；米顿（Mitton，2006）也发现在资本市场中越处于开放前沿的公司增长率越高、盈利能力越强、效率越高；戈什等（Ghosh et al.，2008）发现股票市场开放在微观层面效果明显，会降低公司的代理冲突，增加公司的价值。事实上，在市场开放的历史案例中，比较成功的应该是韩国。其利用积极的市场开放政策极大地学习了国际经验、倒逼国内市场规范发展，从而快速提升了市场水平，这对于其步入发达国家的行列具有重要作用。

然而，中国资本市场发展则相对缓慢，和中国开放型的经济相比较，中国的资本市场还相对封闭。考虑到中国新兴加转型的独特市场发展背景，资本市场的信息环境还相对较差（Piotroski and Wong，2012），国外的研究发现是否能够直接适用于我国的现实环境呢？这需要理论逻辑和实证证据加以支撑。

近年来，我国政府高度重视资本市场改革，作为社会主义市场经济最有活力和效率的一环，我国资本市场既是改革开放的产物，同时也是改革开放事业的重要组成部分[①]。何等（He et al.，2014）考察了中国加入 WTO 后，股票市场与全球股票市场依存度之间的关系，并发现我国实施的 QFII 政策及利率改革措施等，都促进了我国股票市场与国际市场之间的融合与完善；

---

① 李超：积极推进资本市场双向开放，上海证券报，2017 年 11 月 16 日。

王化成等（2015）研究了机构投资者"羊群行为"与股价崩盘风险之间的关系，并发现合格境外机构投资者（QFII）不仅不能降低公司的股价崩盘风险，还会加剧机构投资者"羊群行为"与股价同步性之间的正向关系，因此 QFII 并不会发挥稳定市场的作用，反而更多地扮演的是"崩盘加速器"的角色。这些看似相互矛盾的研究发现的背后，实际上透露出现有研究的一个窘境：缺乏良好的外生的自然实验，来验证股票市场开放的影响。而互联互通机制的实施，拓宽了境外投资者进入 A 股市场的渠道，通过这一平台进入 A 股市场的境外投资者不仅包括机构投资者，还包括个人投资者，不仅包括中国香港本地的投资者，还包括其他国家和地区的投资者，而这种成熟市场投资者的引入，能够给 A 股市场带来更为成熟的投资理念和投资风格，从而有助于内地资本市场与国际市场接轨，有助于我国构建一个可以在全球配置资源、有良好的风险分散功能的现代金融体系。因此，沪港通和深港通的相继实施极大地促进了市场改革创新，给股票市场开放的研究提供了完美的实验场景，有助于探讨股票市场开放对微观企业的因果影响。

从理论层面来看，股票市场开放可能会通过"信息效应"和"外部治理"两种方式作用于企业的微观行为。在这里，本书以公司的信息环境为切入点，详细分析了股票市场开放在微观层面影响的内在机理：首先，"信息效应"方面，股票市场开放促进了内地资本市场外资持股水平的上升，进而促进了股价信息含量的提升。众所周知，现阶段中国 A 股市场上的投资者以散户或个人投资者为主，持有 A 股流通股市值小于 10 万元的投资者占 A 股资本市场全部投资者的比例超过70%[①]。然而，由于精力、知识、资金等方面的劣势，这些散户投资者很难深入企业去了解与企业经营与发展相关的私有信息，鉴于其获取信息的能力有限，散户投资者会更为关注短期投资收益，从而导致 A 股市场频现"追涨杀跌""羊群行为"等现象（王朝阳和王振霞，2017），致使 A 股市场上的股价变动主要受到市场、行业等因素的影响，而很少反映公司层面特质信息，最终致使股价信息含量较低（Morck et al.，2000；游家兴，2017；钟覃琳和陆正飞，2018）。然而，随

---

① "中国市场70%的交易量是来自散户跟老百姓"，详文参见原 Vanguard 集团中国区总裁林晓东在 2018 年 5 月"新时代金融改革开放与稳定发展"论坛上的发言。

着互联互通机制的实施，越来越多的境外投资者（尤其是中国香港投资者）参与到 A 股市场中来。一方面，在中国香港等相对成熟、发达的资本市场中，机构投资者占据主要地位。而这些来自成熟资本市场中的境外投资人由于长时间接受发达资本市场中投资文化与投资理念的熏陶，大多具有丰富的投资经验、专业化的投资团队，在信息收集、处理与分析等方面更可能具备资金、经验、技术与人力资源等优势（Grinblatt and Keloharju，2000；Hartzell and Starks，2003；Dvorak，2005）。另一方面，中国香港市场虽然是一个自由港，但其投资者的构成中，也主要以中国香港本地的投资者为主，根据香港联交所 2013～2014 年度的调查数据，中国香港市场上中国香港、欧洲、美国及中国内地投资者分别占比 44.9%、14.7%、9.9% 和 5.1%[1]，由于中国香港毗邻内地，地理、文化等因素相近，这意味着通过互联互通渠道进入到内地市场上的境外投资者不仅能够以较低成本获取全球范围内的信息（Bae et al.，2012），还能够享有本地投资者（local investor）的信息优势（Hayek，1945），能够及时有效地获取并理解与公司相关的特质信息。综合上述两个方面，股票市场开放提升了投资者群体获取信息的能力，这些通过互联互通渠道进入到 A 股市场的投资者可能会发掘其他投资者所忽视的私有信息，并通过市场交易促进了股价对于公司特质信息的吸收和消化，进而有利于提升公司的信息环境。

其次，"外部治理"方面，在我国股票市场开放的特殊背景下，互联互通的实施作为重要的外部机制，可能会从市场和公司两个层面产生外部治理效应，进而改善公司的信息环境：从市场层面来看，股票市场开放会促进监管水平的提升[2]、市场中介关注的增加以及投资者"用手投票"和"用脚投票"作用的发挥。一是伴随着股票市场互联互通的推进，标的公司的信息披露方式和要求、股东大会的召开和股东权利的行使、投资者关系管理等将

---

① 参见程漫江、叶丙南，《港股近期波动及影响因素分析》，2016 年，中银国际证券。

② 例如，"沪港通开通后，标的公司诚信风险将被置于各种放大镜之下。如果财报造假或关联交易做得太过分，导致香港投资者出现人为的'失信损失'，按港交所规则，损失者将毫不犹豫地起诉内地上市公司"；"A 股标的向香港与其他境外投资者开放，预示着这些上市公司处于境内外投资者的一致监督之下，公众监督有利于促使上市公司规范经营"，详情参见《中国证券报》2014 年 11 月 17 日报道《沪港通将推动 A 股公司治理优化》。

面临新的环境①，并将接受境外投资者以及监管部门的评判②，引进境外投资者的监督无疑会增加 A 股标的公司的违规成本。根据沪港通及深港通的监管规则③，双方交易所能够对对方上市公司在己方市场的违规行为提请对方交易所处分并提供违法违规线索，这种执法上的协助有利于强化监管机制，提升对上市公司的外部监督和治理水平；二是股票市场开放促进了市场对标的公司关注度的提升，如不少媒体和炒股软件等都开设"沪港通"和"深港通"专栏，这些市场中介行为的变化增强了市场对于公司实际经营情况的了解，避免了投资者对于公司信息解读的偏差，提高了经理人隐藏信息的成本，进而提高了公司的信息透明度；三是股票市场开放背景下外资的政策也更加稳定、透明和可预期，作为价值投资的倡导者，外资股东更有可能参与到公司具体的经营决策中，通过"用手投票"机制发挥治理作用（Aggarwal et al.，2011）。特别地，当外资持股达到一定比例后，往往能够通过直接派驻董事、监事等进入上市公司（Bhagat et al.，2004），形成对管理层的直接监督，约束经理人的不当行为。费雷拉和马托斯（Ferreira and Matos，2008）就发现与境内机构投资者相比，外资股东与上市公司管理层之间基本不存在复杂的社会关系，因而由其派出的董事往往具有较强的独立性，从而更有助于外资股东发挥专长，在公司治理中扮演积极股东主义践行者的角色；四是由于香港投资者长期处于更加成熟的资本市场，长期接受价值投资理念的熏陶，相对而言更具有专业的投资技能，其不仅本身能够促进公司私有信息融入股价，还能够通过溢出效应影响其他投资者的择股行为，如果经理人由于私利性的操作性行为而被市场发觉，后果可能是灾难性的，投资者可能会争相卖出或抛售公司股票，从而发挥"用脚投票"机制的杠杆效应（陈晖丽和刘峰，2014）。这种投资者群体信息挖掘能力的提升会对管理层私利性行为产生极大威慑，进而抑制了经理人隐藏信息的动机。从公司层面来看，股票市场开放还

①　参见 2014 年 11 月 10 日，上海证券交易所发布的《关于加强沪港通业务中上海证券交易所上市公司信息披露工作及相关事项的通知》。

②　参见 2014 年 11 月 8 日"证监会答复关于沪港通的相关问题"：http：//finance. sina. com. cn/stock/y/20141118/180020852770. shtml。

③　详文参见上海证券交易所 2014 年 9 月 26 日发布的《上海证券交易所沪港通试点办法》和 2016 年 10 月 9 日深圳证券交易所发布的《深港通业务实施办法》及相关业务规则。

能够产生反馈效应（Feedback Effect），进而促进上市公司治理决策的良性转变。境外资金相对来说是"聪明的钱"，境外投资者尤为关注公司的信息透明度，为吸引境外资金的流入，标的公司具有迎合境外投资者择股的动机，比如通过积极的信息披露降低内外部的信息不对称程度并降低代理成本（Yoon，2017）。

因此，股票市场开放背景下，投资者将信息融入股价的能力的提升和公司外部治理机制的改善，均会提高上市公司的信息环境水平。那么进一步地，股票市场开放对公司信息环境的提升作用是否会产生实际的经济后果（Real Effect）呢？对这一问题的解答是"金融服务于实体经济"的基本要求，而实体经济健康发展的重要保障便是高效的资源配置。实际上，公司的信息披露政策是提供信息的成本与收益的均衡结果。虽然不少文献强调了提供多得高质量的财务信息会给上市公司带来成本，但伍格勒（Wurgler，2000）、杜尔涅夫等（Durnev et al.，2004）以及陈等（Chen et al.，2007）均发现透明的信息环境有助于提高公司的资源配置效率，因此，股票市场开放可能会进一步影响到公司的资源配置效率：一方面，根据前文表述，股票市场开放会提升公司股价的信息含量，即股价越可能及时准确地反映、传递公司层面的有关信息。而实际上，公司股价中包含的信息内容也正是公司管理层进行投资决策的重要依据（Baker et al.，2003；Bond et al.，2012；Chen et al.，2007；连立帅等，2016），当信息含量越高时，股价越可能向企业管理层反馈有用的信息，企业管理层也越可能获取并利用以上信息制定企业投资等决策，提高投资效率；另一方面，股票市场开放的外部治理机制作用的发挥也降低了公司的代理成本，而代理成本越低，资源配置效率越高（Mitton，2006；Li et al.，2011；陈德球等，2012）。

基于上述分析，我们认为股票市场开放会通过"信息效应"和"外部治理"效应来影响公司的信息环境，具体到公司的信息流上，一方面会影响公司的信息供给，另一方面会影响市场上投资者对于信息的理解，进一步地，这种信息环境水平的提升还会作用于公司具体的资源配置决策，比如会提高公司的投资效率。据此，本书在后续章节中先后分析并实证检验了股票市场开放对公司信息披露行为的影响、股票市场开放对市场信息解读的影响以及从经济后果层面探讨了股票市场开放对公司投资效率的影响。具体实证分析框架如图 3 – 3 所示。

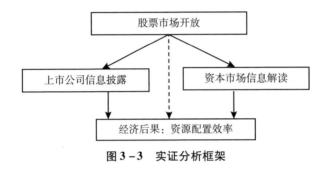

图 3 – 3 实证分析框架

第4章

股票市场开放与公司信息披露

本章主要结合信息不对称理论、委托代理理论以及迎合理论，从信息披露数量和信息质量两个维度分析了股票市场开放对公司信息披露行为的影响。首先，本章回顾了相关研究，提出了研究假设，然后构建了控制公司固定效应和年度固定效应的双重差分模型，并利用中国 A 股市场 2012～2017 年间上市公司数据，实证检验了股票市场开放对公司自愿性信息披露数量及盈余管理程度的影响；同时结合公司的不同特征，分析了股票市场开放的影响的差异性；最后，本章还尝试探讨了股票市场开放影响公司信息披露行为的潜在渠道。通过从信息披露数量与信息质量两个维度考察股票市场开放的影响，本章的研究结论有助于从信息供给层面提供股票市场开放影响公司信息环境的证据。

4.1 文 献 回 顾

所谓公司信息披露，主要是指上市公司根据相关的法律法规要求或自身需求，将自身的会计信息与非会计信息及时有效地向证券监管部门报告并向投资者等社会公众公告的一种行为，目的在于降低公司内外部人之间的信息不对称程度，增强对公司管理层的监督，切实保障投资者的权益①。作为公司治理研究中的核心问题（Healy and Palepu，2001），学术界对于公司信息

---

① 参见中国证券监督管理委员会发布的《公开发行股票公司信息披露实施细则（试行）》。

披露行为的研究也是如火如荼，比如，已有不少学者关注了公司特征（Chau and Gray，2002；Hossain and Reaz，2007；鲁桂华等，2017）、内部治理机制（Aboody and Kasznik，2000；蔡卫星和高明华，2009）以及外部治理机制（高雷和宋顺林，2007；Li and Zhang，2015）等对公司信息披露的影响。但综合这些研究的具体内容，可以发现已有文献多是从公司的信息披露水平和信息披露质量两个方面进行了探讨。

从公司的信息披露水平方面来看，根据信息披露机制的不同，又可细分为强制性信息披露和自愿性信息披露（高敬忠和王英允，2014）。早期的研究大多考察了强制性信息披露的影响，例如，科菲（Coffee，1984）指出在市场失灵的情况下，由于信息不对称问题的存在，市场参与者会寻求政府的庇护，从而强制性信息披露机制应运而生。强制性信息披露主要是指通过法律法规、章程条例等形式明文要求上市公司进行规定的信息公告，比如季报和年报等，其核心之处在于是规则约束下的信息披露，是规则导向的上市公司与其利益相关者之间的信息沟通方式（鲁桂华等，2017）。虽然部分学者发现公司的信息披露水平会随着强制性信息披露的采用而提高（Bonaimé，2015），但也有不少学者持有不同的观点，例如，王雄元和严艳（2003）指出强制性信息披露并非越多越好，而是一个成本和收益权衡的结果，一方面虽然强制性的信息披露要求可以提高上市公司的信息供给，但另一方面同时也会增加上市公司的会计信息成本，甚至可能会威胁到上市公司本身的合法权益。廖志敏和陈晓芳（2009）也认为监管者是强制性信息披露制度的制定者，但由于其不受竞争和私有产权的约束从而缺乏动机去仔细衡量信息披露的成本与收益，容易导致"过度披露"或是"披露不足"问题的出现。随着资本市场的发展和完善，作为对强制性信息披露的重要补充（Balakrishnan et al.，2012），自愿性信息披露也受到越来越多上市公司和投资者的重视。所谓自愿性信息披露，主要是指监管规则之外的，上市公司主动向外界发布公告传递公司信息的行为，是管理层自主作出的披露决策。自愿性披露理论认为，管理层作为公司的内部人，对公司的经营情况更为了解，这种信息不对称程度的存在使得管理层具有信息优势。在此情形下，管理层进行自愿性信息披露的原因也是多方面的。希利和帕利普（Healy and Palepu，2001）就指出降低市场交易成本、规避诉讼风险以及向市场传递利好消息、迎合市场需求等都是公司进行自愿性披露的重要动因。具体来看，自愿性信息披露的动机方面，程和罗（Cheng and Lo，2006）探讨了内幕交易与自愿性信息披露之间的关系，并发现在买入股票前，上市公司管理层会积极地去披露一些利空的业绩预告来降低股票的买入价格；这一点也被张娆等（2017）所验证，通过研究中国 A 股市场上市公司的数据后发现，管理层的私利性动机也会影响公司的自愿性的业绩预告的发布，比如当管理层持股发生变化时，其更有倾向去发布一些有偏差的盈利预测；鲁桂华等（2017）检验了大股东减持对上市公司管理层自愿性业绩预告的影响，并发现为配合大股东减持，上市公司更倾向于在减持前发布积极性的自愿性业绩预告，并且预告的概率和频率都显著更高；自愿性信息披露的其他影响因素方面，麦金农和达利蒙特（Mckinnon and Dalimunthe，1993）以澳大利亚多元化经营的公司为研究样本，发现公司股权分散程度与公司自愿性信息披露数量显著正相关；霍和黄（Ho and Wong，2001）发现上市公司内审部门的设置有助于提升自愿性的信息披露水平；另外还有一些学者考察了自愿性预测的经济后果，例如，埃尔蒂穆尔等（Ertimur et al.，2014）发现管理层的选择性的信息披露决策会改变市场对于公司价值的评判，从而有助于提升 IPO 前持股股东的减持收益；李馨子和肖土盛（2015）发现管理层自愿性业绩预告的发布能够在一定程度上降低分析师的盈余预测误差；另外，还有部分学者从社会责任报告的视角分析了自愿性信息披露的影响，例如，何玉等（2014）发现自愿性的碳信息披露能够显著减弱代理冲突，并降低资本成本，增强股票流动性。

从公司所披露的信息质量层面来看，现有文献多是分析了影响公司信息质量的要素以及公司特征、内部治理和外部治理机制与信息质量之间的关系。其中，公司低质量披露信息的动机方面，霍尔特豪森等（Holthausen et al.，1995）认为出于最大化短期激励合约价值的目的，管理层会选择采用盈余管理的方式，而当管理层报酬水平已经达到最大值时，管理层会进行负向的盈余管理；阿巴巴内尔和莱哈维（Abarbanell and Lehavy，2003）及布格斯塔勒等（Burgstahler et al.，2006）都探讨了分析师对公司信息质量的影响，他们发现分析师的购买建议会影响到管理层盈余管理方式的选择，为了使得公司的盈余达到或者超过分析师的盈余预测，管理层会通过操纵操控性应计来实现公司盈余水平的提高；王志强和刘星（2003）以公司的 IPO 为研究情境，发现为获得高的 IPO 发行溢价，公司倾向于采用盈余管理来粉饰公司业绩；吴联生等（2007）发现在我国为避免亏损而进行盈余管理从而降低所披露的信息质量是一个较为普遍的现象。公司特征方面，周和格雷（Chau and Gray，2002）、恩格和马克（Eng and Mak，2003）以及侯赛因和雷斯（Hossain and Reaz，2007）分别发现企业规模、杠杆水平以及企业年龄均与公司的信息披露质量显著相关；何威风（2015）从高管团队的视角探讨了高管的背景特征对公司信息质量的影响，并发现董事长和总经理的学历、性别与公司的盈余管理水平显著正相关，任期时间与盈余管理水平显著负相关，年龄则对公司的盈余管理水平无显著影响。探讨内部治理机制与公司信息质量的研究，例如，钟等（Chung et al.，2002）发现公司正向盈余管理的程度会随着机构投资者持股比例的上升而下降；桑德斯等（Saunders et al.，2006）也指出机构投资者相比其他投资者更具有相应的投资经验和监督能力，因而会迫使上市公司管理层提供高质量的信息；克莱因（Klein，2002）发现审计委员会的设立能够有效提高公司所披露的信息的质量，降低操控性应计水平；谭劲松等（2010）以深市 2001~2008 年的上市公司为研究样本，发现有效的内部治理和外部监督机制都是影响公司信息披露质量的重要因素；李延喜等（2007）通过研究高管薪酬激励与公司信息质量之间的关系，发现薪酬激励与公司的盈余管理水平显著正相关，但董事会监督却不能发挥应有的抑制盈余管理提高公司信息质量的作用。具体到外部治理机制的内容，伊志宏等（2010）探讨了产品市场竞争、公司治理与信息披露质量之间的关系，发现完善的公司治理机制能够提高所披露的信息质量，而且产品市场竞争能够与公司治理机制之间具有互补或者替代的关系，也能够在一定程度上起到提升公司信息质量的作用；李春涛等（2017）则以融资融券机制的实行为准自然实验，探讨了卖空这一市场交易机制对于公司信息披露质量的影响，并发现卖空机制的引入能够显著提高标的公司的信息披露质量，而且这一影响效应在中介市场发育程度较高和法制环境好的地方更为明显。崔艳娟等（2018）采用动态面板数据模型检验了外部治理环境对公司信息质量的影响，并发现金融发展和法制环境的改善都显著提高了公司的盈余信息质量，同样政府干预的减少也有助于盈余质量的提升。

基于上述文献回顾，虽然现阶段从公司信息披露及所披露的信息质量这一视角展开的研究相对丰富，但是却鲜有研究对外资持股与公司信息披露行为之间的关系展开探讨，尤其是在互联互通机制实施的背景下，股票市场开放是如何影响到公司的信息披露行为的？目前仍然不得而知。而实际上，中国企业的信息披露行为一直为外界所诟病（Piotroski and Wong，2012），不乏很多违规和信息失真的现象，因此探讨股票市场开放对于公司信息披露行为的影响是一个非常具有现实意义的话题。

4.2　理论分析与研究假设

加快完善现代市场体系与构建开放型经济新体制是我国全面深化改革的重要议题。随着中国经济和金融市场的日益发展，资本市场的对外开放迎来了一个崭新的契机。2017 年 10 月，习近平总书记在中国共产党第十九次全国代表大会上明确指出要进一步扩大资本市场对外开放，推动形成全面开放新格局。而股票市场作为金融市场尤为重要的组成部分，在一系列对外开放进程中扮演着"排头兵"的角色。作为市场中的重要参与者，上市公司的行为决策不可避免地受到股票市场开放政策的影响。实际上，自 2014 年 11 月和 2016 年 12 月沪港通、深港通相继实施以来，境外投资者进入我国 A 股市场的渠道得到极大的拓宽①，海外成熟市场投资者给 A 股市场的生态环境带来了极大的改善。

在股票市场开放水平不断深化的背景下，上市公司的信息披露行为也在潜移默化间发生着转变。首先，被选入互联互通标的的上市公司具有迎合境外投资者而提升信息披露水平的动机。众所周知，中国资本市场发展起步较晚且先天不足，在投资者结构和投资理念上存在诸多问题，这使得 A 股市场上充斥着题材投机、频繁买卖、追涨杀跌的市场投机之风，很显然，这有损于企业的长期价值。而股票市场的开放，有助于借助国外成熟的资本市场

---

① 据《财经》2017 年 11 月 27 日刊文称，"在沪港通之前，QFII 和 RQFII 配额制度是海外资金投资 A 股的唯一渠道，好比一艘艘私人游轮，门槛高，随意性大，而沪港通就像开通了一座桥，每天都开着，无论刮风下雨都能正常通行"。

体系建立国内的市场纪律。一般而言，来自发达资本市场中的投资者多为成熟的投资者，他们倡导理性的价值投资，具有成熟的投资理念和专业的公司信息挖掘能力和分析能力（Kim and Verrecchia，1994；Hartzell and Starks，2003；Ferreira and Laux，2007），更加注重获取及时有效的公司经营、财务等各类信息，从而对公司的风险、收益乃至企业的价值作出合理的评估（Piotroski and Wong，2012）。具体而言，相比境内投资者，境外投资者由于地理位置、时差、文化差异等原因，对我国的基本国情和文化习俗知之甚少，人脉关系也相对较弱，很难通过私有渠道获得公司的内幕信息。正因如此，为了弥补这一缺陷，境外投资者会更加依赖于公开信息来进行选股。弗洛里奥和波普（Florou and Pope，2012）发现外资在做投资决策时会尽可能地避免选择信息不对称程度较高的企业作为投资标的，相反，他们更加偏好于信息环境较好的企业。换句话说，股票市场开放为上市公司融资拓宽了渠道，为了吸引境外资金的流入，降低自身的融资成本，上市公司有动机通过积极的信息披露行为向市场传递自身基本面特征良好的信息，从而降低投资者以及潜在投资者与上市公司之间的信息不对称程度和不确定性程度，进而降低投资者预估的风险水平（Mitton，2006）。更为重要的是，来自发达市场的境外投资者，由于其长期接受成熟投资理念的熏陶，并具有相对突出的公司层面特质信息搜集与处理能力，其所选择的标的对于其他投资者而言也具有重要的信息含量。作为新兴市场选股的风向标，外资股东在投资标的的选择上往往具有引导作用，不少投资者会追随外资的步伐投资或者重仓外资所持股的上市公司（甚至媒体和炒股软件出现沪/深港通概念股，投资者和公众对外资投资者重仓持有的股票也同样趋之若鹜）。这一连锁影响对于上市公司努力提升自身的信息披露水平，吸引外资持股，具有极大的刺激作用。因此，从上市公司的迎合行为视角来看，股票市场开放有助于改善上市公司的信息披露。

其次，外资股东的进入会更积极主动地参与公司治理，通过改善公司具体的治理行为提升信息披露水平。在新兴市场中，经理人与股东之间的利益冲突以及控股股东与中小股东之间的利益冲突同样突出（Shleifer and Vishny，1986），为了缓解这两类代理问题，一系列治理机制应运而生。作为公司治理的基础，股权结构一直以来备受实务界和学术界的关注，而外资股东作为新兴市场中的非常特别的一种股东类型（Aggarwal et al.，2011），更可能扮演积极股东践行者的角色。近年来，我国资本市场中外资持股比例逐步增加，尤其是互联互通机制实施后，相关标的公司的外资持股规模迅速扩张，例如，2015 年 5 月 19 日，上海机场（600009）由于境外总持股比例超过28%，成为首只沪港通暂停买入的股票。事实上，来自成熟市场的境外投资者多为倡导价值投资的机构投资者，他们非常依赖公司所披露的信息作出适当的投资决策。因此，为了保障自身的利益不被侵占，外资股东会积极参与治理要求上市公司提供真实可靠的经营信息和财务信息。更为重要的是，不同于境内投资者，外资股东与上市公司管理层之间更不可能存在复杂的社会关系，较强的独立性使其更可能通过向公司内部派驻董事、监事等，直接参与公司的重大决策，并基于及时有效的内部信息利用"用手投票"机制从而形成对经理人和控股股东的直接监督，有效遏制其对其他投资者的利益侵占行为（Bhagat et al.，2004；高敬忠等，2011）。至于公司的信息披露政策，这种外资参与治理的直接体现便是经理人的信息隐藏成本增加，从而促进了公司信息及时地向市场传递。此外，在信息不对称程度较高的新兴资本市场中，专业的信息挖掘能力和分析技术也是保障境外投资者进行价值投资的重要手段，而这种对公司信息的挖掘与传播往往具有杠杆效应，外资股东如果发现公司的重大信息存在不真实的披露或者故意不披露，那么其对公司股票的抛售行为非常可能引起市场的跟风，而这会对经理人和控股股东产生极大的震慑作用，从而降低了上市公司信息披露的操纵行为。

最后，股票市场的开放会通过倒逼监管水平的提升促进公司信息披露水平的提升。市场间的连通与准入，不仅是境外投资者的涌入，还有一系列监管规则的碰撞、改进与完善。沪港通和深港通的实施，打破了内地与香港资本市场监管相对割裂的状态，深化了两地证券监管部门的合作，共同对互联互通交易进行实时监控，并建立相应的信息交换制度和联合监控制度，共同监控跨境的不正当交易行为，防范市场风险。实际上，在 A 股国际化的道路上，境外投资者不同的投资理念和投资习惯也会加速 A 股市场监管的转变。一般而言，相较于境内投资者，来自成熟市场的境外投资者的法律意识更强，自我保护和维权意识更强，如果上市公司的信息披露违规而侵犯到股东的合法权益时，境外投资者便更有可能拿起法律的武器来保护自己，这有助于制约上市公司不正当的信息披露行为；更进一步，如果某项披露在成熟市场中属于违规，而在当前本地资本市场中不属于违规，那么势必会影响境外投资者在 A 股市场投资的积极性。互联互通机制的推出会迫使 A 股市场尽快向香港成熟资本市场的交易制度和监管规则看齐，来自境外投资者的监管诉求会推动 A 股市场监管体系的完善，这反过来又会进一步规范上市公司的信息披露行为。因此，在互联互通机制下，内地上市公司接受境外投资者和监管部门的评判，为了避免潜在的处罚和不必要的诉讼，上市公司不得不主动提升信息披露的水平。2014 年 11 月 10 日，上交所发布《关于加强沪港通业务中上海证券交易所上市公司信息披露工作及相关事项的通知》以及 2016 年 9 月 30 日，深交所发布《关于深港通业务中上市公司信息披露及相关事项的通知》，其中均明确指出"沪（深）港通业务开通后，沪（深）股通公司应当重视并适应外部环境的变化，进一步规范信息披露，加强投资者关系管理"，这意味着股票市场开放，对相关标的上市公司的信息披露监管要求也更趋于严格。

因此，作为衡量公司信息披露行为的两个维度，股票市场开放极有可能会对公司的信息披露数量和所披露的信息的质量产生重要影响。从公司信息披露数量来看，鉴于强制性披露多由特定的监管规则所约束，上市公司管理层难以自主选择披露数量的多少，而公司的自愿性信息披露，是上市公司主动披露的而非公认会计准则和证券监管部门明确要求的基本财务信息之外的信息，自愿性信息披露的多少则正是表征了公司管理层降低公司内外部人之间信息不对称程度的意愿（闫化海，2004）。方红星等（2009）发现在海外交叉上市的公司会更可能自愿性披露内部控制信息；何贤杰等（2016）发现公司治理水平越高，越有可能通过网络新媒体发布更多未经公司正式公告披露的信息以及经营活动策略类信息；廖等（Liao et al.，2016）则发现拥有境外经历的董事增加了上市公司发布自愿性业绩预告的可能性。然而，上述研究主要是基于公司或高管的"海外经历"这一视角，鲜有研究直接考察股票市场开放后对上市公司信息披露数量的影响。而实际上，这一影响确实可能存在，上市公司通过不断更新并及时的信息披露，例如，季度和年度业绩预告、企业社会责任报告等，向外界尤其是境外投资者传达自身信息环境透明、不确定程度低的信息（Yoon，2017），有助于充分引起市场开放所带来的境外投资者的关注。在股票市场开放背景下，无论是上市公司的主动迎合，还是境外投资者的治理参与，抑或是政府监管的持续完善，都将增强上市公司自愿性信息披露的动机，进而导致上市公司自愿性信息披露数量的增多。基于此，本章提出第一个研究假说 H4 – 1：

H4 – 1：股票市场开放有助于提升上市公司自愿性信息披露数量。

从公司所披露的信息质量层面来看，信息质量作为所披露信息的重要属性，自然而然受到投资者和上市公司的共同关注。上市公司会在提供高质量会计信息的成本与收益间进行权衡，而投资者也会在高质量与低质量会计信息的公司间进行取舍。从股权结构视角，已有很多文献对公司会计信息质量进行了关注。如洪剑峭和薛皓（2009）发现良好的股权制衡机制能够提高关联方应计的可靠性；姜涛和王怀明（2011）发现大股东持股增加有助于增加其对管理层的监督动机，并最终提升信息披露质量；杨海燕等（2012）发现机构投资者持股能够降低上市公司的盈余管理程度，从而提高信息披露透明度；贝乌斯林克等（Beuselinck et al.，2017）则发现外资持股比例的变化会显著正向影响企业盈余质量的变化。然而，鲜有文献从股票市场开放这一视角对上市公司的信息披露质量展开研究。实际上，境外投资者作为价值投资的倡导者，更是尤为注重公司所提供的信息的质量好坏。而在股票市场开放水平持续深化的背景下，毫无疑问长期来看提供高质量的会计信息对于上市公司而言必将利大于弊，一方面有助于上市公司持续获得低成本的外部融资，另一方面，低质量的会计信息会降低公司资产的使用效率。因此，在利弊权衡下，上市公司有动机规范自身的信息披露内容，提高会计信息质量。基于此，本章提出第二个研究假说 H4 – 2：

H4 – 2：股票市场开放有助于提升上市公司信息质量。

4.3　研究设计

4.3.1　信息披露行为的度量

本章从信息披露数量和信息质量两个方面考察了公司的信息披露行为，

对应地，参考廖等（Liao et al.，2016）和鲁桂华等（2017），本章采用公司自愿性业绩预告的绝对次数来衡量公司自愿性信息披露的数量。根据监管规则，上市公司预计业绩出现"首亏""续亏""扭亏"及预计净利润同比增长 50% 或下降 50%，需要进行强制性信息披露，其他情形下的业绩预告则为自愿性信息披露。据此根据年份内公司针对季报、半年报、年报总共发布的自愿性业绩预告的次数，并以变量 Voluntary 来表示，该数值越大，表明上市公司越倾向于对外进行自愿性的信息披露。此外，在稳健性检验中，本章还设置了哑变量 Dvoluntary，来表征上市公司自愿性信息披露的意愿。具体地，当公司某年度有发布自愿性业绩预告，Dvoluntary 取 1，否则 Dvoluntary 取 0。

对于信息质量，我们以公司所披露的盈余质量的高低来衡量。参考夏立军（2003）、巴塔查里亚等（Bhattacharya et al.，2003）以及罗玫和陈运森（2010），本章采用了 Jones 模型以及修正 Jones 模型计算的公司操控性应计水平的绝对值来作为公司盈余管理程度的代理变量（AbsDA 以及 AbsDA_m）。具体地，本章以总应计减去非操控性应计得到操控性应计的估计值，如模型（4 – 1）所示。

$$DA_{i,t} = Tacc_{i,t} - NDA_{i,t} \qquad (4-1)$$

其中，Tacc 表示总应计，NDA 表示非操控性应计，DA 表示操控性应计。由于本章分别采用了 Jones 模型和修正 Jones 模型来计算操控性应计水平，因而根据不同的模型，NDA 的计算方法分别如模型（4 – 2）和模型（4 – 3）所示。

Jones 模型下：

$$NDA_{i,t} = \hat{\alpha}_0 \frac{1}{A_{i,t-1}} + \hat{\alpha}_1 \frac{\Delta Rev_{i,t}}{A_{i,t-1}} + \hat{\alpha}_2 \frac{PPE_{i,t}}{A_{i,t-1}} \qquad (4-2)$$

修正 Jones 模型下：

$$NDA_{i,t} = \hat{\alpha}_0 \frac{1}{A_{i,t-1}} + \hat{\alpha}_1 \frac{\Delta Rev_{i,t} - \Delta Rec_{i,t}}{A_{i,t-1}} + \hat{\alpha}_2 \frac{PPE_{i,t}}{A_{i,t-1}} \qquad (4-3)$$

其中，A 表示总资产，ΔRev 表示营业收入的变动值，ΔRec 表示应收账款变动值，PPE 表示公司的固定资产原值，行业特征参数（α_0，α_1，α_2 的估计值）则由模型（4 – 4）通过分年度分行业回归计算所得。

$$\frac{\text{Tacc}_{i,t}}{A_{i,t-1}} = \alpha_0 \frac{1}{A_{i,t-1}} + \alpha_1 \frac{\Delta \text{Rev}_{i,t}}{A_{i,t-1}} + \alpha_2 \frac{\text{PPE}_{i,t}}{A_{i,t-1}} + \varepsilon \qquad (4-4)$$

根据上述结果，我们将模型（4-1）所得的 DA 取绝对值，分别得到 Jones 模型下公司的盈余管理程度 AbsDA 和修正 Jones 模型下公司的盈余管理程度 AbsDA_m，并以此作为公司所披露的信息质量高低的刻度。很显然，盈余管理程度越高，盈余质量越差，信息质量越低。

4.3.2　模型设计与变量定义

沪港通和深港通的相继实施为本章研究内容的进行提供了一个错层的准自然实验场景（陈胜蓝和马慧，2017）。相比单一政策的研究情境，时间上错层发生的多个事件更能够有效提供因果关系的证据，一方面，多个事件期不仅有利于减少不可观测的其他因素对研究结论的干扰，也能够在一定程度上排除其他替代性的解释；另一方面，事件期的错层特征使得同一样本公司在不同时期既可能作为实验组也可能作为控制组，有利于缓解实验组样本和控制组样本之间的固有差异对研究结论的干扰，从而更有利于分离出股票市场开放对公司信息披露行为的影响。因此，借鉴伯特兰和穆莱纳桑（Bertrand and Mullainathan，2003）对于分步实施的准自然实验的设计方法，本章构建了如下控制公司固定效应和年度固定效应的双重差分模型（4-5）：

$$\begin{aligned}
\text{Disclosure} = & \beta_0 + \beta_1 \text{SHHK} \times \text{Post} + \beta_2 \text{Size} + \beta_3 \text{Lev} + \beta_4 \text{ROA} + \beta_5 \text{Growth} \\
& + \beta_6 \text{Big4} + \beta_7 \text{Mod} + \beta_8 \text{SOE} + \beta_9 \text{Manho} + \beta_{10} \text{Inddirec} \\
& + \text{firmF. E.} + \text{yearF. E.} + \varepsilon \qquad (4-5)
\end{aligned}$$

上述模型中，Disclosure 是被解释变量，衡量的是公司的信息披露行为。具体地，本章分别从两个维度进行衡量：一是公司的信息披露数量（Voluntary），二是公司所披露的信息的质量（AbsDA 和 AbsDA_m），详细定义参见 4.3.1 节。SHHK × Post 为本章研究的主要解释变量，对于涉及沪港通业务的上市公司而言，2014 年及其之后 SHHK × Post 取 1；对于涉及深港通业务的上市公司而言，2016 年及其之后 SHHK × Post 取 1；其他情况下 SHHK × Post 取 0。由于在模型（4-5）中控制了公司固定效应和年度固定效应，意味着标的公司和非标的公司之间的固定差异以及互联互通机制实施前后宏观环境变化而导致的时间序列差异都得到了合理控制，则交互项 SHHK × Post 的系数 β_1 即为双重差分统计量。我们预期，股票市场开放会导致公司信息披露数量的增加和信息质量的提高，那么当被解释变量为 Voluntary 时，β_1 应当显著为正；当被解释变量为 Absda 和 Absda_m 时，β_1 应当显著为负。

此外，参考陈运森（2012）、陈晖丽和刘峰（2014）以及廖等（Liao et al.，2016）等研究，我们在模型（4－5）中还进一步控制了公司规模 Size、杠杆水平 Lev、盈利能力 ROA、成长性 Growth、是否四大审计 Big4、审计意见类型 Mod、产权性质 SOE、管理层持股比例 Manho 以及独立董事比例 Inddirec。本章涉及的主要变量的具体定义如表4－1所示。

表4－1　　　　　　　　　　　　　变量定义

变量名称	变量符号	变量定义
信息数量	Voluntary	公司当年自愿性业绩预告的数量
信息质量	AbsDA	基于琼斯模型计算的操控性应计水平的绝对值
	AbsDA_m	基于修正琼斯模型计算的操控性应计水平的绝对值
互联互通标的	SHHK	当公司股票为互联互通标的取1，否则取0
政策发生时点	Post	沪港通/深港通实施当年及之后年份取1，否则取0
公司规模	Size	年末公司总资产的自然对数
杠杆水平	Lev	年末总负债/年末总资产
盈利能力	ROA	净利润/年末总资产
成长性	Growth	营业收入的增长率
是否四大审计	Big4	哑变量，当公司为四大审计取1，否则取0
审计意见类型	Mod	哑变量，当公司被出具非标审计意见时取1，否则取0
产权性质	SOE	哑变量，国有企业取1，否则取0
管理层持股	Manho	管理层持股占公司所有股份的比重
独立董事比例	Inddirec	独立董事人数占公司董事会人数的比重
融资需求高低	Dfc	哑变量，公司当年融资需求高于样本中位数时取1，否则取0
机构持股高低	Dins	哑变量，公司当年机构持股数高于样本中位数时取1，否则取0
是否有 QFII 持股	Dqfii	哑变量，公司有 QFII 持股时取1，否则取0
媒体关注度	Media	公司当年媒体报道数加1后取自然对数

变量名称	变量符号	变量定义
审计收费	AuditFee	审计费用加 1 后取自然对数
管理层自信	OC_h	管理层自愿性持股增加，则认为其过度自信，取 1，否则取 0
自愿性披露倾向	Dvoluntary	哑变量，公司当年有自愿性业绩预告则为 1，否则取 0
会计稳健性	C_Score	采用五年移动窗口计算的会计稳健性指标

4.3.3　样本选择

鉴于沪港通和深港通分别于 2014 年 11 月和 2016 年 12 月开始实施，因此本章以 2012～2017 年间中国 A 股所有上市公司为初始研究样本，以方便比较政策实施前后上市公司信息披露行为的变化。我们对初始研究样本还根据以下原则进行了筛选：（1）剔除 2014 年及其之后才上市的上市公司观测；（2）为降低交叉上市等因素的干扰，剔除同时发行 H 股的上市公司观测；（3）剔除样本期间内被 ST 的上市公司观测；（4）剔除在首次沪股通标的和首次深股通标的确定后新被调入或新被调出互联互通标的的上市公司观测；（5）剔除其他财务数据缺失的观测。最终，本章获得了 9 394 个公司年份观测值。本章涉及的相关数据除互联互通标的股股票名单来自香港联合交易所官网（http：//www.hkex.com.hk）以及媒体报道数据手工搜集外，其他财务数据均来自 CSMAR 数据库。在研究中，为了避免极端值对研究结果的影响，我们还对所有连续变量进行了上下各 1% 的 winsorize 处理。本书所采用的统计和回归分析软件为 Stata 软件。

4.4　实证结果分析

4.4.1　描述性分析

表 4 - 2 列示了本章主要变量的描述性统计结果。根据表 4 - 2，Voluntary 的均值为 1. 194，中位数为 1，说明 A 股市场上大部分上市公司至少会发布一次自愿性的业绩预告；AbsDA 和 AbsDA_m 的均值分别为 0. 058 和 0. 059，中位数分别为 0. 040 和 0. 041；SHHK × Post 的均值为 0. 240，表明互联互通标的公司在政策实施后的观测约占全部研究样本的 24%；此外，SOE 的均值为 0. 386，意味着样本期间内国有企业的观测大概占 38. 6%；管理层持股比例的均值为 0. 121，最大值为 0. 659，最小值为 0，而中位数则为 0. 002，说明不同公司管理层持股比例的情况差异较大。其他控制变量的描述性统计结果均与以往研究类似（姜付秀等，2013；卢太平和张东旭，2014），在此不再赘述。

表 4 - 2　　　　　　　　　　　　　描述性统计

变量	N	mean	p50	max	min	sd
Voluntary	9 394	1. 194	1	4	0	1. 391
AbsDA	9 394	0. 058	0. 040	0. 297	0. 001	0. 057
AbsDA_m	9 394	0. 059	0. 041	0. 315	0. 001	0. 059
SHHK × Post	9 394	0. 240	0	1	0	0. 427
Size	9 394	22. 148	22. 009	25. 710	19. 550	1. 221
Lev	9 394	0. 436	0. 426	0. 927	0. 048	0. 213
ROA	9 394	0. 036	0. 032	0. 192	− 0. 178	0. 052
Growth	9 394	0. 198	0. 106	3. 596	− 0. 562	0. 518
Big4	9 394	0. 030	0	1	0	0. 170
Mod	9 394	0. 029	0	1	0	0. 167
SOE	9 394	0. 386	0	1	0	0. 487
Manho	9 394	0. 121	0. 002	0. 659	0	0. 188
Inddirec	9 394	0. 374	0. 343	0. 571	0. 333	0. 053

表 4 - 3 列示了本章研究涉及的主要变量的相关系数矩阵。从表 4 - 3 可以看出，Voluntary 与 AbsDA、AbsDA_m 之间显著负相关，说明公司的自愿性信息披露越多，信息质量越高，二者是在不同维度上对同一研究目标的反映，在一定程度上相互佐证了本章对企业信息披露行为度量的合理性；

表 4 - 3

相关系数分析

变量	Voluntary	AbsDA	AbsDA_m	SHHK×Post	Size	Lev	ROA	Growth	Big4	Mod	SOE	Manho	Inddirec
Voluntary	1												
AbsDA	-0.059***	1											
AbsDA_m	-0.054***	0.990***	1										
SHHK×Post	-0.078***	-0.043***	-0.043***	1									
Size	-0.198***	-0.020*	-0.021**	0.437***	1								
Lev	-0.290***	0.116***	0.110***	0.060***	0.474***	1							
ROA	0.203***	-0.041***	-0.030***	0.131***	0.065***	-0.360***	1						
Growth	-0.022**	0.170***	0.185***	0.032***	0.064***	0.035***	0.176***	1					
Big4	-0.052***	-0.021**	-0.025***	0.096***	0.218***	0.058***	0.045***	-0.021**	1				
Mod	-0.058***	0.113***	0.110***	-0.057***	-0.118***	0.130***	-0.208***	-0.006	-0.026**	1			
SOE	-0.302***	-0.014	-0.022**	0.046**	0.320***	0.309***	-0.125***	-0.083***	0.099***	0.007	1		
Manho	0.381***	-0.013	-0.004	-0.103***	-0.283***	-0.338***	0.142***	0.058***	-0.082***	-0.050***	-0.484***	1	
Inddirec	0.025**	0.017*	0.018*	-0.010	-0.024**	-0.036**	-0.022**	-0.001	0.026**	-0.017	-0.059***	0.073***	1

注：***、**、*分别表示在 1%、5% 和 10% 的水平下显著。

SHHK×Post 与 AbsDA、AbsDA_m 显著负相关，这与预期一致，即股票市场开放有利于公司信息质量的提升；但 SHHK×Post 与 Voluntary 之间的关系也显著为负，这与预期不符，可能的原因是相关系数分析仅为初步的变量间关系的判断，未考虑到其他众多因素对二者之间关系的影响。此外，其他控制变量与上述信息披露数量、信息质量之间也大多存在统计意义上的相关关系，说明模型（4-5）中控制变量的选取是恰当的；同时，除信息质量之间的相关系数外，其他变量两两间的相关系数均小于 0.5，意味着本章的研究模型基本不存在严重的共线性问题。

4.4.2 回归分析

表 4-4 列示了对本章核心研究假说的实证检验结果。其中，第（1）、第（2）列是对研究假设 H4-1 的检验，第（3）~第（6）列是对研究假设 H4-2 的检验。可以看出，当以 Voluntary 为被解释变量时，在不控制相关控制变量的情况下，SHHK×Post 的系数为 0.134，t 值为 3.44，在 1% 的水平下显著为正；而在控制相关控制变量的情况下，SHHK×Post 的系数为 0.125，t 值为 3.17，也在 1% 的水平下显著为正，这样的结果说明股票市场开放确实有利于增加上市公司的自愿性业绩预告的次数，从而研究假设 H4-1 得到验证，即股票市场开放提升了公司的信息披露数量。类似地，当以 AbsDA 和 AbsDA_m 为被解释变量时，在不控制相关控制变量的情况下，SHHK×Post 的系数分别为 -0.006 和 -0.007，t 值分别为 -3.01 和 -3.38，均在 1% 的水平下显著为负；而在控制相关控制变量的情况下，SHHK×Post 的系数也仍然分别为 -0.006 和 -0.007，t 值分别为 -2.29 和 -2.60，分别在 5% 和 1% 的水平下显著为负，这说明股票市场开放导致了公司盈余管理程度的下降，从而研究假设 H4-2 得到支持，即股票市场开放促进了公司信息质量的提升。经济意义上，当公司成为互联互通标的后，公司自愿性信息披露的数量大约会增加 11%（0.125/1.194），而两种度量方式下的公司盈余管理程度则会分别下降 10%（0.006/0.058）和 12%（0.007/0.059）。这些发现均表明随着股票市场开放程度的提升，上市公司的信息披露数量显著增加、信息质量显著提高，意味着股票市场开放带来的外资进入，确实有

助于从信息供给层面改善公司的信息环境。

控制变量方面，Lev 的系数在以 Voluntary 为被解释变量时显著为负，而在以 AbsDA 和 AbsDA_m 为被解释变量时显著为正，说明公司的杠杆率越高，越不倾向于向外界主动披露更多信息，而且越有可能降低公司的信息质量，这与胥朝阳和刘睿智（2014）的研究发现相一致；与之类似，Growth 在衡量信息数量和信息质量时也分别显著为负和显著为正，说明成长性越高的公司越不倾向于进行自愿性业绩预告，而且其盈余管理水平越高（姜付秀等，2013）；此外，我们还发现当公司被出具非标意见时，往往盈余管理程度更高，表现为 Mod 的系数在第（5）、第（6）列中均显著为正。

表 4 - 4　　　　　　　　　　　股票市场开放与公司信息披露

变量	（1）Voluntary	（2）Voluntary	（3）AbsDA	（4）AbsDA_m	（5）AbsDA	（6）AbsDA_m
SHHK × Post	0. 134 *** (3. 44)	0. 125 *** (3. 17)	− 0. 006 *** （− 3.01）	− 0. 007 *** （− 3. 38）	− 0. 006 ** （− 2. 29）	− 0. 007 *** （− 2. 60）
Size		0. 021 (0. 64)			0. 002 (0. 85)	0. 004 (1. 34)
Lev		− 0. 755 *** （− 6. 20）			0. 037 *** (3. 61)	0. 035 *** (3. 31)
ROA		1. 347 *** (4. 35)			− 0. 042 （− 1. 28）	− 0. 034 （− 1. 02）
Growth		− 0. 145 *** （− 6. 37）			0. 013 *** (6. 04)	0.·015 *** (6. 36)
Big4		0. 178 (1. 17)			0. 015 ** (2. 13)	0. 015 ** (2. 09)
Mod		0. 104 (1. 25)			0. 018 ** (2. 49)	0. 017 ** (2. 37)

续表

变量	(1) Voluntary	(2) Voluntary	(3) AbsDA	(4) AbsDA_m	(5) AbsDA	(6) AbsDA_m
SOE		−0.111 (−1.00)			−0.001 (−0.17)	−0.002 (−0.20)
Manho		0.895 *** (5.16)			−0.005 (−0.36)	−0.007 (−0.53)
Inddirec		−0.066 (−0.19)			0.007 (0.31)	0.005 (0.23)
Constant	1.425 *** (58.81)	1.185 (1.61)	0.057 *** (44.39)	0.058 *** (43.91)	−0.013 (−0.21)	−0.042 (−0.68)
Firm F. E.	Yes	Yes	Yes	Yes	Yes	Yes
Year F. E.	Yes	Yes	Yes	Yes	Yes	Yes
N	9 394	9 394	9 394	9 394	9 394	9 394
R^2	0.60	0.61	0.33	0.33	0.35	0.36
F	27.482 ***	21.746 ***	1.769	2.156 **	5.605 ***	5.979 ***

注：括号中为 t 值，*** 、** 、* 分别表示在 1%、5% 和 10% 的水平下显著。

需要说明的是，本章的研究核心在于双重差分模型设计，而使用双重差分模型的重要前提是：实验组样本和控制组样本在外生冲击发生前具有相同或类似的变化趋势，即满足平行趋势假定（parallel trend assumption）。为此，本章采用回归分析的方法对上述假定进行了检验。具体地，对于互联互通标的公司，本章首先根据年份是否是沪（深）港通实施前两年或前三年、沪（深）港通实施前一年，沪（深）港通实施当年及后一年、沪（深）港通实施后两年及之后分别定义了哑变量 Before2、Before1、After1 和 After2，并各自在相应年份取值为 1，其他情况下以及对于非互联互通标的公司情形下，Before2、Before1、After1 和 After2 都取值为 0；然后将上述变量替换交乘项 SHHK × Post 后一并放入模型（4 − 5）中，根据回归结果来判断标的公司和非标的公司在互联互通政策实施前后是否有相

同或类似的变化趋势（time trend），实证结果如表 4 - 5 所示。其中，第
（1）列列示了公司信息披露数量的时间趋势变化，可以发现 Before2 和
Before1 为负且不显著，After1 和 After2 均为正，虽然 After1 不显著，但 Af-
ter2 显著为正，这表明在互联互通政策实施之前，标的公司和非标的公司的
自愿性业绩预告数量基本满足平行趋势，而在互联互通政策实施之后，标的
公司的自愿性业绩预告数量显著增多；第（2）和第（3）列列示了公司信
息质量的时间趋势变化，可以发现 Before2、Before1 均不显著，而 After1 和
After2 均至少在 10% 的水平下显著为负，说明互联互通政策实施之前，标
的公司和非标的公司的盈余管理程度变化趋势相近，而在互联互通政策实
施之后，标的公司的盈余管理程度显著下降。综上，这部分的结果表明本
章采用双重差分的模型设计是恰当的，同时也进一步佐证了表 4 - 4 的研究
发现。

表 4 - 5　　　　　　平行趋势检验：股票市场开放与公司信息披露

变量	(1) Voluntary	(2) AbsDA	(3) AbsDA_m
Before2	-0.000 (-0.00)	0.003 (0.71)	0.003 (0.80)
Before1	-0.082 (-1.43)	-0.004 (-1.23)	-0.005 (-1.28)
After1	0.013 (0.21)	-0.012*** (-2.88)	-0.013*** (-3.05)
After2	0.265*** (2.91)	-0.008* (-1.85)	-0.009** (-1.99)
Size	0.042 (1.25)	0.003 (1.20)	0.005* (1.69)
Lev	-0.751*** (-6.20)	0.037*** (3.59)	0.035*** (3.29)

续表

变量	(1) Voluntary	(2) AbsDA	(3) AbsDA_m
ROA	1.289 *** (4.24)	-0.047 (-1.42)	-0.039 (-1.16)
Growth	-0.133 *** (-6.17)	0.013 *** (5.96)	0.014 *** (6.34)
Big4	0.188 (1.23)	0.015 ** (2.10)	0.015 ** (2.05)
Mod	0.106 (1.28)	0.017 ** (2.43)	0.017 ** (2.32)
SOE	-0.100 (-0.90)	-0.001 (-0.15)	-0.001 (-0.17)
Manho	0.819 *** (4.71)	-0.006 (-0.46)	-0.009 (-0.64)
Inddirec	-0.091 (-0.26)	0.004 (0.20)	0.003 (0.13)
Constant	0.753 (1.01)	-0.034 (-0.55)	-0.065 (-1.02)
Firm F. E.	Yes	Yes	Yes
Year F. E.	Yes	Yes	Yes
N	9 394	9 394	9 394
R^2	0.61	0.35	0.36
F	19.105 ***	5.073 ***	5.389 ***

注：括号中为 t 值，*** 、** 、* 分别表示在 1%、5% 和 10% 的水平下显著。

　　进一步地，既然股票市场开放会对公司的信息披露行为产生重要影响，那么不同性质或特征的公司在股票市场开放情境下其信息披露行为是否会有异质性的表现呢？具体地，我们从融资需求以及股权结构两个维度对股票市场开放影响公司信息披露行为的逻辑展开了深层次研究。

首先，股票市场开放对内地资本市场最为直接的影响是流入的境外资金增加，但是这些境外资金相对来说是"聪明的钱"，只有那些信息环境更好的公司才会吸引更多境外资金的流入。因此，对于那些有较强融资需求的公司而言，股票市场开放背景下其改善公司信息质量、向外界传递公司信息以降低内外部信息不对称程度的动机更强，因而有理由相信股票市场开放对公司信息披露行为的影响应当主要体现在有融资需求的公司当中。具体地，参考德谟加昆特和马克西莫维奇（Demirguc－kunt and Maksimovic，1998）、卢太平和张东旭（2014）等研究，我们以企业成长性与可实现的内生增长之差来度量企业的融资需求，即融资需求 =（资产规模－上一期资产规模）/上一期资产规模－净资产收益率/（1－净资产收益率），然后根据融资需求是否大于样本年度中位数将样本分为融资需求高组（Dfc = 1）和融资需求低组（Dfc = 0），再在两组子样本中探讨了股票市场开放的影响，具体实证结果如表 4 － 6 所示。可以发现，无论是对于公司自愿性信息披露数量（Voluntary），还是对于公司信息质量（AbsDA 和 AbsDA_m），SHHK × Post 的系数都在 Dfc = 1 的组别中在 5% 的水平下显著，且关于 SHHK × Post 的组间系数差异检验显示这种组间系数差异是高度显著的，从而说明股票市场开放对公司信息披露数量和信息质量的影响均在具有较高融资需求的公司更明显，与上述预期一致。

表 4 － 6　　　　　　　　　　　横截面分析：融资需求

变量	(1) Voluntary	(2) Voluntary	(3) AbsDA	(4) AbsDA	(5) AbsDA_m	(6) AbsDA_m
	Dfc = 1	Dfc = 0	Dfc = 1	Dfc = 0	Dfc = 1	Dfc = 0
SHHK × Post	0.142 ** (2.10)	0.078 (1.36)	－ 0.007 ** （－ 2.06）	－ 0.000 （－ 0.04）	－ 0.009 ** （－ 2.41）	－ 0.000 （－ 0.06）
Size	0.021 (0.39)	0.080 (1.39)	0.002 (0.66)	－ 0.009 *** （－ 3.07）	0.003 (1.12)	－ 0.008 *** （－ 2.92）
Lev	－ 0.464 ** （－ 2.41）	－ 1.088 *** （－ 5.16）	0.035 *** (3.40)	0.027 *** (2.61)	0.032 *** (3.02)	0.027 ** (2.57)

变量	(1) Voluntary	(2) Voluntary	(3) AbsDA	(4) AbsDA	(5) AbsDA_m	(6) AbsDA_m
	Dfc = 1	Dfc = 0	Dfc = 1	Dfc = 0	Dfc = 1	Dfc = 0
ROA	0.991 * (1.83)	2.201 *** (4.56)	-0.091 *** (-3.13)	0.084 *** (3.62)	-0.068 ** (-2.26)	0.083 *** (3.48)
Growth	-0.127 *** (-3.90)	-0.134 *** (-2.86)	0.015 *** (8.61)	0.000 (0.19)	0.016 *** (8.97)	0.000 (0.07)
Big4	0.678 ** (2.31)	-0.029 (-0.15)	0.033 ** (2.10)	0.001 (0.12)	0.032 ** (1.97)	0.001 (0.08)
Mod	0.088 (0.71)	0.277 ** (1.98)	0.005 (0.70)	0.026 *** (3.81)	0.004 (0.52)	0.027 *** (3.88)
SOE	0.047 (0.24)	-0.166 (-1.04)	-0.000 (-0.03)	0.002 (0.23)	-0.002 (-0.20)	0.001 (0.07)
Manho	0.995 *** (3.50)	0.912 *** (3.46)	-0.012 (-0.80)	-0.003 (-0.23)	-0.019 (-1.22)	-0.002 (-0.17)
Inddirec	-0.143 (-0.24)	-0.385 (-0.78)	0.005 (0.17)	0.008 (0.32)	0.002 (0.05)	0.005 (0.19)
Constant	1.046 (0.84)	0.048 (0.04)	0.005 (0.07)	0.217 *** (3.59)	-0.022 (-0.32)	0.213 *** (3.46)
Firm F. E.	Yes	Yes	Yes	Yes	Yes	Yes
Year F. E.	Yes	Yes	Yes	Yes	Yes	Yes
N	4 701	4 693	4 701	4 693	4 701	4 693
R^2	0.63	0.73	0.50	0.46	0.50	0.46
F	7.628 ***	8.546 ***	8.325 ***	2.763 ***	8.660 ***	2.656 ***
Difference Test	(1) - (2)		(3) - (4)		(5) - (6)	
Difference	0.064 **		-0.007 **		-0.009 **	
Chi^2	5.59		4.58		6.25	

注：括号中为 t 值，*** 、** 、* 分别表示在1%、5%和10%的水平下显著。

其次，鉴于股票市场开放的实质是在资本市场中引入境外投资者，那么公司已有的股东类型可能会影响到外资股东乃至股票市场开放作用的发挥，因此我们从机构持股的视角展开了进一步的分析。

一般而言，机构投资者是市场上相对理性成熟的投资者，由于其持股比例相对较高，因而其有更强的动机和能力去约束并监督管理层（Shleifer and Vishny，1997）。王化成和佟岩（2006）就发现机构投资者会有效抑制公司的盈余操纵行为；牛建波等（2013）指出稳定型机构投资者的持股比例越高，越有利于提升公司的自愿性信息披露程度。因此，股票市场开放背景下，对于那些机构持股比例较高的公司而言，可能本身的信息披露数量及信息质量就较高，从而股票市场开放的边际影响相对较弱；与之相反，对于那些机构持股比例较低的公司，自然股票市场开放所产生的边际效应应当更强。据此，依据公司的机构持股比例是否高于同年度样本中位数，我们将研究样本分为高机构持股组（Dins = 1）和低机构持股组（Dins = 0）并再次进行了回归分析，相关结果如表 4 - 7 的 Panel A 所示。正如预期，SHHK × Post 的系数仅在 Dins = 0 时显著（当被解释变量为 Voluntary 时，显著为正；当被解释变量为 AbsDA 和 AbsDA_m 时，显著为负），且组间系数差异检验显示在 Dins = 0 时，SHHK × Post 的系数要显著异于 Dins = 1 时的 SHHK × Post 的系数，从而说明股票市场开放对公司信息数量的提升和信息质量的改善作用主要体现在机构持股较少的企业中。

表 4 - 7　　　　　　　　　　横截面分析：股权结构

Panel A 机构持股

变量	(1) Voluntary Dins = 1	(2) Voluntary Dins = 0	(3) AbsDA Dins = 1	(4) AbsDA Dins = 0	(5) AbsDA_m Dins = 1	(6) AbsDA_m Dins = 0
SHHK × Post	0.057 (0.87)	0.193 *** (3.30)	- 0.004 (- 1.18)	- 0.007 ** (- 2.20)	- 0.005 (- 1.43)	- 0.008 ** (- 2.43)
Size	0.039 (0.66)	- 0.071 (- 1.42)	0.000 (0.11)	0.008 *** (2.77)	0.002 (0.72)	0.009 *** (3.04)

Panel A 机构持股

变量	(1) Voluntary	(2) Voluntary	(3) AbsDA	(4) AbsDA	(5) AbsDA_m	(6) AbsDA_m
	Dins = 1	Dins = 0	Dins = 1	Dins = 0	Dins = 1	Dins = 0
Lev	− 1. 154 *** (− 5. 67)	− 0. 405 ** (− 2. 20)	0. 037 *** (3. 60)	0. 035 *** (3. 46)	0. 035 *** (3. 34)	0. 032 *** (3. 03)
ROA	1. 475 *** (2. 73)	1. 344 *** (3. 03)	− 0. 078 *** (− 2. 87)	− 0. 038 (− 1. 56)	− 0. 065 ** (− 2. 33)	− 0. 035 (− 1. 39)
Growth	− 0. 216 *** (− 5. 45)	− 0. 083 *** (− 2. 64)	0. 016 *** (7. 80)	0. 011 *** (6. 60)	0. 016 *** (7. 90)	0. 013 *** (7. 26)
Big4	− 0. 047 (− 0. 18)	0. 300 (1. 46)	0. 014 (1. 07)	0. 020 * (1. 77)	0. 014 (1. 03)	0. 020 * (1. 70)
Mod	0. 102 (0. 64)	− 0. 040 (− 0. 35)	− 0. 005 (− 0. 61)	0. 027 *** (4. 33)	− 0. 005 (− 0. 61)	0. 027 *** (4. 13)
SOE	0. 025 (0. 13)	− 0. 144 (− 0. 86)	0. 006 (0. 66)	− 0. 004 (− 0. 47)	0. 007 (0. 67)	− 0. 004 (− 0. 38)
Manho	0. 854 *** (2. 88)	0. 987 *** (3. 79)	− 0. 002 (− 0. 11)	− 0. 026 * (− 1. 81)	− 0. 004 (− 0. 28)	− 0. 030 ** (− 2. 00)
Inddirec	− 0. 322 (− 0. 55)	− 0. 191 (− 0. 37)	− 0. 001 (− 0. 03)	0. 018 (0. 65)	− 0. 009 (− 0. 29)	0. 022 (0. 75)
Constant	1. 042 (0. 80)	3. 092 *** (2. 82)	0. 032 (0. 49)	− 0. 129 ** (− 2. 14)	− 0. 004 (− 0. 05)	− 0. 150 ** (− 2. 41)
Firm F. E.	Yes	Yes	Yes	Yes	Yes	Yes
Year F. E.	Yes	Yes	Yes	Yes	Yes	Yes
N	4 376	5 018	4 376	5 018	4 376	5 018
R^2	0. 69	0. 68	0. 49	0. 46	0. 50	0. 46
F	10. 987 ***	8. 883 ***	6. 572 ***	8. 711 ***	6. 696 ***	9. 313 ***
Difference Test	(1) − (2)		(3) − (4)		(5) − (6)	
Difference	− 0. 136 *		0. 003 *		0. 003 *	
Chi^2	4. 25		3. 23		2. 76	

续表

Panel B QFII 持股

变量	(1) Voluntary	(2) Voluntary	(3) AbsDA	(4) AbsDA	(5) AbsDA_m	(6) AbsDA_m
	Dqfii = 1	Dqfii = 0	Dqfii = 1	Dqfii = 0	Dqfii = 1	Dqfii = 0
SHHK × Post	0.106 (1.50)	0.117** (2.41)	−0.002 (−0.67)	−0.007** (−2.55)	−0.002 (−0.63)	−0.008*** (−3.03)
Size	0.018 (0.26)	0.029 (0.75)	−0.003 (−1.01)	0.004* (1.94)	−0.002 (−0.53)	0.005** (2.56)
Lev	−0.471* (−1.86)	−0.839*** (−6.01)	0.033*** (2.59)	0.037*** (5.04)	0.035*** (2.65)	0.034*** (4.48)
ROA	1.539** (2.53)	1.272*** (3.53)	0.026 (0.85)	−0.064*** (−3.35)	0.039 (1.22)	−0.058*** (−2.91)
Growth	−0.184*** (−3.80)	−0.136*** (−5.24)	0.016*** (6.48)	0.012*** (9.01)	0.016*** (6.46)	0.014*** (9.90)
Big4	0.098 (0.47)	0.217 (1.00)	0.012 (1.10)	0.020* (1.70)	0.012 (1.09)	0.019 (1.54)
Mod	0.081 (0.44)	0.111 (1.18)	−0.003 (−0.28)	0.022*** (4.44)	−0.004 (−0.46)	0.022*** (4.19)
SOE	−0.001 (−0.00)	−0.152 (−1.20)	0.014 (1.19)	−0.005 (−0.81)	0.017 (1.37)	−0.006 (−0.91)
Manho	1.056*** (3.00)	0.815*** (4.05)	−0.008 (−0.45)	−0.004 (−0.42)	−0.009 (−0.46)	−0.008 (−0.72)
Inddirec	0.530 (0.80)	−0.255 (−0.63)	0.061* (1.82)	−0.013 (−0.59)	0.063* (1.82)	−0.015 (−0.68)
Constant	0.816 (0.54)	1.168 (1.37)	0.084 (1.10)	−0.038 (−0.85)	0.047 (0.60)	−0.066 (−1.42)
Firm F. E.	Yes	Yes	Yes	Yes	Yes	Yes
Year F. E.	Yes	Yes	Yes	Yes	Yes	Yes
N	2 742	6 652	2 742	6 652	2 742	6 652

Panel B QFII 持股

变量	(1) Voluntary	(2) Voluntary	(3) AbsDA	(4) AbsDA	(5) AbsDA_m	(6) AbsDA_m
	Dqfii = 1	Dqfii = 0	Dqfii = 1	Dqfii = 0	Dqfii = 1	Dqfii = 0
R²	0.66	0.59	0.34	0.36	0.35	0.36
F	3.808 ***	18.468 ***	4.687 ***	12.936 ***	4.938 ***	13.951 ***
Difference Test	(1) – (2)		(3) – (4)		(5) – (6)	
Difference	– 0.011		0.005 *		0.006 *	
Chi²	0.47		3.11		3.41	

注：括号中为 t 值，***、**、* 分别表示在 1%、5% 和 10% 的水平下显著。

特别地，我们还考察了 QFII 这一特殊类型的机构投资者的影响。中国自 2002 年开始确立合格境外投资者制度（QFII），不少外资已通过 QFII 渠道参与到内地资本市场（邓川和孙金金，2014）。对于那些已有 QFII 持股的上市公司，显然在股票市场互联互通机制的实施下受到外资进入冲击的影响更小，因此股票市场开放对上市公司信息披露行为的影响应当主要体现在没有 QFII 持股的公司当中。根据有无 QFII 持股将研究样本分为有 QFII 持股组（Dqfii = 1）和无 QFII 持股组（Dqfii = 0），我们发现只有当 Dqfii = 0 时，SHHK × Post 的系数才在以 Voluntary 为被解释变量时显著为正，在以 AbsDA 和 AbsDA_m 为被解释变量时显著为负，均与预期相符；此外，这一结果也基本上通过了组间系数差异检验（仅在以 Voluntary 为被解释变量时，关于 SHHK × Post 的系数的组间系数差异不显著）。相关实证结果具体参见表 4 – 7 的 Panel B 中。

4.4.3 渠道分析

根据上述实证结果，股票市场开放确实能够提高公司的信息披露数量并改善公司信息质量，那么很自然的一个问题便是：上述关系产生的具体途径是什么呢？对这一问题的解答，有助于更清晰地打开股票市场开放影响微观企业信息披露行为的"黑匣子"。

如同前文的理论分析，股票市场开放可能导致市场信息中介行为的变化。在这里，本章首先分析了媒体和审计师这两种市场中介的潜在作用。从公司的自愿性信息披露数量方面来看，股票市场开放带来了更多的媒体对于标的上市公司的关注，而媒体关注则降低了公司的信息传递和解读成本，增加了公司的信息披露收益（Gray et al.，1995），这有利于激发公司进行更多信息披露的动机。因此，我们预期媒体关注的增加是股票市场开放影响公司信息披露数量的重要途径。

从公司的信息质量方面来看，严格的审计程序作为保障并提升公司治理水平的重要手段（Fan and Wong，2005），日益受到新兴资本市场参与主体的重视。因此，股票市场开放背景下，注重价值投资的外资股东更有动机要求上市公司提高审计水平，比如通过参与或影响审计委员会的决策来聘请高质量的审计师，从而抑制管理层的盈余操纵等私利性行为；同时出于风险和声誉成本的考量，尤其是随着境外投资者对审计师法律责任风险关注度的提升，外部审计师也会增进审计投入（罗栎心和伍利娜，2018），比如追加审计程序、采取更严格的审计标准等，并最终抑制企业的盈余管理行为（崔云和唐雪松，2015）。因此，我们预期股票市场开放可能会通过增加外部审计师的投入进而影响到公司的信息质量。

其次，本章还从管理者行为的变化分析了股票市场开放影响公司信息披露行为的内在机制。如同前文理论所述，股票市场开放会带来更多的理性成熟的投资者进入内地资本市场，而这些理性投资者的加入一方面可能会通过将信息融入股价来修正管理层对于企业未来的乐观判断，另一方面可能会通过外部治理效应的发挥来抑制管理层的过度自信行为，从而有利于保障公司信息能够及时有效地对外披露。万鹏和曲晓辉（2012）发现相比女性高管，男性高管更倾向于自我肯定，发生财务重述的可能性更大，自愿性盈余信息预测的动机更弱；伊闽南和陈国辉（2018）指出公司 CEO 的过度自信程度越大，上市公司的盈余预测质量就越低。因此，我们预期股票市场开放有利于抑制管理层的过度自信程度，进而提高了公司的信息披露数量和信息质量。

为了验证上述三种潜在机制，我们参考管理学中的中介效应的检验方法。具体地，如果 X 会影响 Y，而 M 是可能的渠道，那么针对下述模型（4-6）、模型（4-7）、模型（4-8），如果模型（4-6）中的系数 c 显著，模型（4-7）中的系数 a 显著，模型（4-8）中的系数 b 也显著，那么中介效应存在，即 M 是 X 影响 Y 的渠道；进一步地，在满足上述条件的基础上，当模型（4-8）中的系数 c′ 显著时，则为部分中介效应；当系数 c′ 不显著时，则为完全中介效应。

$$Y = cX + e_1 \qquad\qquad (4-6)$$

$$M = aX + e_2 \qquad\qquad (4-7)$$

$$Y = c'X + bM + e_3 \qquad\qquad (4-8)$$

在本章的研究情境下，主检验模型（4-5）就相当于模型（4-6），在这里需要论证的是股票市场开放对中介变量的影响［类比模型（4-7）］，以及股票市场开放、中介变量对公司信息披露行为的影响［类比模型（4-8）］。特别地，我们以上市公司的媒体报道数加 1 后取自然对数来表征公司的媒体关注度，以审计收费加 1 后取自然对数来表征审计投入程度，同时参考马尔门迪尔和泰特（Malmendier and Tate，2008），以管理层自愿性持股是否增加来表征公司管理层的过度自信情况，相关实证结果列于表 4-8 中①。根据第（1）、第（2）列，可以看出股票市场开放确实导致了公司媒体关注度的提升，表现为第（1）列中 SHHK × Post 的系数显著为正，而在第（2）列中，SHHK × Post 的系数显著为负，而此时 Media 的系数也显著为正，从而说明部分中介效应存在，媒体关注是股票市场开放影响公司自愿性信息披露数量的重要渠道；根据第（3）~第（5）列，SHHK × Post 的系数在第（3）列中显著为正，在第（4）、第（5）列中，SHHK × Post 的系数显著为负，同时 Auditfee 的系数也显著为负，则部分中介效应成立，这说明股票市场开放确实会通过影响外部审计师的努力程度来影响公司的信息质量；根据第（6）~第（9）列，我们也得到了类似的结果，只不过第（7）列中 OC_h 的系数不显著，总体上这样的结果说明管理层过度自信程度的下降是股票市场开放影响公司信息质量的重要渠道之一。

---

① 需要说明的是，管理层过度自信指标计算过程中存在样本损失，故最终进入到回归分析中的观测数有一定减少。后文同。

表 4 - 8　渠道分析

变量	媒体关注		审计投入			管理层过度自信			
	(1)	(2)	(3)	(4)	(5)	(6)	(7)	(8)	(9)
	Media	Voluntary	Auditfee	AbsDA	AbsDA_m	OC_h	Voluntary	AbsDA	AbsDA_m
Media/Auditfee/OC_h		0.003 ** (2.07)		-0.007 *** (-2.66)	-0.007 *** (-2.62)		-0.008 (-0.26)	0.006 *** (3.73)	0.006 *** (3.65)
SHHK × Post	0.739 *** (8.07)	0.122 *** (3.07)	0.091 *** (7.39)	-0.004 ** (-2.16)	-0.005 ** (-2.30)	-0.058 *** (-2.67)	0.123 ** (2.45)	-0.006 ** (-2.02)	-0.006 ** (-2.26)
Size	-0.143 * (-1.86)	0.021 (0.62)	0.219 *** (14.87)	0.012 *** (6.35)	0.013 *** (6.73)	0.122 *** (6.31)	-0.078 (-1.63)	0.009 *** (3.02)	0.010 *** (3.22)
Lev	0.086 (0.31)	-0.759 *** (-6.26)	0.309 *** (6.04)	0.031 *** (4.35)	0.029 *** (4.09)	-0.008 (-0.49)	-0.111 * (-1.77)	0.028 *** (4.62)	0.028 *** (5.25)
ROA	-1.358 * (-1.93)	1.289 *** (4.23)	-0.168 (-1.64)	-0.060 ** (-2.55)	-0.057 ** (-2.35)	0.899 *** (4.10)	1.895 *** (3.33)	0.143 *** (3.52)	0.168 *** (3.98)
Growth	0.014 (0.28)	-0.130 *** (-6.05)	0.035 *** (4.20)	0.009 *** (6.23)	0.010 *** (6.67)	0.000 (0.28)	-0.003 (-0.84)	0.000 (0.66)	-0.000 (-0.40)
Big4	0.212 (0.60)	0.175 (1.15)	0.183 ** (2.53)	0.017 ** (2.54)	0.017 ** (2.53)	0.045 (0.62)	0.070 (0.43)	0.016 ** (1.97)	0.016 * (1.89)
Mod	-0.232 (-1.21)	0.113 (1.36)	0.028 (1.01)	0.014 ** (2.51)	0.013 ** (2.32)	-0.040 (-1.00)	0.091 (0.93)	0.017 ** (2.23)	0.017 ** (2.19)

续表

变量	媒体关注		审计投入			管理层过度自信			
	(1)	(2)	(3)	(4)	(5)	(6)	(7)	(8)	(9)
	Media	Voluntary	Auditfee	AbsDA	AbsDA_m	OC_h	Voluntary	AbsDA	AbsDA_m
SOE	0.119 (0.46)	-0.112 (-1.02)	0.024 (0.52)	-0.002 (-0.37)	-0.002 (-0.39)	-0.104* (-1.87)	-0.103 (-0.94)	0.003 (0.39)	0.003 (0.37)
Manho	0.453 (1.13)	0.893*** (5.16)	-0.106 (-1.42)	0.001 (0.12)	0.000 (0.03)	1.152*** (11.35)	0.908*** (2.91)	-0.023 (-1.45)	-0.023 (-1.41)
Inddirec	-0.026 (-0.03)	-0.063 (-0.18)	-0.064 (-0.51)	0.013 (0.71)	0.010 (0.57)	-0.105 (-0.55)	0.315 (0.72)	0.018 (0.76)	0.020 (0.77)
Constant	4.646*** (2.74)	1.197 (1.63)	10.042*** (42.61)	-0.042 (-1.07)	-0.054 (-1.37)	-2.435*** (-5.58)	2.685** (2.49)	-0.174** (-2.54)	-0.198*** (-2.75)
Firm F.E.	Yes	Yes	Yes	Yes	Yes	Yes	Yes	Yes	Yes
Year F.E.	Yes	Yes	Yes	Yes	Yes	Yes	Yes	Yes	Yes
N	9 394	9 394	9 346	9 346	9 346	7 661	7 661	7 661	7 661
R^2	0.56	0.61	0.90	0.35	0.36	0.32	0.60	0.35	0.35
F	154.216***	20.416***	130.476***	8.536***	9.330***	24.452***	4.481***	4.587***	5.015***

注：括号中为 t 值，***、**、* 分别表示在1%、5%和10%的水平下显著。

4.4.4　稳健性分析

为了保证本章研究结果的可靠性，针对表 4 - 4 的发现，我们还进行了如下几项稳健性测试：

首先，我们采用了安慰剂检验（placebo test）来排除标的公司和非标的公司之间固有特征差异对研究结果的干扰。具体地，我们主要采用了两种安慰剂检验的方法：第一，鉴于沪港通开始实施的时间为 2014 年，深港通开始实施的时间是 2016 年，参考陈胜蓝和马慧（2017），我们将政策的实施年份向前平推 3 年，即假设沪港通于 2011 年开始实施，深港通于 2013 年开始实施，并据此定义了政策实施时点哑变量 Post2，当年份处于虚拟的互联互通机制实施时点当年及之后，Post2 取 1，否则 Post2 取 0。而标的公司和非标的公司的选择则与前文保持一致。类比表 4 - 4 的研究区间长度选择，故基于 2009 ~ 2014 年的 A 股上市公司数据，我们在这里检验了虚拟的互联互通机制的实施对标的公司和非标的公司信息披露行为的影响。如果表 4 - 4 的研究发现是由公司固有差异所致，那么在假定政策实施年份的情形下，也应当能够获得类似的结果，而如果不能获得与表 4 - 4 一致的发现，则说明标的公司和非标的公司之间的固有差异并不是影响本章研究发现的主要原因。具体的回归结果如表 4 - 9 所示，SHHK × Post2 的系数在假定政策发生情形下均不显著，说明股票市场开放对标的公司信息披露数量和信息质量的提升作用并不是由公司固有特征差异所致，从而支持了表 4 - 4 的研究发现。第二，参考切蒂等（Chetty et al.，2009）和拉费拉拉等（La Ferrara et al.，2012），我们随机选择了相应数目的 A 股公司作为假想的沪港通标的股和深港通标的股，然后重新回归得到交乘项 SHHK × Post 的系数，并将上述过程重复 1 000 次，得到了双重差分统计量的概率分布，具体如图 4 - 1、图 4 - 2 和图 4 - 3 所示。可以发现，在以 Voluntary、AbsDA 和 AbsDA_m 为被解释变量的情形下，双重差分统计量均基本上满足均值为 0 的正态分布，而本章实际上所得的交乘项的系数（图中竖线）却明显异于 0，且处于概率分布图的末端，从而说明表 4 - 4 中的研究发现不太可能是受到一些随机因素所致，再次表明了本章研究发现的稳健性。

表 4 - 9 安慰剂检验：虚拟政策发生时点

变量	(2) Voluntary	(5) AbsDA	(6) AbsDA_m
SHHK × Post2	0.001 (0.01)	− 0.003 (− 1.19)	− 0.003 (− 1.04)
Size	0.112 *** (2.91)	− 0.001 (− 0.18)	− 0.000 (− 0.02)
Lev	0.090 (0.74)	0.049 *** (4.22)	0.050 *** (4.14)
ROA	0.597 ** (2.49)	− 0.093 *** (− 3.08)	− 0.090 *** (− 2.93)
Growth	− 0.056 *** (− 2.99)	0.014 *** (5.55)	0.015 *** (6.14)
Big4	− 0.199 (− 1.30)	0.018 (1.06)	0.018 (1.04)
Mod	0.050 (0.77)	− 0.003 (− 0.45)	− 0.004 (− 0.54)
SOE	0.064 (0.80)	− 0.012 * (− 1.75)	− 0.011 (− 1.56)
Manho	− 0.669 * (− 1.91)	0.020 (0.97)	0.021 (0.95)
Inddirec	− 0.268 (− 0.70)	− 0.036 (− 1.26)	− 0.035 (− 1.20)
Constant	− 1.360 (− 1.58)	0.070 (0.93)	0.058 (0.75)
Firm F. E.	Yes	Yes	Yes
Year F. E.	Yes	Yes	Yes
N	8 849	8 849	8 849
R²	0.66	0.40	0.40
F	54.793 ***	10.800 ***	11.539 ***

注：括号中为 t 值，*** 、** 、* 分别表示在 1% 、5% 和 10% 的水平下显著。

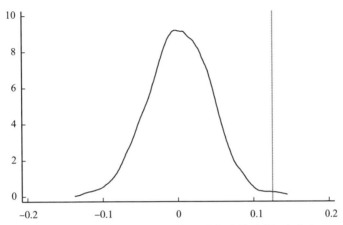

图 4 - 1　Voluntary 为被解释变量时安慰剂测试概率分布

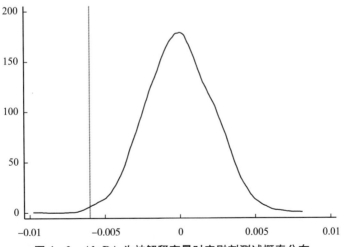

图 4 - 2　AbsDA 为被解释变量时安慰剂测试概率分布

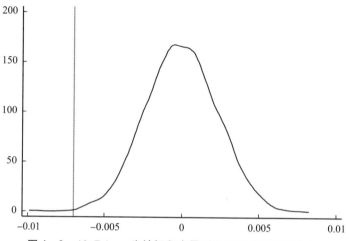

图 4 - 3   AbsDA_m 为被解释变量时安慰剂测试概率分布

其次，考虑到标的公司和非标的公司之间可能在公司规模、盈利能力、成长性等方面存在差异，因此本章还采用了倾向得分匹配法（PSM）来降低这种非随机性的干扰。具体地，我们以模型（4 - 5）中的控制变量为匹配变量，分别基于沪港通实施前一年份、深港通实施前一年份 A 股上市公司的数据，采用 1∶1 且不允许重复抽样、卡尺值为 0.05 的倾向得分匹配获得了与标的组公司相对应的非标的公司作为控制组样本。相关的实证结果如表 4 - 10 所示。可以发现，SHHK × Post 的系数在以 Voluntary 为被解释变量的情况下显著为正，在以 AbsDA 和 AbsDA_m 为被解释变量的情况下显著为负，与表 4 - 4 的研究发现相一致。

表 4 - 10   稳健性分析：PSM

变量	（1） Voluntary	（2） AbsDA	（3） AbsDA_m
SHHK × Post	0. 176 *** （2. 59）	- 0. 006 * （ - 1. 84）	- 0. 006 * （ - 1. 81）
Size	- 0. 146 ** （ - 2. 45）	0. 012 *** （3. 99）	0. 013 *** （4. 29）

续表

变量	（1） Voluntary	（2） AbsDA	（3） AbsDA_m
Lev	− 0. 622 *** （ − 2. 89）	0. 046 *** （4. 39）	0. 045 *** （4. 14）
ROA	3. 141 *** （5. 37）	− 0. 061 ** （ − 2. 14）	− 0. 056 * （ − 1. 88）
Growth	− 0. 001 （ − 0. 56）	0. 000 *** （5. 86）	0. 000 *** （5. 95）
Big4	0. 091 （0. 37）	0. 014 （1. 17）	0. 014 （1. 14）
Mod	0. 313 ** （2. 11）	0. 019 *** （2. 60）	0. 019 ** （2. 52）
SOE	− 0. 346 * （ − 1. 80）	0. 019 ** （2. 05）	0. 019 * （1. 95）
Manho	0. 830 *** （2. 96）	− 0. 015 （ − 1. 10）	− 0. 018 （ − 1. 25）
Inddirec	0. 204 （0. 33）	0. 034 （1. 10）	0. 033 （1. 03）
Constant	4. 494 *** （3. 40）	− 0. 241 *** （ − 3. 68）	− 0. 267 *** （ − 3. 95）
Firm F. E.	Yes	Yes	Yes
Year F. E.	Yes	Yes	Yes
N	3 534	3 534	3 534
R^2	0. 60	0. 37	0. 36
F	12. 073 ***	8. 691 ***	8. 528 ***

注：括号中为 t 值，*** 、** 、* 分别表示在 1%、5% 和 10% 的水平下显著。

　　再次，前面的分析中是以自愿性业绩预告的次数和盈余管理程度来刻画公司的信息披露行为，在这里，我们采用了其他替代性的被解释变量。第一，以某一年份上市公司是否有发布过自愿性业绩预告来衡量公司对外信息披露的意愿并定义了哑变量 Dvoluntary，当有发布过，则 Dvoluntary 取 1，否则 Dvoluntary 取 0；第二，参考基姆和张（Kim and Zhang，2016），我们采用五年移动窗口计算了会计稳健性指标 C_Score，C_Score 越大，会计稳健性越强。实证结果如表 4 - 11 所示①。可以发现，SHHK × Post 的系数在两种情形下均显著为正，说明股票市场开放增强了公司的自愿性业绩预告的意愿，同时也有利于提升公司的会计稳健性，佐证了表 4 - 4 的研究发现。

表 4 - 11　　　　　稳健性分析：被解释变量的其他度量

变量	（1） Dvoluntary	（2） C_Score
SHHK × Post	0.038 ** (2.33)	0.094 *** (7.85)
Size	0.020 (1.50)	0.054 *** (5.05)
Lev	- 0.206 *** (- 4.15)	- 0.014 (- 0.37)
ROA	0.444 *** (3.52)	- 0.249 *** (- 2.58)
Growth	- 0.038 *** (- 4.06)	0.000 (0.04)
Big4	0.065 (1.04)	- 0.001 (- 0.02)
Mod	0.037 (1.08)	- 0.071 *** (- 2.75)
SOE	- 0.071 (- 1.58)	0.015 (0.45)
Manho	0.135 * (1.91)	- 0.195 *** (- 3.39)

① 由于 C_Score 的计算采用的是五年移动窗口，故此处会存在样本损失，导致最终的回归观测略有下降。后文同。

续表

变量	(1) Dvoluntary	(2) C_Score
Inddirec	− 0. 020 (− 0. 14)	− 0. 013 (− 0. 12)
Constant	0. 212 (0. 71)	− 1. 209 *** (− 5. 15)
Firm F. E.	Yes	Yes
Year F. E.	Yes	Yes
N	9 394	7 191
R^2	0. 50	0. 33
F	9. 820 ***	92. 125 ***

注：括号中为 t 值，*** 、** 、* 分别表示在 1%、5% 和 10% 的水平下显著。

　　此外，我们重新思考了互联互通机制的影响时点问题。在前文中，我们将沪港通和深港通的实施当年分别界定为政策已实施年份，但沪港通作为资本市场互联互通机制的首次尝试，具有很强的突然性，且实际开启时间已是 11 月中旬；而深港通作为沪港通的延伸，虽然于 2016 年 12 月才开始实施，但 2016 年 8 月就已经批准深港通实施方案，市场早有预期。考虑到这一实际，我们针对政策影响试点分别采取了以下两种方法：(1) 剔除 2014 年的观测；(2) 将 2014 年视为政策未实施年份，2016 年视为政策已实施年份。具体的回归结果列于表 4 - 12。不难看出，两种情形下交互项 SHHK × Post 的系数均高度显著且与表 4 - 4 类似，从而验证了研究结果的稳健性。

表 4 - 12　　　　　　　　　稳健性分析：政策影响年份的界定

变量	(1)	(2)	(3)	(4)	(5)	(6)
	剔除 2014 年			2014 年视为政策未实施年份		
	Voluntary	AbsDA	AbsDA_m	Voluntary	AbsDA	AbsDA_m
SHHK × Post	0. 122 *** (2. 84)	− 0. 006 *** (− 2. 71)	− 0. 007 *** (− 3. 03)	0. 086 ** (2. 23)	− 0. 007 *** (− 3. 24)	− 0. 007 *** (− 3. 56)

续表

变量	(1)	(2)	(3)	(4)	(5)	(6)
	剔除 2014 年			2014 年视为政策未实施年份		
	Voluntary	AbsDA	AbsDA_m	Voluntary	AbsDA	AbsDA_m
Size	0.018 (0.51)	0.003 * (1.70)	0.005 ** (2.54)	0.027 (0.81)	0.003 (1.46)	0.004 ** (2.23)
Lev	−0.802 *** (−6.01)	0.031 *** (4.49)	0.028 *** (3.98)	−0.756 *** (−6.21)	0.037 *** (5.72)	0.035 *** (5.24)
ROA	1.507 *** (4.42)	−0.060 *** (−3.40)	−0.055 *** (−3.06)	1.327 *** (4.29)	−0.042 *** (−2.59)	−0.034 ** (−2.05)
Growth	−0.149 *** (−5.92)	0.015 *** (11.30)	0.016 *** (12.30)	−0.147 *** (−6.48)	0.013 *** (11.07)	0.015 *** (11.89)
Big4	0.206 (1.26)	0.015 * (1.81)	0.015 * (1.77)	0.179 (1.18)	0.015 * (1.91)	0.015 * (1.79)
Mod	0.078 (0.84)	0.022 *** (4.51)	0.021 *** (4.32)	0.103 (1.24)	0.018 *** (4.10)	0.017 *** (3.81)
SOE	−0.070 (−0.57)	−0.003 (−0.48)	−0.003 (−0.40)	−0.105 (−0.95)	−0.001 (−0.22)	−0.002 (−0.26)
Manho	1.005 *** (5.36)	−0.007 (−0.68)	−0.009 (−0.87)	0.906 *** (5.23)	−0.005 (−0.51)	−0.007 (−0.78)
Inddirec	0.130 (0.34)	0.012 (0.61)	0.010 (0.50)	−0.062 (−0.18)	0.006 (0.33)	0.004 (0.23)
Constant	1.160 (1.47)	−0.028 (−0.70)	−0.063 (−1.49)	1.055 (1.43)	−0.017 (−0.44)	−0.047 (−1.16)
Firm F. E.	Yes	Yes	Yes	Yes	Yes	Yes
Year F. E.	Yes	Yes	Yes	Yes	Yes	Yes
N	7 815	7 815	7 815	9 394	9 394	9 394
R^2	0.61	0.38	0.38	0.61	0.35	0.36
F	22.527 ***	16.833 ***	18.789 ***	21.397 ***	16.187 ***	17.530 ***

注：括号中为 t 值，***、**、* 分别表示在 1%、5% 和 10% 的水平下显著。

最后，我们还考虑了其他三种不同的样本构造：（1）仅考虑互联互通标的公司；（2）以沪港通为研究情境，仅考虑沪市上市公司；（3）以深港通为研究情境，仅考虑深市上市公司①。在这三种情境下，我们重新考察了股票市场开放对公司信息披露行为的影响，相关结果如表 4 - 13 所示。与表 4 - 4 的结果类似，三种情形下，当被解释变量为 Voluntary 时，SHHK × Post 的系数均高度显著为正；当被解释变量为 AbsDA 和 AbsDA_m 时，SHHK × Post 的系数均显著为负。

表 4 - 13　　　　　　　　稳健性分析：不同研究情境

变量	(1)	(2)	(3)	(4)	(5)	(6)	(7)	(8)	(9)
	仅沪深港通标的			沪港通			深港通		
	Voluntary	AbsDA	AbsDA_m	Voluntary	AbsDA	AbsDA_m	Voluntary	AbsDA	AbsDA_m
SHHK × Post	0.126 **	− 0.004 **	− 0.005 **	0.115 **	− 0.007 *	− 0.007 *	0.112 **	− 0.009 ***	− 0.009 ***
	(2.42)	(− 2.13)	(− 2.50)	(1.97)	(− 1.73)	(− 1.83)	(1.85)	(− 3.50)	(− 3.71)
Size	0.005	0.000	0.000	0.101	0.007	0.009 *	0.058	0.005 **	0.005 **
	(0.11)	(0.00)	(0.23)	(1.23)	(1.40)	(1.77)	(1.16)	(2.25)	(2.49)
Lev	− 0.790 ***	0.033 ***	0.034 ***	0.082	0.028 *	0.025	− 0.796 ***	0.042 ***	0.040 ***
	(− 4.42)	(4.40)	(4.40)	(0.31)	(1.81)	(1.57)	(− 4.45)	(5.81)	(5.41)
ROA	1.798 ***	0.078 ***	0.092 ***	− 0.806	0.057	0.062	0.004	0.114 ***	0.133 ***
	(3.67)	(3.76)	(4.33)	(− 1.00)	(1.22)	(1.30)	(0.01)	(4.41)	(5.01)
Growth	− 0.218 ***	0.009 ***	0.009 ***	0.000	0.000 ***	0.000 **	− 0.009 *	0.001 **	0.001 ***
	(− 6.49)	(6.30)	(6.02)	(0.30)	(2.65)	(2.52)	(− 1.67)	(2.43)	(3.48)
Big4	0.171	0.020 ***	0.020 ***	0.083	− 0.001	− 0.002	0.220	0.021 **	0.020 *
	(0.97)	(2.67)	(2.61)	(0.32)	(− 0.10)	(− 0.12)	(0.92)	(2.13)	(1.96)
Mod	− 0.051	0.020 ***	0.020 ***	− 0.085	0.005	0.007	0.139	0.018 ***	0.017 ***
	(− 0.33)	(2.97)	(2.88)	(− 0.59)	(0.64)	(0.83)	(1.13)	(3.66)	(3.26)
SOE	− 0.150	0.004	0.003	− 0.266	− 0.018 *	− 0.017	0.012	− 0.005	− 0.006
	(− 0.97)	(0.60)	(0.41)	(− 1.46)	(− 1.70)	(− 1.58)	(0.07)	(− 0.63)	(− 0.83)

① 在单独以沪港通和深港通为研究情境下，即上述（2）、（3）两种情境下，为了保证政策前后的可比性，我们分别选择了各政策实施前后两年的数据进行回归分析。后文同。

变量	(1)	(2)	(3)	(4)	(5)	(6)	(7)	(8)	(9)
	仅沪深港通标的			沪港通			深港通		
	Voluntary	AbsDA	AbsDA_m	Voluntary	AbsDA	AbsDA_m	Voluntary	AbsDA	AbsDA_m
Manho	0.940***	− 0.004	− 0.003	0.120	0.035	0.039	0.609***	− 0.004	− 0.006
	(3.85)	(− 0.34)	(− 0.32)	(0.14)	(0.73)	(0.80)	(2.63)	(− 0.38)	(− 0.58)
Inddirec	− 0.237	− 0.005	− 0.009	− 1.497**	− 0.036	− 0.033	0.093	0.018	0.011
	(− 0.48)	(− 0.22)	(− 0.42)	(− 2.30)	(− 0.96)	(− 0.86)	(0.18)	(0.88)	(0.52)
Constant	1.345	0.034	0.027	− 1.050	− 0.087	− 0.130	0.153	− 0.073	− 0.081*
	(1.28)	(0.78)	(0.60)	(− 0.56)	(− 0.80)	(− 1.17)	(0.14)	(− 1.58)	(− 1.71)
Firm F. E.	Yes	Yes	Yes	Yes	Yes	Yes	Yes	Yes	Yes
Year F. E.	Yes	Yes	Yes	Yes	Yes	Yes	Yes	Yes	Yes
N	5 284	5 284	5 284	2 020	2 020	2 020	4 314	4 314	4 314
R^2	0.61	0.36	0.36	0.49	0.42	0.42	0.61	0.39	0.39
F	12.888***	8.914***	9.107***	1.639*	1.653*	1.662*	8.490***	7.716***	8.250***

注：括号中为 t 值，***、**、*分别表示在 1%、5% 和 10% 的水平下显著。

4.5　本　章　小　结

深化资本市场对外开放是完善多层次资本市场体系建设、强化金融服务实体经济能力的重要举措，长期以来一直受到我国政府的重视。因此，探讨股票市场开放之于微观企业的影响具有重要的现实意义。基于此，本章以互联互通机制的实施为准自然实验，考察了股票市场开放之于公司信息披露行为的影响。具体地，我们以 2012～2017 年间中国 A 股上市公司为研究对象，采用控制公司固定效应和年度固定效应的双重差分模型实证检验了股票市场开放对公司信息披露数量和信息质量的影响。研究发现，股票市场开放增加了公司自愿性业绩预告的数量，降低了公司盈余管理的程度，这一研究结果在经过安慰剂测试、采用 PSM 构造控制组样本、更换了不同的被解释变量度量指标、政策影响时点以及研究情境后依然稳健，从而表明股票市场开放有利于公司信息披露数量和信息质量的提升。此外，针对不同融资需求程度以及股权结构的横截面分析显示，股票市场开放对公司信息披露数量和信息质量的影响主要体现在融资需求较高的企业、机构持股较少的企业以及没有QFII 持股的企业当中；进一步分析还显示，媒体关注度的增加、审计投入的增加分别是股票市场开放影响公司信息披露数量和信息质量的重要渠道，表现为股票市场开放会导致媒体报道的增加和外部审计师审计收费的提升；此外，股票市场开放会负面影响公司管理层的过度自信，进而提升公司的盈余质量。

　　本章的研究结论表明，股票市场开放会从信息的供给层面改善公司的信息环境，意味着股票市场开放作为一种外部治理机制，能够有效降低公司内外部人之间的信息不对称程度。因此，本章的研究发现支持了近年来稳步深化资本市场开放水平的系列举措：第一，股票市场的开放，有助于抑制 A股市场的炒作风气，通过引进外资，倡导价值投资理念，提升上市公司的治理水平；第二，沪港通、深港通、债券通等互联互通政策的相继实施，使得中国股票、债券市场与国际市场联系更加紧密，有助于吸引境外投资者参与到我国多层次资本市场体系的建设中来，从而不断建立健全资本市场运行机制，提高企业的信息透明度和决策效率，最终促进经济的健康发展。

第 5 章

股票市场开放与资本市场信息解读

本章主要结合信息不对称理论、委托代理理论以及迎合理论，从股价同步性和股价崩盘风险两个方面分析了股票市场开放对于资本市场信息解读的影响。首先，本章回顾了股价同步性和股价崩盘风险的相关文献；其次，通过理论分析提出研究假设，并构建了控制公司固定效应和年度固定效应的双重差分模型，实证检验了股票市场开放对公司股价同步性和股价崩盘风险的影响；同时结合公司的不同特征，分析了股票市场开放的影响的差异性；最后，本章还从会计稳健性的提高和管理层过度自信程度的降低这两个视角探讨了股票市场开放影响股价同步性和股价崩盘风险的潜在渠道。通过以上分析，本章的研究发现有助于从信息解读层面丰富股票市场开放影响公司信息环境的证据。

5.1 文 献 回 顾

股价的"同涨同跌"以及"暴涨暴跌"都是资本市场中常见的重要现象（Morck et al.，2000；Jin and Myers，2006；Hutton et al.，2009；许年行等，2013；肖土盛等，2017），其发生的关键且共同之处在于资本市场上的投资者无法有效准确地获取公司的特质信息并将其及时融入到公司股价中，即投资者的信息解读能力受到限制。根据信息的公开程度及侧重点不同，上述两种现象分别对应公司的股价同步性和股价崩盘风险，在不同的维度上刻画了资本市场上的信息解读行为，现已成为公司财务领域重要的研究议题

（周林洁，2014）。

首先是对股价同步性的分析。最早关于股价同步性的研究可追溯到克思（King，1966），他通过对资本资产定价模型研究后发现个股的回报率与市场及行业的回报率之间显著相关，说明公司股价中包含了市场和行业层面的信息。罗尔（Roll，1988）进一步指出仅以市场和行业层面信息难以解释公司的股价波动，而公司层面的信息也是不容忽视的重要因素。自此，开创了从 R^2 视角着手的研究股价同步性与股价信息含量的先河。现有关于股价同步性的研究，大致有两种观点：一是信息效率观，二是市场噪声观。信息效率观下，股价的特质性波动反映的是公司的特质性信息。莫克等（Morck et al.，2000）通过采用多个国家的数据研究后发现，新兴市场由于产权保护制度不完善，抑制了信息套利者挖掘信息来获利的动力，从而股价同步性相对较高。而且他们还发现在其研究的 40 个国家（地区）的数据中，中国的股价同步性高居第二位。杜尔涅夫等（Durnev et al.，2003）发现股价同步性越低，股票回报对公司未来盈余的预测能力越强，说明股价同步性越低的公司，股价中包含了更多公司的特质性信息。金和迈尔斯（Jin and Myers，2006）也发现资本市场中的信息不对称程度与股价同步性显著正相关。费雷拉和劳克斯（Ferreira and Laux，2007）指出影响股价异质性波动的核心因素是私有信息，有效的公司治理则会促进信息交易的达成，提高股价的信息含量。基于上述思路，不少研究从公司股价反映公司特质性信息的多少来研究股价同步性的影响因素，比如，彼得罗斯基和劳尔斯顿（Piotroski and Roulstone，2004）发现机构投资者能够促进公司层面的特质信息融入到股价当中从而降低公司的股价同步性；这一点也被侯宇和叶冬艳（2008）所论证，他们发现当机构投资者交易量较大时，公司股价更多地反映的是公司特质信息，股价同步性较低；游家兴等（2006）基于 R^2 的视角探讨了我国证券市场制度建设的完善与股价同步性之间的关系，并发现股价同步性随着市场机制的建立健全而降低，意味着公司股价信息含量的提升；古尔等（Gul et al.，2010）发现外资股权和高质量的审计也有助于降低公司的股价同步性，增强股价信息含量；朱红军等（2007）研究了我国资本市场上证券分析师与公司股价同步性之间的关系，并发现分析师能够通过信息搜寻活动促进更多的特质信息融入到公司股价，从而降低股价同步性，提高资本市场运行效率；许等（Xu et al.，2013）也有类似的发现，即能力出众的分析师有助于通过提供更多公司层面的特质信息降低股价同步性；何等（He et al.，2013）发现高外资持股比例与知情交易的可预测性显著正相关，与股价同步性显著负相关；黄俊和郭照蕊（2014）探讨了新闻媒体报道与股价同步性之间的关系，发现媒体关注的增加降低了公司的股价同步性；钟覃琳和陆正飞（2018）以沪港通的开启为准自然实验，发现沪港通交易制度能够促进股价非同步性的提升，说明沪港通的实施能够提升公司股价的信息含量。然而，在市场噪声观下，股价的特质性波动反映的则是市场上的非理性交易。韦斯特（West，1988）认为股价的超额波动可能是由市场参与者的噪声交易所导致；王亚平等（2009）也发现公司的信息透明度与股价同步性之间具有正相关关系，股价同步性越高，股票市场的定价效率也越高；顺应着这一思路，凯利（Kelly，2014）认为基于 R^2 的股价信息含量的衡量方法有失偏颇，原因在于其发现交易费用高、信息交易少的股票反而同步性更低。综合来看，虽然上述两种观点对于股价同步性与股价信息含量之间的关系的解释是相反的，但基于中国情境的研究，越来越多学者的研究发现都支持了信息效率观，即股价同步性越低，公司的股价信息含量越高，信息环境越好（于丽峰等，2014；陈冬华和姚振晔，2018）。

其次是对股价崩盘风险的研究。金和迈尔斯（Jin and Myers，2006）从理论层面分析了股价崩盘风险的成因，即由于信息不对称问题的存在，管理层会出于各种私利性动机隐藏公司大量的负面信息，随着这些坏消息的累积并最终会达到某一个临界点，而这个临界点也是公司所能承受的坏消息的极限，如果超过这个极限，所累积的坏消息便会在短期内集中释放，从而对股价产生巨大的负面冲击，导致股价在短期内急速下跌；布莱克和刘（Bleck and Liu，2007）则指出经理人的过度投资行为也会导致股价崩盘情况的发生，这是因为由于经理人对坏消息的隐藏，投资者很难及时知晓经理人所投资的项目净现值为负（NPV＜0），从而会导致投资项目的亏损不断累积并在达到一定程度被市场知晓后造成公司股价的急速下跌。通过这两种观点不难看出，公司股价崩盘风险的重要原因就是经理人对于坏消息的隐藏并累积。在此基础上，后续也有一系列研究从公司的信息透明度、内部治理和外部治理等视角探讨了其对股价崩盘风险的影响。公司的信息透明度方面，赫顿等（Hutton et al., 2009）发现公司的股价崩盘风险会随着财务报告透明度的降低而提升；基姆等（Kim et al., 2011a）探讨了企业的税收规避行为与股价崩盘风险之间的关系，他们认为企业为实施避税行为往往会借助于大量烦琐且不透明的交易，这会降低公司的透明度并给管理层谋取私利提供较大的操作空间（Desai and Dharmapala, 2006），最终会导致较高的股价崩盘风险；江轩宇（2013）从税收征管的视角入手也发现激进的避税行为会导致公司未来股价崩盘风险的提升。此外，王冲和谢雅璐（2013）、基姆和张（Kim and Zhang, 2016）则都发现公司的会计稳健性水平越高，股价崩盘风险则越低。内部治理机制方面，基姆等（Kim et al., 2011b）发现对公司高管的期权激励可能会诱使股价崩盘风险的发生，原因在于相应的激励条款可能是增大管理层隐藏坏消息的动机；李小荣和刘行（2012）指出鉴于女性CEO 的风险规避程度更高、代理成本更低，因而能够有效降低公司股价崩盘的可能；王化成等（2015）发现控股股东可以发挥"监督效应"，能够抑制管理层对坏消息的隐藏，从而降低股价崩盘风险；谢德仁等（2016）发现控股股东的股权质押与公司的股价崩盘风险之间显著负相关，但当股权质押解除后，公司的股价崩盘风险显著提升。外部治理机制方面，潘越等（2011）发现虽然较差的公司透明度会导致较高的股价崩盘风险，但分析师关注却能够有效降低信息不透明的影响；罗进辉和杜兴强（2014）实证检验了媒体报道与公司股价崩盘风险之间的关系，发现媒体能够发挥信息中介和公共监督的作用，显著降低公司股价未来崩盘的风险；林乐和郑登津（2016）考察了 2012 年的"退市新规"之于股价崩盘风险的影响，发现退市监管有助于降低股价崩盘的可能。

综合上述股价同步性和股价崩盘风险的研究，除钟覃琳和陆正飞（2018）探讨了沪港通交易制度与公司股价信息含量之间的关系外，现有研究大多忽视了股票市场开放这一重要的外部治理机制的影响，尤其是在内地这一新兴的资本市场背景下，股票市场正有条不紊地分步推进对外开放策略，但却鲜有研究系统地去探讨中国这种股票市场的互联互通的资本市场制度创新的作用，因此，本章以此互联互通机制的实施为准自然实验，从公司股价同步性和股价崩盘风险两个维度探讨了股票市场开放对于市场上投资者信息解读能力的影响。

5.2 理论分析与研究假设

资本市场对于信息的解读，最终必将反映到公司的股价当中，而证券价格反映信息的能力，主要体现在价格反映所有相关信息的速度和准确性两个方面。因此，从信息解读视角来看股票市场开放对上市公司信息环境的影响，关键在于厘清股票市场开放与资本市场定价效率之间的关系。彼得罗斯基等（Piotroski et al. , 2015）发现，在重要的政治事件（党代会与人民代表大会）前，与政府官员有关联的公司会抑制负面消息的披露，从而增加了公司的股价崩盘风险和股价同步性；许年行等（2013）通过研究机构投资者的"羊群行为"后发现，"羊群行为"的存在提升了公司未来的股价崩盘风险，也增加了公司的股价同步性。因此，本章也将从股价同步性和股价崩盘风险这两个视角来探讨股票市场开放对资本市场信息解读的影响。

5.2.1 股票市场开放与股价同步性

在一个由完全理性投资者构成的有效资本市场中，资产的价格能够如实充分迅速地反映市场所能获得的所有信息，从而引导稀缺资源进行合理配置。然而，相对于成熟的资本市场，新兴资本市场的证券价格中往往包含着较大"噪声"，不能很好地反映公司基本面信息，难以有效发挥对资源配置的引导作用（黄俊和郭照蕊，2014）。而股票市场的开放，尤其是互联互通机制这一交易制度的重大创新，将有助于极大地改善市场的价格发现机制（李志生等，2015）。因此，我们认为股票市场开放可能从以下两个方面影响资本市场的股价信息含量。

首先，股票市场的开放，有助于借助国外成熟的资本市场体系建立国内的市场纪律，比如提升公司的信息披露水平，从而为与公司相关的更多特质信息融入股价提供了基础。具体来看，一方面，外资的市场参与会影响公司的迎合行为。成熟的境外投资者作为价值投资人，非常依赖市场、行业及公司信息作出投资决策（Henry，2000）。弗洛里奥和波普（Florou and Pope，

2012）发现外资在做投资决策时会尽可能地避免选择信息不对称程度较高的企业作为投资标的，相反，他们更加偏好于信息环境较好的企业。因此，为了吸引境外资金，上市公司会迎合境外投资者，通过提供更多的信息披露来建立彼此间的信任（Yoon，2017），从而降低投资者以及潜在投资者与上市公司之间的信息不对称程度和不确定性程度，这有助于市场对于公司特质信息进行感知并将其反映在股价当中。另一方面，股票市场开放背景下外资的治理作用可能会更为突出，这会提高知情交易中成本收益的权衡结果（Fishman and Hagerty，1992），促进了私有信息融入股价。随着近年来我国资本市场一系列对外开放举措的推进，外资的政策也更加稳定、透明和可预期，作为价值投资的倡导者，外资股东更有可能参与到公司具体的经营决策中，并通过"用手投票"机制发挥治理作用（Aggarwal et al.，2011）。特别地，当外资持股达到一定比例后，往往能够通过直接派驻董事、监事等进入上市公司（Bhagat et al.，2004），形成对管理层的直接监督，约束经理人的不当行为，保证上市公司信息披露的及时、准确、透明、公开，增进了市场对于公司信息理解的客观性与准确性（Karamanou and Vafeas，2005；步丹璐和屠长文，2017）。此外，互联互通机制的实施，倒逼了上市公司信息披露监管机制的完善，而制度建立健全正是提高公司股价信息含量的外部保障（游家兴等，2007）。作为股票市场互联互通的"排头兵"，标的公司也面临着中国香港等成熟资本市场上投资者的评价以及内地和香港双方监管机构的联合执法，为了避免潜在的惩处和诉讼风险，上市公司也会通过积极的信息披露降低其与投资者之间的信息不对称程度，从而为信息融入股价提供了必要的基础，有利于降低公司股价与市场平均股价之间的同步性波动。

其次，股票市场开放有助于倡导价值投资理念，促进投资者群体将私有信息融入股价的能力的提升。一般而言，来源于发达资本市场中的境外成熟投资者在新兴市场中通常被认为具有建设性的作用，其成熟的投资理念以及注重基本面分析的投资习惯，有利于完善新兴市场的估值机制。第一，互联互通机制实施以后，更多的境外投资者参与到内地资本市场。已有研究发现，成熟市场中的投资者进入到新兴市场后，比当地投资者更具有资源和能力去处理国际市场信息（Bae et al.，2012），尤其是这些境外投资者多为专业的基金管理公司或者投资银行（钟覃琳和陆正飞，2018），具有成熟的投资理念和专业的信息挖掘能力和分析能力（Kim and Verrecchia，1994；Hartzell and Starks，2003；Ferreira and Laux，2007），更加注重获取及时有效的公司经营、财务等各类信息，并对公司的风险、收益乃至企业的价值作出合理的评估（Piotroski and Wong，2012），从而通过知情交易促进了股价对于公司特质信息的吸收和消化，比如，与境内投资者相比，外资股东更可能扮演着信息发掘者的角色，其更加成熟的价值分析技术使其更能够识别公司特质信息和内在价值，在公司价值被低估时，买入股票；在公司价值被高估时，卖出股票，从而通过"用脚投票"的机制促进了公司特质信息融入股价。第二，信息作为一种传播性极强的媒介，具有很强的外溢效应。境外投资者对股价的认知对于其他投资者而言具有参考价值，这种"风向标"的作用更是减少了其他市场参与人的信息盲区，强化了市场的定价效率。最为鲜明的便是股票市场开放会使得标的上市公司引起更多的证券分析师、媒体等的关注，这些市场信息中介会在外资持股的基础上对标的上市公司进行深度调研、分析，从而增强了市场对公司实际经营情况的了解，避免了投资者对公司信息解读的偏差，最终减少了股价与公司基本面的背离。而实际上，互联互通机制实施的重要初衷之一便是改变 A 股市场的投机风气，回归价值投资，境外投资者的投资理念可能在潜移默化间影响境内投资者的投资习惯，提高境内投资者的信息解读能力，降低公司股价的同步性。

基于上述分析，本章认为股票市场开放会提高公司的股价信息含量，据此提出本章的第一个研究假设 H5 – 1：

H5 – 1：股票市场开放有利于降低公司的股价同步性。

5.2.2　股票市场开放与股价崩盘风险

根据金和迈尔斯（Jin and Myers，2006）建立的信息模型，股价崩盘风险产生的重要前提是由于代理冲突的存在，管理层出于自身利益的考量，隐藏了公司的负面消息并将其不断累积。因此，公司管理层与外部投资者之间的信息不对称问题正是股价崩盘风险形成的根源。作为信息优势方，管理层有动机也有能力去选择信息披露的时间和内容，此时投资者的信息解读能力受到限制，很难在第一时间将公司的负面消息反映在股价当中，从而导致外部投资者难以及时感知公司风险的变化，造成股价在大量负面消息集中释放时急速下跌（Bleck and Liu，2007；Hutton et al.，2009）。因此，从风险管控的视角来看，增强公司的治理机制，抑制管理层私利性动机尤其是减少其对负面消息的隐藏，对于降低股价崩盘风险就显得尤为关键。已有研究发现，分析师关注、媒体报道、大股东持股等都有助于增强对管理层的监督，从而降低了公司股价崩盘的可能（潘越等，2011；罗进辉和杜兴强，2014）。而股票市场开放，作为调整 A 股投资者结构、完善内地资本市场机制的重要举措，拓宽了外资进入内地资本市场的渠道，使得具有成熟投资经验和专业信息搜集能力的外资得以直接或间接影响到上市公司的经营决策（Chen et al.，2013），这有利于增强对经理人私利性行为的约束能力，进而降低了经理人隐藏负面消息的操作空间，降低了公司股价崩盘的可能。

　　具体来看，第一，市场机制下，境外投资者能够通过自身专业的信息搜集和分析能力促进股价对于公司特质信息的吸收和消化，避免了坏消息的过度累积。一般而言，来自成熟市场中的投资者由于接受过良好的投资训练，具备成熟的投资模式，往往能够发掘其他投资者所忽视的私有信息（Hartzell and Starks，2003），尤其是对管理层所隐藏的负面消息的挖掘，这不仅直接避免了坏消息的过度累积，有利于股价的及时修正，还能够对管理层的机会主义行为产生极大的威慑，使得管理层在隐藏公司负面消息时有所忌惮，例如，对于那些有侵害股东利益行为的管理层，投资者会通过"用脚投票"的机制对其作出惩戒等，进而从根源上降低了股价崩盘风险。第二，外资股东作为价值投资的倡导者，可能会参与到公司具体的经营决策中，通过"用手投票"机制发挥治理作用（Aggarwal et al.，2011），一个最鲜明的例子就是"截止到 2017 年 6 月，通过沪港通渠道进入 A 股市场的海外投资者已经参与 A 股标的公司的投票次数超过 2 000 次；而在 2017 年 12 月 5 日深港通开通一周年的时间里，海外机构参与了 748 次股东大会投票，涉及 314 家深市上市公司"，很显然，境外投资者积极股东践行者角色的发挥会形成对管理层的直接监督，降低了坏消息被隐藏和累积的可能。值得一提的是，当外资持股达到一定比例后，往往能够通过直接派驻董事、监事等进入上市公司（Bhagat et al.，2004），而与境内投资者相比，外资股东与上市公司管理层之间基本不存在复杂的社会关系，因而由其派出的董事往往具有较强的独立性（Ferreira and Matos，2008），从而更有助于外资股东发挥专长，例如，基于及时有效的内部信息更好地识别并阻止管理层的过度投资行为，避免未来巨额亏损所可能导致的股价崩盘（肖土盛等，2017）。第三，被外资持股的上市公司也更容易受到媒体、分析师等市场中介的关注，这从客观上提升了经理人隐藏信息的成本。作为新兴市场开放过程中的准入者，外资股东的举动被媒体广泛跟踪和报道，随之而来的便是对其所持股公司的关注。同样分析师也会积极迎合市场并追踪外资股东偏爱的上市公司，发布相应的分析报告和预测公告。这些由于外资持股所带来的间接效应增强了市场对公司实际经营情况的了解，避免了坏消息的过度累积，最终及时有效地减少了股价与公司基本面的背离。第四，上市公司的迎合行为也会对降低股价崩盘风险产生积极影响。为吸引境外资金的流入，上市公司有动机主动增加信息披露以减轻公司内外部之间的信息不对称问题，这显然有助于增进投资者对于公司信息的获取和理解，在一定程度上降低了负面信息累积所造成的股价崩盘风险。尹（Yoon，2017）就发现即使是在市场崩盘时，这类"迎合企业"受到的波动也较小。

基于以上分析，本章认为股票市场开放有利于投资者及时地获取公司的负面信息并将其融入股价，据此提出本章的第二个研究假设 H5 - 2：

H5 - 2：股票市场开放有利于降低公司的股价崩盘风险。

5.3 研 究 设 计

5.3.1 股价同步性和股价崩盘风险的度量

首先是对股价同步性的度量。参考已有研究（Durnev et al.，2003；Hutton et al.，2009），本章基于 R^2 的视角计算了股价同步性指标。具体地，根据 R^2 的计算方式不同，分别采用了两种方法。一是参考陈和哈米德（Chen and Hameed，2006）以及陈等（Chen et al.，2018），基于资本资产定价模型即模型（5-1）进行分年度回归，本章得到了第一个各公司的年度 R^2

指标（R_{capm}^2）。二是为了排除股票非同步性交易的影响（Dimson，1979），本章还在模型（5-1）的基础上通过加入提前项和滞后项构建了模型（5-2）并进行分年度回归，得到了第二个各公司的年度 R^2 指标（R_{mkt}^2）。

$$R_{i,t} = \alpha_i + \beta_{1i} R_{m,t} + \varepsilon_{i,t} \tag{5-1}$$

$$R_{i,t} = \alpha_i + \beta_{1i} R_{m,t} + \beta_{2i} R_{m,t-1} + \beta_{3i} R_{m,t+1} + \varepsilon_{i,t} \tag{5-2}$$

上述两个模型中，$R_{i,t}$ 表示的是股票 i 的在第 t 周的个股回报率，$R_{m,t}$ 表示的是第 t 周的基于流通市值加权的市场回报率。在这样的设定下，$1 - R^2$ 反映的应该就是公司层面的特质信息对股价的解释。为了满足变量正态分布的要求，本章根据模型（5-3）和模型（5-4）对所获得的两个 R^2 指标分别进行对数化处理，最终得到两个股价同步性指标 Synch1 和 Synch2。需要说明的是，在对股价同步性的计算过程中，本章要求各股票每年度至少有 30 周的交易数据。

$$Synch1 = \log\left(\frac{R_{capm}^2}{1 - R_{capm}^2}\right) \tag{5-3}$$

$$Synch2 = \log\left(\frac{R_{mkt}^2}{1 - R_{mkt}^2}\right) \tag{5-4}$$

其次是对股价崩盘风险的度量。本章参考陈等（Chen et al.，2001）、基姆等（Kim et al.，2011）、李小荣和刘行（2012）以及许年行等（2013）的研究，采用负收益偏态系数和收益上下波动比率来度量上市公司的股价崩盘风险。第一，根据模型（5-5），我们计算了剔除市场因素影响后的个股周特有收益 $W_{i,t}$，其中，$R_{i,t}$ 和 $R_{m,t}$ 分别表示股票 i 第 t 周考虑现金红利再投资的收益率和整个 A 股市场第 t 周经流通市值加权的平均收益率，同时为了排除股票非同步性交易的影响，模型（5-5）还进一步控制了市场组合收益率的两期滞后项和两期超前项。基于模型（5-5）的回归残差 $\varepsilon_{i,t}$，我们定义了股票 i 在第 t 周的公司持有收益为 $W_{i,t} = \log(1 + \varepsilon_{i,t})$。

$$R_{i,t} = \alpha_i + \beta_1 R_{m,t-2} + \beta_2 R_{m,t-1} + \beta_3 R_{m,t} + \beta_4 R_{m,t+1} + \beta_5 R_{m,t+2} + \varepsilon_{i,t} \tag{5-5}$$

第二，根据所得的个股周特有收益 $W_{i,t}$，我们将负收益偏态系数 Ncskew 和收益上下波动比率 Duvol 分别定义为：

$$Ncskew_{i,t} = -\frac{\left[n(n-1)^{\frac{3}{2}} \sum W_{i,t}^3\right]}{\left[(n-1)(n-2)\left(\sum W_{i,t}^2\right)^{\frac{3}{2}}\right]} \tag{5-6}$$

$$\text{Duvol}_{i,t} = \log\left\{\frac{\left[(n_u - 1)\sum_{\text{Down}}W_{i,t}^2\right]}{\left[(n_d - 1)\sum_{\text{Up}}W_{i,t}^2\right]}\right\} \tag{5-7}$$

模型（5-6）中，n 为每年股票 i 的交易周数，Ncskew 的数值越大，表示偏态系数为负的程度越严重，崩盘风险越高；模型（5-7）中，$n_u(n_d)$ 表示的是股票 i 的周回报率高于（低于）平均收益 W_i 的周数，Duvol 数值越大，表示收益率分布左偏程度越大，股价崩盘风险越高。

5.3.2　模型设计与变量定义

如同第 4 章中所述，沪港通和深港通的相继实施为本章研究内容的进行提供了一个错层的准自然实验场景（陈胜蓝和马慧，2017），从而不仅使得标的公司和非标的公司构成了天然的实验组和控制组样本，同时事件期的错层特征还使得同一样本公司在不同时期既可能作为实验组也可能作为控制组，这样的研究情境更有利于排除其他因素对研究结果的干扰，进而提供股票市场开放产生影响的因果证据。基于此，为了探讨股票市场开放对公司股价同步性和股价崩盘风险的影响，借鉴伯特兰和穆莱纳桑（Bertrand and Mullainathan，2003）对于分步实施的准自然实验的设计方法，本章分别构建了控制公司固定效应和年度固定效应的双重差分模型（5-8）和模型（5-9）。

$$\begin{aligned}\text{Synch} &= \beta_0 + \beta_1\text{SHHK}\times\text{Post} + \beta_2\text{Size} + \beta_3\text{Lev} + \beta_4\text{ROA} + \beta_5\text{MB} + \beta_6\text{Dturn} \\ &\quad + \beta_7\text{AbsDA} + \beta_8\text{Top1} + \beta_9\text{Manho} + \beta_{10}\text{SOE} + \text{firmF. E.} + \text{yearF. E.} + \varepsilon\end{aligned} \tag{5-8}$$

$$\begin{aligned}\text{Crashrisk} &= \beta_0 + \beta_1\text{SHHK}\times\text{Post} + \beta_2\text{Size} + \beta_3\text{Lev} + \beta_4\text{ROA} + \beta_5\text{MB} \\ &\quad + \beta_6\text{Dturn} + \beta_7\text{AbsDA} + \beta_8\text{Top1} + \beta_9\text{Manho} + \beta_{10}\text{Yret} \\ &\quad + \beta_{11}\text{Sigma} + \text{firmF. E.} + \text{yearF. E.} + \varepsilon\end{aligned} \tag{5-9}$$

在模型（5-8）中，被解释变量 Synch 衡量的是公司的股价同步性，具体采用了 Synch1 和 Synch2 两种方式进行度量（详细度量方法参见 5.3.1 节）。SHHK × Post 为主要解释变量，其中，SHHK 为政策干预变量，当公司为互联互通标的时取 1，否则取 0；Post 为政策发生时点变量，在互联互通机制实施当年及之后年份取 1，否则取 0。由于在模型（5 – 8）中控制了公司固定效应和年度固定效应，意味着标的公司和非标的公司之间的固定差异以及互联互通机制实施前后宏观环境变化而导致的时间序列差异都得到了合理控制，则交互项 SHHK × Post 的系数 β_1 即为双重差分统计量。我们预期，股票市场开放会导致公司股价同步性地降低，则 β_1 应当显著为负。此外，参照巴特拉姆等（Bartram et al.，2012）和陈等（Chen et al.，2018），我们在模型（5 – 8）中还进一步控制了可能影响公司股价同步性的其他因素，包括公司规模 Size、财务杠杆 Lev、资产回报率 ROA、市账比 MB、公司股票年度换手率的变化 Dturn、操控性应计水平 AbsDA、第一大股东持股比例 Top1、管理层持股比例 Manho 以及产权性质 SOE 等。

在模型（5 – 9）中，被解释变量 Crashrisk 衡量的是公司的股价崩盘风险，具体采用了 Ncskew 和 Duvol 两种方法进行度量（详细参见 5.3.1 节）。与模型（5 – 8）类似，在控制公司固定效应和年度固定效应的情况下，SHHK × Post 为主要解释变量，其系数 β_1 为双重差分统计量。我们预期股票市场开放降低了公司的股价崩盘风险，因此 β_1 应当显著为负。同时，借鉴许年行等（2013）、江轩宇（2013）以及谢德仁等（2016）的研究，我们在模型（5 – 9）中还进一步控制了公司规模 Size、财务杠杆 Lev、资产回报率 ROA、市账比 MB、公司股票年度换手率的变化 Dturn、操控性应计水平 AbsDA、第一大股东持股比例 Top1、管理层持股比例 Manho、个股的年度收益率 Yret 以及个股经市场调整后的周特有收益率的标准差 Sigma。

本章涉及的相关变量的具体定义如表 5 – 1 所示。

表 5 – 1　　　　　　　　　　　　　变量定义

变量名称	变量符号	变量定义
股价同步性	Synch1	基于 CAPM 模型计算的股价同步性指标
	Synch2	考虑股票非同步性交易影响后（一期滞后和一期超前），基于 CAPM 模型计算的股价同步性指标
股价崩盘风险	Ncskew	负收益偏态系数
	Duvol	收益上下波动比例

变量名称	变量符号	变量定义
互联互通标的	SHHK	当公司股票为互联互通标的取1，否则取0
政策发生时点	Post	沪港通/深港通实施当年及之后年份取1，否则取0
公司规模	Size	年末公司总资产的自然对数
杠杆水平	Lev	年末总负债/年末总资产
盈利能力	ROA	净利润/年末总资产
成长性	MB	公司资产的市场价值与账面价值之比
股票换手率变化	Dturn	公司股票本年度换手率与上年度换手率之差与本年度换手率之比
操控性应计水平	AbsDA	经修正琼斯模型算出的操控性应计的绝对值
第一大股东持股	Top1	年末第一大股东持股占总股数的比重
管理层持股	Manho	管理层持股占公司所有股份的比重
产权性质	SOE	哑变量，国有企业为1，其他为0
股票回报	Yret	个股的年度收益率
特有收益波动	Sigma	个股经市场调整后周收益率的标准差
政治关联	POL	哑变量，公司高管有曾在政府部门任职经历取1，则取0
分析师关注度高低	Dana	哑变量，公司的分析师跟踪人数高于同年度样本中位数取1，否则取0
媒体关注度高低	Dmedia	哑变量，公司的媒体报道数高于同年度样本中位数取1，否则取0
会计稳健性	C_Score	采用五年移动窗口计算的会计稳健性指标
管理层自信	OC_h	管理层自愿性持股增加，则认为其过度自信，取1，否则取0
异质性波动	Idio_risk_c	基于CAPM模型计算的股价异质性波动指标
	Idio_risk_f	基于Fama - French三因素模型计算的股价异质性波动指标
有无股价崩盘	Dcrash	哑变量，参考谢德仁等（2016），计算的股价崩盘风险指标

5.3.3 样本选择

本章以2012～2017年间中国A股所有上市公司为初始研究样本，同时还根据以下原则对初始样本进行了筛选：（1）剔除 2014 年及其之后才上市的上市公司观测；（2）为降低交叉上市等因素的影响，剔除同时发行 H 股的上市公司观测；（3）剔除样本期间内被 ST 的上市公司观测；（4）剔除在首次互联互通标的确定后新被调入或被调出的上市公司观测；（5）剔除其他财务数据缺失的观测。最终，本章获得了 8 869 个公司年份观测值。本章涉及的相关数据除互联互通标的股股票名单来自香港联合交易所官网（http：//www.hkex.com.hk），其他财务数据均来自 CSMAR 数据库。在研究中，为了避免极端值对研究结果的影响，我们还对所有连续变量进行了上下各 1% 的 winsorize 处理。本书研究所采用的统计和回归分析软件为 Stata 软件。

5.4　实证结果分析

5.4.1　描述性分析

表 5 - 2 列示了本章所涉及的主要变量的描述性统计结果。根据表 5 - 2，两种股价同步性的度量指标的均值分别为 - 1.042 和 - 0.783，说明平均而言，中国的股价同步性仍然较高[①]；二者的中位数分别为 - 0.832 和 - 0.690，最大值分别为 1.016 和 1.051，最小值分别为 - 5.734 和 - 3.586，标准差分别达到 1.276 和 0.982，说明不同公司间股价同步性差异较大，这也与已有研究相一致（黄俊和郭照蕊，2014；胡军和王甄，2015）。股价崩盘风险的两种度量指标 Ncskew 和 Duvol 的均值分别为 - 0.255 和 - 0.163，标准差分别为 0.655 和 0.465，这也与已有研究类似（江轩宇，2013；谢德仁等，2016）；SHHK×Post 的均值为 0.236，表明互联互通标的公司在政策实施后的观测约占全部研究样本的 24%；Sigma 的均值为 0.046，这与谢德仁等（2016）的发现也很接近。其他控制变量的描述性统计结果也大多得到了已有研究的验证（许年行等，2013；王化成等，2015），在此不再赘述。

---

① 美国的股价同步性均值仅为 - 1.742（Gul et al.，2010），远低于本章的均值。

表 5 - 2　　　　　　　　　　　主要变量描述性统计

变量	N	mean	p50	max	min	sd
Synch1	8 869	- 1. 042	- 0. 832	1. 016	- 5. 734	1. 276
Synch2	8 869	- 0. 783	- 0. 690	1. 051	- 3. 586	0. 982
Ncskew	8 869	- 0. 255	- 0. 212	1. 353	- 2. 268	0. 655
Duvol	8 869	- 0. 163	- 0. 160	1. 006	- 1. 334	0. 465
SHHK × Post	8 869	0. 236	0	1	0	0. 424
Size	8 869	22. 158	22. 015	25. 679	19. 417	1. 219
Lev	8 869	0. 436	0. 426	0. 944	0. 048	0. 213
ROA	8 869	0. 037	0. 032	0. 197	- 0. 189	0. 051
MB	8 869	2. 640	2. 026	13. 157	0. 929	1. 927
Dturn	8 869	- 0. 268	- 0. 015	0. 780	- 18. 240	0. 965
AbsDA	8 869	0. 059	0. 041	0. 321	0. 001	0. 058
Top1	8 869	34. 426	32. 347	74. 095	8. 448	14. 789
Manho	8 869	0. 115	0. 001	0. 666	0	0. 188
SOE	8 869	0. 391	0	1	0	0. 488
Yret	8 869	0. 218	0. 089	2. 319	- 0. 482	0. 519
Sigma	8 869	0. 046	0. 043	0. 104	0. 017	0. 018

表 5 - 3 给出了本章所涉及的主要变量的相关系数矩阵。可以发现，Synch1 和 Synch2 的相关系数为 0. 923，且在 1% 的水平下显著，这与二者的定义方法有关；Ncskew 和 Duvol 的相关系数为 0. 867，也在 1% 的水平下显著，说明二者都是对股价崩盘风险的有效度量；令人感到意外的是，SHHK × Post 与 Synch1、Synch2 的相关系数虽然为负，但却不显著；而 SHHK × Post 与 Ncskew、Duvol 的相关系数分别为 - 0. 080 和 - 0. 100，且都在 1% 的水平下显著，从而初步支持了本章的研究假设 H5 - 2。此外，其他控制变量与股价同步性、股价崩盘风险之间也大多在统计意义上存在显著的相关关系，且各控制变量间的相关系数基本不超过 0. 5，从而说明本章的控制变量的选取是恰当的，研究模型基本不存在严重的共线性问题。

表 5－3　相关系数分析

变量	Synch1	Synch2	Ncskew	Duvol	SHHK×Post	Size	Lev	ROA	MB	Dturn	AbsDA	Top1	Manho	SOE	Yret	Sigma
Synch1	1															
Synch2	0.923***	1														
Ncskew	-0.038***	-0.008	1													
Duvol	-0.063***	-0.040***	0.867***	1												
SHHK×Post	-0.010	-0.015	-0.080***	-0.100***	1											
Size	0.148***	0.148***	-0.130***	-0.152***	0.433***	1										
Lev	0.046***	0.051***	-0.091***	-0.103***	0.061***	0.479***	1									
ROA	-0.046***	-0.069***	0.040***	0.025***	0.132***	0.062***	-0.374***	1								
MB	-0.143***	-0.125***	0.071***	0.054***	-0.075***	-0.466***	-0.303***	0.159***	1							
Dturn	-0.112***	-0.078***	-0.032***	-0.041***	-0.187***	-0.066***	0.004	-0.023***	0.068***	1						
AbsDA	-0.071***	-0.071***	0.027***	0.013	-0.042***	-0.009	0.116***	-0.024**	0.111***	0.023**	1					
Top1	0.009	0.012	-0.057***	-0.057***	0.015	0.227***	0.059***	0.102***	-0.123***	-0.026***	0.004	1				
Manho	-0.072***	-0.074***	0.108***	0.105***	-0.138***	-0.298***	-0.338***	0.149***	0.157***	0.044***	-0.002	-0.107***	1			
SOE	0.119***	0.123***	-0.112***	-0.104***	0.053***	0.320***	0.314***	-0.135***	-0.221***	0.031***	-0.017	0.189***	-0.469***	1		
Yret	-0.234***	-0.191***	-0.011	-0.045***	-0.190***	-0.111***	-0.034***	0.089***	0.412***	0.324***	0.055***	-0.001	0.116***	-0.088***	1	
Sigma	-0.206***	-0.179***	-0.048***	-0.060***	-0.192***	-0.244***	-0.064***	-0.050***	0.427***	0.370***	0.080***	-0.046***	0.169***	-0.136***	0.594***	1

注：***、**、*分别表示在 1%、5% 和 10% 的水平下显著。

5.4.2 回归分析

表 5 - 4 列示了对研究假设 H5 - 1 的检验结果。其中，第（1）、第（2）列是仅控制公司固定效应和年度固定效应，不控制其他控制变量的回归结果，可以发现两种股价同步性度量指标下，SHHK × Post 的系数均高度显著为负，从而初步验证了假设 H5 - 1；第（3）、第（4）列是控制了其他控制变量后的回归结果。在控制相关控制变量后，当被解释变量为 Synch1 时，SHHK × Post 的系数为 - 0.249，t 值为 - 4.86，在 1% 的水平下显著为负；当被解释变量为 Synch2 时，SHHK × Post 的系数为 - 0.176，t 值为 - 4.52，也在 1% 的水平下显著为负，从而说明股票市场开放确实有助于降低公司的股价同步性，研究假设 H5 - 1 得到支持。经济意义方面，互联互通机制的实施，大约会导致两种度量方式下的股价同步性分别下降 24%（0.249/1.042）和 22%（0.176/0.783），说明股票市场开放对于公司股价同步性的降低作用在经济意义上也是显著的。

表 5 - 4 股票市场开放与股价同步性

变量	（1）Synch1	（2）Synch2	（3）Synch1	（4）Synch2	（5）Synch1	（6）Synch2
SHHK × Post	- 0.141 *** （ - 2.75 ）	- 0.092 ** （ - 2.34 ）	- 0.249 *** （ - 4.86 ）	- 0.176 *** （ - 4.52 ）		
Before2					0.040 （0.72）	0.000 （0.01）
Before1					0.087 （1.27）	0.060 （1.16）
After1					0.101 （1.43）	0.039 （0.74）
After2					- 0.324 *** （ - 2.96 ）	- 0.291 *** （ - 3.48 ）
Size			0.051 （1.11）	0.043 （1.25）	0.014 （0.30）	0.021 （0.58）

续表

变量	(1) Synch1	(2) Synch2	(3) Synch1	(4) Synch2	(5) Synch1	(6) Synch2
Lev			-0.188 (-1.20)	-0.143 (-1.22)	-0.192 (-1.24)	-0.147 (-1.25)
ROA			-0.637* (-1.73)	-0.858*** (-3.11)	-0.572 (-1.55)	-0.824*** (-2.99)
MB			-0.130*** (-9.77)	-0.095*** (-9.89)	-0.125*** (-9.35)	-0.092*** (-9.47)
Dturn			-0.142*** (-7.97)	-0.108*** (-7.64)	-0.144*** (-8.12)	-0.110*** (-7.80)
AbsDA			-0.547** (-2.07)	-0.487** (-2.49)	-0.463* (-1.75)	-0.429** (-2.19)
Top1			0.000 (0.12)	0.000 (0.05)	0.001 (0.34)	0.001 (0.24)
Manho			0.067 (0.29)	0.053 (0.33)	0.126 (0.56)	0.105 (0.66)
SOE			0.190 (1.27)	0.209** (2.08)	0.159 (1.06)	0.190* (1.89)
Constant	-0.519*** (-27.08)	-0.400*** (-24.29)	-1.384 (-1.39)	-1.166 (-1.55)	-0.632 (-0.62)	-0.704 (-0.91)
Firm F. E.	Yes	Yes	Yes	Yes	Yes	Yes
Year F. E.	Yes	Yes	Yes	Yes	Yes	Yes
N	8 869	8 869	8 869	8 869	8 869	8 869
R^2	0.53	0.54	0.55	0.56	0.55	0.56
F	699.943***	889.987***	296.150***	369.137***	247.629***	309.718***

注：括号中为 t 值，***、**、*分别表示在 1%、5% 和 10% 的水平下显著。

其他控制变量上，ROA 的系数显著为负，说明盈利能力越强的公司股价同步性越低；MB 的系数显著为负，说明成长性越高的公司股价同步性越低（王亚平等，2009）；Dturn 的系数显著为负，说明年度换手率越高的公司股价同步性越低，这也与现实相符，即流动性越强的股票越可能将公司特质信息融入到股价当中；SOE 的系数（接近）显著为正，说明相对于非国有企业，国有企业的股价中所包含的公司层面特质信息更少。

　　此外，考虑到利用双重差分模型识别因果关系的一个必要条件是平行趋势假定，即实验组样本和控制组样本在外生冲击发生之前具有相同或类似的变化趋势，因而我们还考察了公司的股价同步性在互联互通机制实施前后的时间趋势变化。具体地，对于互联互通标的公司，本章首先根据年份是否是沪（深）港通实施前两年或前三年、沪（深）港通实施前一年，沪（深）港通实施当年及后一年、沪（深）港通实施后两年及之后分别定义了哑变量 Before2、Before1、After1 和 After2，并各自在相应年份取值为 1，其他情况下以及对于非互联互通标的公司情形下，Before2、Before1、After1 和 After2 都取值为 0；其次将上述变量替换交乘项 SHHK × Post 后一并放入模型（5-8）中，具体回归结果如表 5-4 的第（5）、第（6）列所示。可以发现，对于互联互通政策实施前，Before2 和 Before1 都不显著，说明标的公司和非标的公司在政策实施前变化趋势相近，基本满足平行趋势的假定；而对于互联互通政策实施后，After1 虽然不显著，但 After2 显著为负，说明股票市场开放确实降低了标的公司的股价同步性。

　　表 5-5 列示了对研究假设 H5-2 的检验结果。与表 5-4 相类似，第（1）、第（2）列是仅控制公司固定效应和年度固定效应，不控制其他控制变量的回归结果，第（3）、第（4）列是控制其他控制变量后的回归结果。可以发现，在不控制相关控制变量时，SHHK × Post 的系数均高度显著为负，这与假设 H5-2 的预期相符；在控制相关控制变量后，当被解释变量为 Ncskew 时，SHHK × Post 的系数为 -0.099，t 值为 -3.36，在 1% 的水平下显著为负；当被解释变量为 Duvol 时，SHHK × Post 的系数为 -0.093，t 值为 -4.46，在 1% 的水平下显著为负。因此，以上结果均说明研究假设 H5-2 得到了验证。经济意义方面，平均而言，互联互通机制实施后，会导致公司的股价崩盘风险分别下降 39%（Ncskew 时，0.099/0.255）和 57%（Duvol 时，0.093/0.163），从而突出股票市场开放对于降低公司股价崩盘风险的重要性。

表 5-5　　　　　　　　　　　股票市场开放与股价崩盘风险

变量	(1) Ncskew	(2) Duvol	(3) Ncskew	(4) Duvol	(5) Ncskew	(6) Duvol
SHHK × Post	-0.081 *** (-2.76)	-0.083 *** (-4.06)	-0.099 *** (-3.36)	-0.093 *** (-4.46)		

续表

变量	（1） Ncskew	（2） Duvol	（3） Ncskew	（4） Duvol	（5） Ncskew	（6） Duvol
Before2					− 0. 059 （ − 1. 52）	− 0. 025 （ − 0. 92）
Before1					− 0. 051 （ − 1. 10）	− 0. 029 （ − 0. 89）
After1					− 0. 225 *** （ − 5. 14）	− 0. 162 *** （ − 5. 25）
After2					− 0. 291 *** （ − 4. 93）	− 0. 178 *** （ − 4. 29）
Size			0. 016 （0. 62）	− 0. 020 （ − 1. 10）	0. 026 （1. 06）	− 0. 013 （ − 0. 76）
Lev			− 0. 152 * （ − 1. 70）	− 0. 152 ** （ − 2. 37）	− 0. 154 * （ − 1. 75）	− 0. 154 ** （ − 2. 41）
ROA			− 0. 247 （ − 1. 10）	− 0. 238 （ − 1. 49）	− 0. 554 ** （ − 2. 46）	− 0. 420 *** （ − 2. 64）
MB			0. 038 *** （4. 22）	0. 021 *** （3. 33）	0. 035 *** （3. 97）	0. 019 *** （3. 22）
Dturn			− 0. 031 *** （ − 3. 23）	− 0. 024 *** （ − 3. 37）	− 0. 010 （ − 1. 01）	− 0. 011 （ − 1. 58）
AbsDA			0. 233 （1. 49）	0. 089 （0. 81）	0. 162 （1. 03）	0. 044 （0. 40）
Top1			− 0. 001 （ − 0. 62）	− 0. 001 （ − 0. 82）	− 0. 000 （ − 0. 21）	− 0. 001 （ − 0. 53）
Manho			0. 132 （1. 00）	0. 071 （0. 69）	0. 154 （1. 17）	0. 078 （0. 75）
Yret			− 0. 077 *** （ − 3. 38）	− 0. 077 *** （ − 4. 71）	− 0. 007 （ − 0. 30）	− 0. 037 ** （ − 2. 32）
Sigma			− 6. 584 *** （ − 8. 15）	− 3. 786 *** （ − 6. 71）	− 4. 072 *** （ − 5. 56）	− 2. 295 *** （ − 4. 45）
Constant	− 0. 224 *** （ − 13. 48）	− 0. 139 *** （ − 12. 08）	− 0. 320 （ − 0. 58）	0. 501 （1. 23）	− 0. 602 （ − 1. 14）	0. 301 （0. 79）
Firm F. E.	Yes	Yes	Yes	Yes	Yes	Yes
Year F. E.	Yes	Yes	Yes	Yes	Yes	Yes

续表

变量	(1) Ncskew	(2) Duvol	(3) Ncskew	(4) Duvol	(5) Ncskew	(6) Duvol
N	8 869	8 869	8 869	8 869	8 869	8 869
R^2	0.25	0.25	0.28	0.28	0.26	0.26
F	16.584***	19.061***	16.581***	16.818***	8.539***	11.343***

注：括号中为 t 值，***、**、* 分别表示在 1%、5% 和 10% 的水平下显著。

其他控制变量上，Lev 的系数显著为负，说明杠杆率越高的公司股价崩盘风险越低，这可能是受到债权人监督的结果；MB 的系数显著为正，说明成长性越高的公司股价崩盘风险越高（江轩宇，2013）；Dturn 的系数显著为负，说明股票换手率越高的公司股价崩盘风险越低，这意味着公司股票流动性的增强有助于增进股价对于坏消息的吸收消化。

此外，与股价同步性的平行趋势检验类似，在这里我们也考察了互联互通实施前后标的公司和非标的公司的股价崩盘风险在时间维度的变化趋势，具体的实证结果见表 5-5 的第（5）、第（6）列。可以发现，Before2 和 Before1 均不显著，说明实验组样本和控制组样本的平行趋势得到满足；而 After1 和 After2 均显著为负，说明在互联互通政策实施之后，与非标的公司相比，标的公司的股价崩盘风险显著下降。因此，本章的双重差分模型选择是恰当的。

进一步地，考虑到政策的推行依赖于具体的现实环境，因此股票市场开放对于不同特征的公司所产生的效果究竟如何也是一个非常有趣的问题。尤其是在中国新兴加转型的独特宏微观背景下，不同的政府背景和市场信息中介发达程度可能会对互联互通政策的微观效果产生较大的影响。因此，本章结合政府背景和市场发展两个维度，从公司产权性质、政治关联、分析师关注和媒体关注四个方面展开了深入分析。

从政府背景维度来看，内地资本市场的重要特征之一便是充斥着政治关联和政府干预的实践。勒兹和奥伯霍尔泽·吉（Leuz and Oberholzer - Gee，2006）指出具有政府背景的公司更不倾向于从国际市场进行融资，从而也缺乏提升公司透明度的动力。因此，国有企业或是其他政治关联企业也更不会在意投资者对于公司信息的需求。古尔等（Gul et al.，2010）发现当公司的大股东为政府时，公司的股价同步性更高；钱尼等（Chaney et al.，2011）发现与不具有政治关联关系的公司相比，具有政治关联关系的公司所报告的财务信息质量更低；洪等（Hung et al.，2018）发现由于缺乏市场层面的动机，具有政府背景的公司更不倾向于进行自愿性披露。结合到本章的研究情境，虽然股票市场开放增强了投资者对于公司高质量信息的需求，但国有企业或是政治关联企业可能根本不会对投资者的需求作出回应，而在市场发展或政策推进过程中这些企业即使是有不守规则的行为，也更不可能被处罚（Hou and Moore，2010；Chen et al.，2011；Wang and Yung，2011；Wu et al.，2016），从而为了避免被处罚而进行信息披露的动机对于这类企业更弱，其反而更可能出于政治晋升等动机而抑制（负面）信息的及时披露（Piotroski et al.，2015）。因此，我们预期，股票市场开放对公司股价同步性和股价崩盘风险的降低效应应当在非国有企业和不具有政治关联的企业中更为明显。据此，本章从公司的产权性质和政治关联两个视角出发，首先根据公司最终控制人的性质将研究样本分为国有企业（SOE = 1）和非国有企业（SOE = 0）两个子样本，分别在两组子样本中探讨了股票市场开放与公司股价同步性、股价崩盘风险之间的关系，相关结果列于表 5 - 6 中；其次根据公司的董事长或总经理是否有过政府部门任职经历将研究样本分为政治关联企业（POL = 1）和非政治关联企业（POL = 0）两个子样本，同样再在各子样本中探讨了股票市场开放对公司股价同步性、股价崩盘风险的影响，相关结果列于表 5 - 7 中。从表 5 - 6 的 Panel A 中可以看出，SHHK × Post 的系数仅在 SOE = 0 时高度显著，说明股票市场开放对公司股价同步性的降低作用主要在非国有企业当中；从表 5 - 6 的 Panel B 中可以看出，SHHK × Post 的系数也仅在 SOE = 0 时显著为负，说明股票市场开放对公司股价崩盘风险的降低作用也主要在非国有企业当中；从表 5 - 7 的 Panel A 中可以看出，当 POL = 0 时，SHHK × Post 的系数才显著为负，说明股票市场开放对公司股价同步性的影响主要体现在不具有政治关联的企业当中；从表 5 - 7 的 Panel B 中可以看出，SHHK × Post 的系数也只在 POL = 0 时显著为负，说明股票市场开放对公司股价崩盘风险的降低效应在不具有政治关联的企业中更显著。更为重要的是，上述组间系数差异均基本上通过了组间系数差异检验，说明不同分组间 SHHK × Post 的系数确实存在显著差异。综合来看，这部分的实证结果意味着政府背景会影响到股票市场开放与资本市场定价效率之间的关系。

表5-6 横截面分析：产权性质

变量	(1)	(2)	(3)	(4)	(5)	(6)	(7)	(8)
	Panel A 股价同步性				Panel B 股价崩盘风险			
	Synch1	Synch1	Synch2	Synch2	Ncskew	Ncskew	Duvol	Duvol
	SOE=1	SOE=0	SOE=1	SOE=0	SOE=1	SOE=0	SOE=1	SOE=0
SHHK×Post	-0.036 (-0.52)	-0.176*** (-2.89)	-0.034 (-0.62)	-0.165*** (-3.50)	-0.045 (-0.93)	-0.130*** (-3.39)	-0.036 (-1.20)	-0.088*** (-3.16)
Size	0.104 (1.42)	-0.466*** (-9.24)	0.088 (1.54)	-0.331*** (-8.54)	-0.035 (-0.72)	0.067** (2.06)	0.009 (0.31)	0.016 (0.68)
Lev	-0.780*** (-2.65)	0.360* (1.90)	-0.480** (-2.07)	0.213 (1.44)	-0.138 (-0.79)	-0.148 (-1.38)	-0.079 (-0.68)	-0.190** (-2.43)
ROA	-0.353 (-0.59)	0.196 (0.40)	-0.745 (-1.55)	-0.203 (-0.58)	-0.300 (-0.79)	-0.233 (-0.81)	-0.205 (-0.78)	-0.298 (-1.44)
MB	-0.111*** (-3.59)	-0.191*** (-12.81)	-0.084*** (-3.87)	-0.141*** (-12.37)	0.062*** (2.98)	0.032*** (3.05)	0.054*** (4.17)	0.016** (2.11)
Dturm	-0.239*** (-8.19)	-0.092*** (-4.41)	-0.186*** (-7.58)	-0.063*** (-4.11)	-0.021 (-1.08)	-0.036*** (-3.27)	-0.013 (-1.02)	-0.027*** (-3.23)
AbsDA	-0.763* (-1.95)	-0.182 (-0.52)	-0.606* (-1.89)	-0.288 (-1.13)	-0.055 (-0.20)	0.326* (1.67)	-0.030 (-0.16)	0.091 (0.64)
Top1	0.005 (1.18)	0.009*** (2.58)	0.003 (0.80)	0.007** (2.55)	-0.001 (-0.32)	-0.002 (-0.85)	-0.002 (-1.09)	-0.001 (-1.01)

续表

变量	(1)	(2)	(3)	(4)	(5)	(6)	(7)	(8)
	Panel A 股价同步性				Panel B 股价崩盘风险			
	Synch1	Synch1	Synch2	Synch2	Ncskew	Ncskew	Duvol	Duvol
	SOE = 1	SOE = 0	SOE = 1	SOE = 0	SOE = 1	SOE = 0	SOE = 1	SOE = 0
Manho	-0.804 (-0.44)	0.652*** (2.73)	-0.879 (-0.53)	0.577*** (3.47)	1.339 (1.09)	-0.005 (-0.04)	1.292 (1.57)	-0.058 (-0.55)
Yret					-0.122*** (-2.87)	-0.061** (-2.16)	-0.149*** (-4.89)	-0.056*** (-2.74)
Sigma					-7.923*** (-5.64)	-6.140*** (-6.08)	-4.509*** (-4.72)	-3.517*** (-4.92)
Constant	-3.488** (-2.10)	8.965*** (8.07)	-2.942** (-2.26)	6.314*** (7.41)	0.741 (0.69)	-1.318* (-1.89)	-0.181 (-0.27)	-0.199 (-0.38)
Firm F. E.	Yes	Yes	Yes	Yes	Yes	Yes	Yes	Yes
Year F. E.	Yes	Yes	Yes	Yes	Yes	Yes	Yes	Yes
N	3 468	5 401	3 468	5 401	3 468	5 401	3 468	5 401
R^2	0.53	0.54	0.56	0.55	0.29	0.27	0.30	0.27
F	129.854***	180.105***	164.735***	224.175***	9.478***	9.747***	10.087***	10.044***
Difference Test	(1) - (2)		(3) - (4)		(5) - (6)		(7) - (8)	
Difference	0.140**		0.131**		0.085*		0.052*	
Chi²	4.05		5.79		3.04		2.81	

注：括号中为 t 值，***、**、* 分别表示在 1%、5% 和 10% 的水平下显著。

表 5 - 7　横截面分析：政治关联

变量	(1)	(2)	(3)	(4)	(5)	(6)	(7)	(8)
	Panel A 股价同步性				Panel B 股价崩盘风险			
	Synch1	Synch1	Synch2	Synch2	Ncskew	Ncskew	Duvol	Duvol
	POL = 1	POL = 0	POL = 1	POL = 0	POL = 1	POL = 0	POL = 1	POL = 0
SHHK × Post	-0.138 (-1.45)	-0.224*** (-3.74)	-0.106 (-1.39)	-0.153*** (-3.38)	-0.050 (-0.80)	-0.114*** (-3.33)	-0.056 (-1.32)	-0.100*** (-4.12)
Size	0.203* (1.89)	0.184*** (3.62)	0.139* (1.67)	0.149*** (4.01)	-0.050 (-0.81)	0.023 (0.79)	-0.088** (-2.16)	-0.005 (-0.26)
Lev	-0.377 (-1.01)	-0.234 (-1.32)	-0.234 (-0.83)	-0.207 (-1.50)	-0.005 (-0.03)	-0.176* (-1.77)	-0.102 (-0.69)	-0.165** (-2.31)
ROA	-1.552* (-1.68)	-1.365*** (-3.17)	-1.919*** (-3.10)	-1.337*** (-4.08)	-0.748 (-1.21)	-0.117 (-0.49)	-0.401 (-0.97)	-0.196 (-1.12)
MB	-0.001 (-0.69)	-0.002 (-1.14)	-0.001 (-0.78)	-0.001 (-0.42)	0.062*** (2.77)	0.032*** (3.17)	0.033** (2.15)	0.018*** (2.59)
Dturn	-0.071** (-2.06)	-0.177*** (-9.83)	-0.055* (-1.93)	-0.135*** (-8.86)	-0.034** (-1.98)	-0.029** (-2.44)	-0.022* (-1.96)	-0.024*** (-2.71)
AbsDA	-0.343 (-0.70)	-0.953*** (-3.06)	-0.161 (-0.44)	-0.851*** (-3.71)	-0.075 (-0.23)	0.361** (2.03)	-0.267 (-1.20)	0.208 (1.64)

续表

变量	(1)	(2)	(3)	(4)	(5)	(6)	(7)	(8)
	Panel A 股价同步性				Panel B 股价崩盘风险			
	Synch1	Synch1	Synch2	Synch2	Ncskew	Ncskew	Duvol	Duvol
	POL=1	POL=0	POL=1	POL=0	POL=1	POL=0	POL=1	POL=0
Top1	0.002 (0.34)	-0.001 (-0.24)	-0.001 (-0.23)	-0.000 (-0.08)	-0.006** (-2.00)	0.000 (0.24)	-0.004* (-1.82)	-0.000 (-0.14)
Manho	0.750 (1.27)	0.037 (0.15)	0.348 (0.86)	0.107 (0.59)	0.467** (1.99)	0.036 (0.23)	0.345* (1.76)	-0.006 (-0.05)
SOE	0.290 (0.94)	0.182 (1.04)	0.229 (1.11)	0.232* (1.89)				
Yret					-0.102** (-1.99)	-0.072*** (-2.80)	-0.077** (-2.27)	-0.077*** (-4.11)
Sigma					-5.747*** (-3.47)	-6.874*** (-7.38)	-3.717*** (-3.34)	-3.834*** (-5.84)
Constant	-5.022** (-2.17)	-4.430*** (-4.05)	-3.376* (-1.87)	-3.603*** (-4.50)	1.146 (0.85)	-0.481 (-0.78)	2.054** (2.27)	0.151 (0.33)
Firm F.E.	Yes	Yes	Yes	Yes	Yes	Yes	Yes	Yes
Year F.E.	Yes	Yes	Yes	Yes	Yes	Yes	Yes	Yes

续表

变量	(1)	(2)	(3)	(4)	(5)	(6)	(7)	(8)
	Panel A 股价同步性				Panel B 股价崩盘风险			
	Synch1	Synch1	Synch2	Synch2	Ncskew	Ncskew	Duvol	Duvol
	POL=1	POL=0	POL=1	POL=0	POL=1	POL=0	POL=1	POL=0
N	2 293	6 576	2 293	6 576	2 293	6 576	2 293	6 576
R^2	0.53	0.55	0.55	0.56	0.29	0.28	0.29	0.28
F	68.841***	230.336***	86.226***	277.374***	5.939***	11.866***	7.471***	11.624***
Difference Test	(1) - (2)		(3) - (4)		(5) - (6)		(7) - (8)	
Difference	0.086*		0.047		0.064*		0.044	
Chi^2	2.89		1.43		3.19		0.48	

注:括号中为 t 值,***、**、*分别表示在 1%、5%和 10%的水平下显著。

　　从市场发展维度来看，分析师和媒体作为资本市场尤为重要的两个信息中介，能够增进投资者尤其是境外投资者对于内地上市公司的了解，在将公司层面特质信息融入到股价中发挥着重要作用。在分析师关注方面，巴伯和莱夫勒（Barber and Loeffler，1993）以及希利和帕利普（Healy and Palepu，2001）指出分析师发布的研究报告会向投资者传递市场、行业乃至公司层面信息并影响投资者的股票交易行为；吉拉波恩等（Jiraporn et al.，2012）发现分析师跟踪可以提高公司的信息透明度，降低内外部的信息不对称程度。而实际上，企业的透明度越高，越容易建立起良好的声誉并吸引更多的投资者的进入（Brammer and Millington，2005），因此在股票市场开放背景下，分析师关注越多的企业越容易吸引境外投资者，从而可能导致这类上市公司的股价波动受到股票市场开放的影响更大。类似地，在媒体关注方面，索罗门等（Solomon et al.，2014）发现媒体对共同基金的关注会影响投资者对于基金的资金分配；佩雷斯（Peress，2014）发现媒体报道会增强投资者对于信息的理解并促使投资者将信息融入股价，最终提高资本市场的定价效率；刘锋等（2014）也发现媒体信息传递会导致投资者关注的增加，并最终影响到投资者在股票市场的交易行为。因此在股票市场开放背景下，媒体关注度越高的公司可能更会吸引境内外投资者的关注，从而股票市场开放对这类上市公司股价同步性和股价崩盘风险的影响更大。基于上述分析，本章实证检验了分析师和媒体之于股票市场开放与公司股价同步性、股价崩盘风险之间关系的影响。具体地，首先，本章根据上市公司的分析师跟踪人数是否高于同年度样本中位数将研究样本分为分析师关注度高（Dana = 1）和分析师关注度低（Dana = 0）两组，针对两组子样本分别探讨了股票市场开放对公司股价同步性和股价崩盘风险的影响，相关结果列于表 5 - 8 中。其次，本章根据上市公司的媒体报道数是否高于同年度样本中位数将研究样本分为媒体关注度高（Dmedia = 1）和媒体关注度低（Dmedia = 0）两组，再在两组子样本中分别讨论了股票市场开放与公司股价同步性、股价崩盘风险之间的关系，具体实证结果如表 5 - 9 所示。从表 5 - 8 中可以看出，Panel A 是对股价同步性的检验结果，SHHK × Post 的系数仅在 Dana = 1 时显著为负，说明股票市场开放对公司股价同步性的影响主要体现在分析师关注度高的样本中；表 5 - 8 的 Panel B 是对股价崩盘风险的检验结果，同样 SHHK × Post

表5-8　横截面分析：分析师关注

变量	(1)	(2)	(3)	(4)	(5)	(6)	(7)	(8)
	Panel A 股价同步性				Panel B 股价崩盘风险			
	Synch1	Synch1	Synch2	Synch2	Ncskew	Ncskew	Duvol	Duvol
	Dana=1	Dana=0	Dana=1	Dana=0	Dana=1	Dana=0	Dana=1	Dana=0
SHHK×Post	-0.228*** (-3.07)	-0.072 (-0.71)	-0.187*** (-3.27)	-0.041 (-0.54)	-0.118*** (-2.78)	-0.046 (-0.73)	-0.105*** (-3.48)	-0.046 (-1.04)
Size	0.166** (2.09)	0.018 (0.25)	0.171*** (2.75)	-0.031 (-0.57)	-0.028 (-0.59)	-0.012 (-0.27)	-0.061* (-1.78)	-0.024 (-0.77)
Lev	-0.276 (-1.04)	-0.122 (-0.48)	-0.064 (-0.32)	-0.127 (-0.67)	0.031 (0.21)	-0.315** (-2.22)	-0.021 (-0.18)	-0.275*** (-2.73)
ROA	-0.920 (-1.29)	-0.467 (-0.89)	-0.912* (-1.68)	-0.795** (-2.13)	0.024 (0.06)	-0.791** (-2.26)	-0.174 (-0.56)	-0.482** (-2.03)
MB	-0.167*** (-7.35)	-0.104*** (-5.38)	-0.120*** (-7.08)	-0.079*** (-5.40)	0.058*** (4.03)	0.012 (0.85)	0.031*** (2.94)	0.010 (1.01)
Dturn	-0.106*** (-4.77)	-0.197*** (-4.54)	-0.067*** (-4.08)	-0.165*** (-4.77)	-0.011 (-0.73)	-0.039** (-2.27)	-0.014 (-1.24)	-0.021 (-1.64)
AbsDA	-0.338 (-0.91)	-0.670 (-1.46)	-0.470 (-1.59)	-0.522 (-1.61)	0.447* (1.85)	0.030 (0.12)	0.258 (1.46)	-0.050 (-0.30)
Top1	0.000 (0.06)	0.003 (0.61)	-0.000 (-0.01)	0.002 (0.58)	-0.000 (-0.19)	-0.002 (-0.76)	-0.001 (-0.69)	-0.001 (-0.60)
Manho	-0.787** (-2.44)	0.630 (1.51)	-0.578** (-2.21)	0.643** (2.47)	0.132 (0.59)	0.044 (0.21)	-0.021 (-0.12)	0.028 (0.17)

续表

变量	(1)	(2)	(3)	(4)	(5)	(6)	(7)	(8)
	Synch1	Synch1	Synch2	Synch2	Ncskew	Ncskew	Duvol	Duvol
	Dana=1	Dana=0	Dana=1	Dana=0	Dana=1	Dana=0	Dana=1	Dana=0
	Panel A 股价同步性				Panel B 股价崩盘风险			
SOE	0.490** (2.47)	0.116 (0.43)	0.341** (2.51)	0.173 (1.00)				
Yret					-0.095*** (-2.99)	-0.084* (-1.86)	-0.082*** (-3.51)	-0.097*** (-3.19)
Sigma					-5.398*** (-4.62)	-7.995*** (-5.65)	-3.035*** (-3.65)	-4.416*** (-4.51)
Constant	-3.753** (-2.16)	-0.914 (-0.59)	-3.886*** (-2.81)	0.230 (0.20)	0.570 (0.54)	0.403 (0.42)	1.405* (1.84)	0.623 (0.92)
Firm F. E.	Yes	Yes	Yes	Yes	Yes	Yes	Yes	Yes
Year F. E.	Yes	Yes	Yes	Yes	Yes	Yes	Yes	Yes
N	4 848	4 021	4 848	4 021	4 848	4 021	4 848	4 021
R^2	0.59	0.62	0.60	0.64	0.36	0.39	0.35	0.40
F	131.239***	105.047***	167.112***	126.100***	9.258***	7.732***	9.298***	7.552***
Difference Test	(1) - (2)		(3) - (4)		(5) - (6)		(7) - (8)	
Difference	-0.156*		-0.146**		-0.072*		-0.059**	
Chi^2	2.86		5.58		2.82		4.11	

注：括号中为 t 值，***、**、* 分别表示在 1%、5% 和 10% 的水平下显著。

表5-9　横截面分析：媒体关注

变量	(1)	(2)	(3)	(4)	(5)	(6)	(7)	(8)
	Panel A 股价同步性				Panel B 股价崩盘风险			
	Synch1	Synch1	Synch2	Synch2	Ncskew	Ncskew	Duvol	Duvol
	Dmedia=1	Dmedia=0	Dmedia=1	Dmedia=0	Dmedia=1	Dmedia=0	Dmedia=1	Dmedia=0
SHHK×Post	-0.334*** (-4.88)	-0.040 (-0.65)	-0.258*** (-4.80)	-0.048 (-0.99)	-0.095* (-1.84)	-0.060 (-1.52)	-0.105*** (-2.94)	-0.042 (-1.56)
Size	-0.320*** (-4.46)	-0.516*** (-8.38)	-0.212*** (-4.11)	-0.390*** (-8.31)	-0.079 (-1.63)	0.043 (1.36)	-0.065* (-1.95)	0.011 (0.53)
Lev	-0.196 (-0.69)	0.165 (0.85)	-0.201 (-0.95)	0.121 (0.80)	0.012 (0.17)	-0.017 (-0.27)	-0.013 (-0.29)	-0.060 (-1.02)
ROA	0.579 (1.00)	0.695 (1.35)	-0.282 (-0.65)	0.264 (0.74)	0.657 (1.12)	-0.698 (-1.57)	0.440 (1.07)	-0.749** (-2.49)
MB	-0.234*** (-10.03)	-0.264*** (-15.48)	-0.163*** (-10.40)	-0.203*** (-15.55)	0.002 (1.40)	0.011* (1.80)	0.001* (1.88)	0.006 (1.23)
Dturn	-0.216*** (-8.59)	-0.176*** (-6.43)	-0.159*** (-7.80)	-0.135*** (-6.43)	-0.042** (-2.54)	-0.030* (-2.11)	-0.036*** (-3.28)	-0.020* (-1.90)
AbsDA	-0.905** (-2.22)	-0.097 (-0.28)	-0.730** (-2.56)	-0.054 (-0.20)	0.353 (1.29)	0.192 (0.84)	0.188 (0.98)	0.054 (0.35)
Top1	0.010** (2.15)	0.007** (2.13)	0.006* (1.75)	0.005* (1.91)	-0.006** (-2.02)	0.000 (0.01)	-0.005** (-2.21)	-0.000 (-0.19)
Manho	0.098 (0.23)	0.819*** (3.09)	-0.032 (-0.11)	0.736*** (3.73)	0.390 (1.27)	-0.059 (-0.34)	0.318 (1.42)	-0.084 (-0.68)

续表

变量	(1)	(2)	(3)	(4)	(5)	(6)	(7)	(8)
	Panel A 股价同步性				Panel B 股价崩盘风险			
	Synch1	Synch1	Synch2	Synch2	Ncskew	Ncskew	Duvol	Duvol
	Dmedia=1	Dmedia=0	Dmedia=1	Dmedia=0	Dmedia=1	Dmedia=0	Dmedia=1	Dmedia=0
SOE	0.376 (1.62)	0.344* (1.77)	0.331** (2.02)	0.333** (2.50)	1.970* (1.79)	-0.958 (-1.38)	1.581** (2.10)	-0.201 (-0.42)
Yret					-0.013 (-0.41)	-0.090*** (-3.05)	-0.044* (-1.94)	-0.076*** (-3.76)
Sigma					-8.789*** (-5.55)	-5.481*** (-4.56)	-4.684*** (-4.36)	-3.113*** (-3.97)
Constant	5.921*** (3.73)	9.747*** (7.36)	3.884*** (3.37)	7.371*** (7.25)	6.484***	7.619***	6.761***	7.166***
Firm F. E.	Yes	Yes	Yes	Yes	Yes	Yes	Yes	Yes
Year F. E.	Yes	Yes	Yes	Yes	Yes	Yes	Yes	Yes
N	4 006	4 863	4 006	4 863	4 006	4 863	4 006	4 863
R²	0.28	0.35	0.31	0.37	0.38	0.33	0.37	0.33
F	94.452***	176.112***	120.473***	207.453***				
Difference Test	(1)–(2)		(3)–(4)		(5)–(6)		(7)–(8)	
Difference	-0.294***		-0.210**		-0.035		-0.063*	
Chi²	11.55		4.61		1.14		3.82	

注：括号中为 t 值，***、**、* 分别表示在 1%、5% 和 10% 的水平下显著。

的系数也只在 Dana = 1 时显著为负，说明股票市场开放对公司股价崩盘风险的降低效应在分析师关注度高的组别更明显；从表 5 – 9 中可以看出，无论是 Panel A 对股价同步性的检验，还是 Panel B 对股价崩盘风险的检验，交互项 SHHK × Post 的系数也只在 Dmedia = 1 时显著为负，这说明公司的媒体关注度越高，股票市场开放对股价同步性和股价崩盘风险的影响越大。与之前的分析类似，组间系数差异检验也基本上显示在 Dana = 1 时和 Dana = 0 时，SHHK × Post 的系数存在显著差异；在 Dmedia = 1 时和 Dmedia = 0 时，SHHK × Post 的系数也存在显著差异。综上所述，这部分的实证结果说明资本市场信息中介发达程度会影响到股票市场开放在微观层面的作用效果，从而进一步佐证了本章的主要研究发现。

5.4.3　渠道分析

在前面的分析中，我们认为股票市场开放背景下外资股东直接或间接的治理参与会导致公司管理层隐藏信息的成本提升，从而抑制了其对公司（坏）消息的隐藏，进而降低了公司的股价同步性和股价崩盘风险。那么实际上，管理者行为或公司策略的转变是否是股票市场开放影响公司股价同步性和股价崩盘风险的重要渠道呢？现有探讨股价同步性和股价崩盘风险的研究大多忽视了对具体影响路径的检验，而实际上，对这一问题的解答，有助于清晰化股票市场开放影响公司股价波动的内在机理。基于此，本节从公司的会计稳健性和管理者的过度自信这两个视角探讨了股票市场开放产生影响的内在机制。

从会计稳健性视角来看，会计稳健性的根本要义在于公司对坏消息的确认更为及时（Basu, 1997），因此提高会计稳健性水平是抑制管理者机会主义行为、增强公司透明度的重要手段。股票市场开放背景下，来自成熟市场中的境外投资者为增强对公司的了解，自然会偏好和要求公司提高会计稳健性水平，这样有助于其及时获取公司层面特质信息，降低信息不对称程度。于忠泊等（2013）发现会计稳健性的提高，显著降低了公司的股价同步性水平，提升了股价信息含量；王冲和谢雅璐（2013）发现公司的股价崩盘风险也随着会计稳健性的提高而降低。因此本章预计，股票市场开放会导致公司会计稳健性水平的提高进而降低公司的股价同步性和股价崩盘风险。

从管理者过度自信视角来看，股票市场开放背景下，外资股东的积极参与会不断修正管理层对于公司未来发展的乐观判断，从而降低了管理层过度自信的可能，有利于促进公司信息的及时对外披露，避免了负面消息的隐藏与累积。孙俊奇（2015）发现高管的过度自信程度会降低公司的股价信息含量；伊闽南和陈国辉（2018）指出公司 CEO 的过度自信程度越大，上市公司的盈余预测质量就越低。因此本章预期，公司管理层过度自信程度的降低也是股票市场开放影响公司股价同步性和股价崩盘风险的重要途径。

基于上述分析，同时结合管理学中中介效应的检验方法（详细表述参见 4.4.3 节），本章分别考察了股票市场开放对公司会计稳健性的影响和管理层过度自信水平的影响，然后在这一基础上同时考察了股票市场开放、会计稳健性对股价同步性的影响，股票市场开放、会计稳健性对股价崩盘风险的影响，股票市场开放、管理层过度自信对股价同步性的影响以及股票市场开放、管理层过度自信对股价崩盘风险的影响。如果能够发现股票市场开放影响公司会计稳健性和管理层过度自信的证据，同时还能发现会计稳健性、管理层过度自信影响公司股价同步性、股价崩盘风险的证据，那么说明会计稳健性水平的提高和管理层过度自信程度的降低是股票市场开放影响公司股价波动的重要渠道。具体地，本章参考基姆和张（Kim and Zhang，2016），采用五年移动窗口计算获得了衡量公司会计稳健性的指标 C_Score，C_Score 越大，会计稳健性水平越高；参考马尔门迪尔和泰特（Malmendier and Tate，2008），根据管理层自愿性持股是否增加定义了衡量管理层过度自信的哑变量 OC_h，OC_h 取 1，说明管理层过度自信。具体的实证结果如表 5 – 10 和表 5 – 11 所示。表 5 – 10 给出了会计稳健性的渠道分析结果，第（1）列中 SHHK × Post 的系数显著为正，说明股票市场开放提升了会计稳健性水平；第（2）、第（3）列是对股价同步性的检验，SHHK × Post 的系数和 C_Score 的系数均显著为负，说明存在部分中介效应，这意味着股票市场开放会通过影响公司的会计稳健性水平来影响公司的股价同步性；第（4）、第（5）列是对股价崩盘风险的检验，SHHK × Post 的系数和 C_Score 的系数也均高度显著为负，说明部分中介效应也成立，表明股票市场开放会通过提升公司的会计稳健性水平来降低股价崩盘风险。表 5 – 11 给出了管理层过度自信的渠道检验结果，其中第（1）列 SHHK × Post 的系数显著为负，说明股票市场开放降低了公司管理层的过度自信倾向；第（2）、第（3）列对股价同步性的检验结果以及第（4）、第（5）列对股价崩盘风险的检验结果也均表明存在部分中介效应，表现为 SHHK × Post 的系数显著为负，而 OC_h 的系数显著为正，这些结果均意味着管理层过度自信的减弱是股票市场开放降低公司股价同步性和股价崩盘风险的重要途径。

表 5 – 10 渠道分析：会计稳健性

变量	(1) C_Score	(2) Synch1	(3) Synch2	(4) Ncskew	(5) Duvol
C_Score		− 2.427 *** (− 7.18)	− 1.807 *** (− 6.72)	− 0.411 ** (− 2.07)	− 0.437 *** (− 3.14)
SHHK × Post	0.015 *** (6.85)	− 0.189 *** (− 3.57)	− 0.158 *** (− 3.70)	− 0.088 ** (− 2.51)	− 0.089 *** (− 3.64)
Size	0.034 *** (11.43)	− 0.288 *** (− 5.32)	− 0.220 *** (− 5.13)	0.007 (0.23)	− 0.018 (− 0.77)
Lev	0.111 *** (9.31)	0.103 (0.53)	0.121 (0.79)	− 0.029 (− 0.26)	− 0.031 (− 0.39)
ROA	0.065 * (1.92)	0.798 * (1.80)	0.378 (1.10)	− 0.019 (− 0.07)	− 0.045 (− 0.23)
MB	− 0.003 *** (− 2.61)	− 0.241 *** (− 13.54)	− 0.183 *** (− 13.71)	0.036 *** (3.14)	0.021 *** (2.75)
Dturn	− 0.001 (− 1.15)	− 0.230 *** (− 12.21)	− 0.178 *** (− 11.16)	− 0.039 *** (− 3.27)	− 0.029 *** (− 3.63)
AbsDA	0.007 (0.39)	− 0.296 (− 0.96)	− 0.381 (− 1.59)	0.218 (1.18)	0.145 (1.12)
Top1	− 0.000 ** (− 2.47)	0.007 ** (2.47)	0.006 ** (2.44)	0.000 (0.10)	− 0.001 (− 0.43)
Manho	0.004 (0.31)	0.668 ** (2.21)	0.465 ** (2.17)	0.174 (0.99)	0.128 (0.92)

续表

变量	(1) C_Score	(2) Synch1	(3) Synch2	(4) Ncskew	(5) Duvol
SOE	-0.007 (-1.09)	0.101 (0.69)	0.220** (2.03)		
Yret	0.006*** (2.66)			-0.079*** (-2.87)	-0.088*** (-4.49)
Sigma	0.468*** (7.72)			-6.506*** (-6.52)	-3.394*** (-5.04)
Constant	-0.741*** (-11.14)	5.363*** (4.57)	4.024*** (4.29)	-0.264 (-0.36)	0.349 (0.67)
Firm F. E.	Yes	Yes	Yes	Yes	Yes
Year F. E.	Yes	Yes	Yes	Yes	Yes
N	6 895	6 895	6 895	6 895	6 895
R^2	0.79	0.46	0.48	0.29	0.29
F	112.573***	169.852***	192.511***	13.663***	15.145***

注：括号中为 t 值，***、**、* 分别表示在 1%、5% 和 10% 的水平下显著。

表 5-11　　　　　　　　　渠道分析：管理层过度自信

变量	(1) OC_h	(2) Synch1	(3) Synch2	(4) Ncskew	(5) Duvol
OC_h		0.111*** (2.94)	0.092*** (3.15)	0.051** (2.31)	0.034** (2.21)
SHHK × Post	-0.041* (-1.86)	-0.097* (-1.89)	-0.092** (-2.31)	-0.108*** (-3.27)	-0.101*** (-4.34)
Size	0.150*** (7.38)	0.139*** (2.89)	0.172*** (4.87)	-0.001 (-0.03)	-0.030 (-1.42)
Lev	-0.160** (-2.28)	-0.636*** (-3.34)	-0.529*** (-3.63)	-0.078 (-0.75)	-0.084 (-1.13)
ROA	0.444*** (2.84)	-1.436*** (-2.86)	-1.634*** (-4.19)	-0.011 (-0.04)	-0.003 (-0.02)

变量	(1) OC_h	(2) Synch1	(3) Synch2	(4) Ncskew	(5) Duvol
MB	0.013 * (1.93)	−0.035 ** (−2.52)	0.004 (0.40)	0.037 *** (3.54)	0.018 *** (2.64)
Dturn	−0.028 *** (−3.79)	−0.140 *** (−7.70)	−0.093 *** (−6.51)	−0.030 ** (−2.42)	−0.024 *** (−2.67)
AbsDA	0.382 *** (3.59)	−1.083 *** (−3.29)	−0.891 *** (−3.55)	0.266 (1.52)	0.156 (1.27)
Top1	−0.003 ** (−2.48)	0.000 (0.01)	−0.001 (−0.27)	0.001 (0.37)	−0.000 (−0.21)
Manho	1.186 *** (11.08)	0.251 (0.82)	0.149 (0.72)	0.063 (0.40)	0.006 (0.05)
SOE	−0.115 ** (−1.96)	0.056 (0.36)	0.137 (1.22)		
Yret	−0.025 (−1.42)			−0.081 *** (−3.06)	−0.084 *** (−4.47)
Sigma	2.824 *** (5.03)			−6.891 *** (−7.44)	−3.817 *** (−5.96)
Constant	−3.067 *** (−6.82)	−3.631 *** (−3.45)	−4.211 *** (−5.39)	−0.084 (−0.13)	0.617 (1.33)
Firm F.E.	Yes	Yes	Yes	Yes	Yes
Year F.E.	Yes	Yes	Yes	Yes	Yes
N	7 247	7 247	7 247	7 247	7 247
R^2	0.35	0.31	0.31	0.27	0.27
F	22.456 ***	94.350 ***	90.007 ***	13.844 ***	13.893 ***

注：括号中为 t 值，*** 、** 、* 分别表示在 1%、5% 和 10% 的水平下显著。

5.4.4 稳健性分析

为了保证本章研究结果的可靠性，针对表 5-4 和表 5-5 的发现，我们还进行了以下几项稳健性测试。

首先，本节采用了两种安慰剂检验的方式以排除标的公司和非标的公司之间的固有特征差异以及非随机性因素对研究结论的干扰：第一，我们虚拟了互联互通机制的实施时点，即将沪港通的实施年份和深港通的实施年份分别向前平推三年，假使沪港通于 2011 年开始实施，深港通于 2013 年开始实施，并据此定义了政策影响时点哑变量 Post2，对于沪市上市公司，当年份是假想的沪港通实施时点当年及之后，Post2 取 1，对于深市上市公司，当年份是假想的深港通实施时点当年及之后，Post2 取 1，其他情况下，Post2 取 0。基于已有的沪港通和深港通的标的股信息，我们构建了交乘项 SHHK × Post2，并通过回归分析以检验虚拟的政策实施是否会影响公司的股价同步性和股价崩盘风险。如果交乘项 SHHK × Post2 的系数不显著的话，则意味着标的股和非标的股之间的固有特征差异并不是导致本章结果出现的主要原因，具体检验结果如表 5 - 12 所示。可以发现，在第（1）、第（2）列对股价同步性的检验中，SHHK × Post2 的系数不显著；在第（3）、第（4）列对股价崩盘风险的检验中，SHHK × Post2 的系数也不显著，从而增强了本章研究发现的可靠性。第二，我们虚拟了互联互通机制下的标的股公司，即随机选择了相应数目的 A 股公司作为假想的沪港通标的股和深港通标的股，然后根据模型（5 - 8）和模型（5 - 9）分别回归得到各自的交乘项 SHHK × Post 的系数，并将上述过程重复 1 000 次，根据被解释变量的不同，得到了四组双重差分统计量的概率分布，具体如图 5 - 1 ~ 图 5 - 4 所示。可以发现，无论在对股价同步性的研究情形下，还是在对股价崩盘风险的研究情形下，交乘项 SHHK × Post 的系数都基本上满足均值为 0 的正态分布，而本章实际所得到的交乘项的系数都处于概率分布图的末端，明显异于 0，这说明随机因素不太可能致使表 5 - 4 和表 5 - 5 的研究结果的出现。

表 5 - 12　　　　　　　　安慰剂检验：虚拟政策发生时点

变量	（1） Synch1	（2） Synch2	（3） Ncskew	（4） Duvol
SHHK × Post2	0.060 (1.45)	0.050 (1.54)	− 0.030 (− 1.07)	− 0.019 (− 0.96)

续表

变量	（1） Synch1	（2） Synch2	（3） Ncskew	（4） Duvol
Size	− 0. 192 *** （− 3. 41）	− 0. 108 ** （− 2. 40）	0. 019 （0. 62）	0. 005 （0. 23）
Lev	− 0. 511 *** （− 2. 98）	− 0. 366 *** （− 2. 76）	− 0. 002 （− 0. 02）	0. 041 （0. 61）
ROA	− 0. 996 *** （− 3. 20）	− 0. 963 *** （− 4. 10）	0. 000 （0. 00）	0. 039 （0. 27）
MB	− 0. 213 *** （− 11. 91）	− 0. 160 *** （− 11. 59）	0. 024 ** （2. 13）	0. 014 * （1. 70）
Dturn	− 0. 143 *** （− 11. 22）	− 0. 129 *** （− 11. 64）	− 0. 036 *** （− 3. 52）	− 0. 025 *** （− 3. 21）
AbsDA	− 0. 410 ** （− 1. 99）	− 0. 417 ** （− 2. 49）	0. 194 （1. 28）	0. 090 （0. 83）
Top1	0. 005 * （1. 84）	0. 003 （1. 20）	− 0. 004 * （− 1. 83）	− 0. 003 ** （− 2. 23）
Manho	0. 374 （1. 27）	0. 196 （0. 98）	− 0. 327 ** （− 2. 19）	− 0. 299 ** （− 2. 42）
SOE	0. 028 （0. 29）	0. 016 （0. 21）		
Yret			− 0. 024 （− 1. 10）	− 0. 037 ** （− 2. 40）
Sigma			− 9. 489 *** （− 9. 67）	− 5. 918 *** （− 8. 62）
Constant	4. 365 *** （3. 69）	2. 607 *** （2. 76）	− 0. 189 （− 0. 29）	0. 043 （0. 09）
Firm F. E.	Yes	Yes	Yes	Yes
Year F. E.	Yes	Yes	Yes	Yes
N	8 591	8 591	8 567	8 671
R^2	0. 60	0. 59	0. 34	0. 33
F	196. 708 ***	200. 881 ***	28. 476 ***	27. 409 ***

注：括号中为 t 值，*** 、** 、* 分别表示在1%、5%和10%的水平下显著。

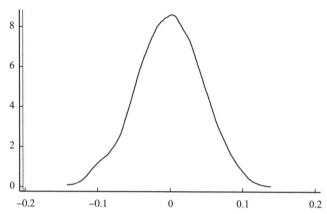

图 5 - 1　Synch1 为被解释变量时安慰剂测试概率分布

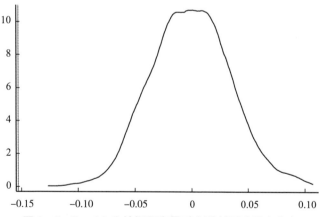

图 5 - 2　Synch2 为被解释变量时安慰剂测试概率分布

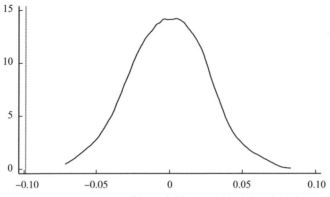

图 5 - 3　Ncskew 为被解释变量时安慰剂测试概率分布

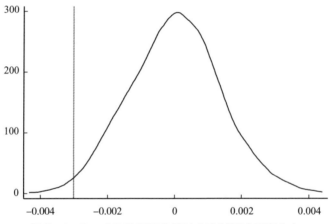

图 5 - 4　Duvol 为被解释变量时安慰剂测试概率分布

其次，为了降低标的公司的选择的非随机性的影响，在这里本章采用了倾向得分匹配法（PSM）来获得与标的公司特征相似的非标的公司作为控制组样本，即本章以模型（5 - 8）和模型（5 - 9）中的控制变量为配对变量，基于沪港通实施前一年份、深港通实施前一年份的 A 股上市公司数据，采用 1：1 且不允许重复抽样、卡尺值为 0.05 的倾向得分匹配方法，为各沪港通标的公司和深港通标的公司匹配了一家与之倾向得分最为接近的非标的公司，然后再进行了双重差分分析，具体实证结果如表 5 - 13 所示。第（1）、第（2）列中 SHHK × Post 的系数显著为负，与表 5 - 4 中的研究发现一致；第（3）、第（4）列中 SHHK × Post 的系数也显著为负，与

表 5 – 5 中的研究发现一致。因此，PSM 的分析验证了本章主要研究结果的稳健性。

表 5 – 13　　　　　　　　　　　稳健性分析：PSM

变量	(1) Synch1	(2) Synch2	(3) Ncskew	(4) Duvol
SHHK × Post	− 0. 148 ** （ − 2. 20 ）	− 0. 170 *** （ − 3. 14 ）	− 0. 092 ** （ − 2. 12 ）	− 0. 078 ** （ − 2. 55 ）
Size	− 0. 092 （ − 1. 35 ）	− 0. 126 ** （ − 2. 29 ）	− 0. 003 （ − 0. 07 ）	− 0. 021 （ − 0. 69 ）
Lev	0. 084 （0. 36 ）	0. 185 （0. 99 ）	− 0. 053 （ − 0. 37 ）	− 0. 089 （ − 0. 87 ）
ROA	− 2. 118 *** （ − 3. 33 ）	− 1. 852 *** （ − 3. 63 ）	− 0. 004 （ − 0. 01 ）	− 0. 175 （ − 0. 63 ）
MB	− 0. 003 （ − 0. 18 ）	0. 011 （0. 79 ）	0. 037 *** （2. 69 ）	0. 019 ** （1. 99 ）
Dturn	− 0. 002 （ − 0. 11 ）	0. 025 （1. 43 ）	− 0. 056 *** （ − 3. 63 ）	− 0. 043 *** （ − 3. 93 ）
AbsDA	− 1. 056 *** （ − 2. 74 ）	− 0. 782 ** （ − 2. 53 ）	0. 233 （0. 98 ）	0. 080 （0. 47 ）
Top1	0. 008 * （1. 86 ）	0. 009 *** （2. 74 ）	− 0. 000 （ − 0. 10 ）	− 0. 001 （ − 0. 66 ）
Manho	0. 607 ** （2. 02 ）	0. 522 ** （2. 17 ）	0. 337 * （1. 82 ）	0. 203 （1. 55 ）
SOE	− 0. 409 ** （ − 1. 96 ）	− 0. 127 （ − 0. 76 ）		
Yret			− 0. 062 * （ − 1. 94 ）	− 0. 055 ** （ − 2. 42 ）
Sigma			− 6. 669 *** （ − 6. 39 ）	− 4. 071 *** （ − 5. 49 ）

续表

变量	(1) Synch1	(2) Synch2	(3) Ncskew	(4) Duvol
Constant	1. 117 (0. 73)	1. 894 (1. 55)	− 0. 036 (− 0. 04)	0. 477 (0. 73)
Firm F. E.	Yes	Yes	Yes	Yes
Year F. E.	Yes	Yes	Yes	Yes
N	3 356	3 356	3 356	3 356
R²	0. 46	0. 44	0. 29	0. 28
F	104. 773 ***	90. 710 ***	9. 585 ***	9. 191 ***

注: 括号中为 t 值, ***、**、* 分别表示在 1%、5% 和 10% 的水平下显著。

再次, 本章重新思考了模型 (5 - 8) 和模型 (5 - 9) 所涉及的相关变量。第一, 针对模型 (5 - 8), 参考钟凯等 (2018), 采用公司股价的异质性波动来表征市场对于公司私有信息的解读, 在这里本节采用了两种衡量方法: 一是基于 CAPM 模型回归后所得残差的波动率 (Idio_risk_c); 二是基于 Fama - French 三因素模型回归所得残差的波动率 (Idio_risk_f)。股价异质性波动越低, 市场中的噪声交易越少, 股价更多地反映了公司基本面信息, 实证结果列于表 5 - 14 的第 (1)、第 (2) 列, SHHK × Post 的系数显著为负, 与预期一致。第二, 针对模型 (5 - 9), 本节在原模型的基础上, 进一步控制了上一期的 Ncskew 和 Duvol, 相关实证结果与表 5 - 5 类似, 具体参见表 5 - 14 的第 (3)、第 (4) 列。第三, 参考谢德仁等 (2016), 本节还以哑变量 Dcrash 来衡量股价崩盘风险, 当股票 i 一年中至少存在一周满足不等式 (5 - 10), 表明股票 i 在年度 t 发生了崩盘事件, 则 Dcrash 取 1, 否则 Dcrash 取 0。

$$W_{it} \leqslant Average(W_{it}) - 3.09\delta_{it}, \quad \exists t \qquad (5-10)$$

上述不等式中, W_{it} 表示的是股票 i 在第 t 周的公司持有收益 (参见5.3.1 节), δ_{it} 表示年度周持有收益的标准差, 3. 09 个标准差对应于正态分布概率小于 1% 的区域。这部分的实证结果见表 5 - 14 的第 (5) 列, 可见SHHK × Post 的系数依然在 1% 的水平下显著为负, 再次表明了表 5 - 5 的结

表 5 - 14　　　　　　　　　稳健性分析：变量的选择及构造

变量	(1) Idio_risk_c	(2) Idio_risk_f	(3) Ncskew	(4) Duvol	(5) Dcrash	(6) Ret
SHHK × Post	- 0. 005 *** (- 6. 48)	- 0. 004 *** (- 6. 46)	- 0. 121 *** (- 3. 81)	- 0. 109 *** (- 4. 89)	- 0. 031 *** (- 2. 64)	- 0. 283 *** (- 7. 30)
SHHK × Post × Earnings						1. 351 *** (2. 99)
Earnings						1. 517 *** (7. 18)
Size	0. 001 * (1. 72)	0. 001 (1. 18)	0. 026 (0. 93)	- 0. 016 (- 0. 82)	- 0. 037 *** (- 3. 43)	- 0. 033 (- 1. 23)
Lev	0. 007 *** (2. 59)	0. 007 *** (2. 85)	- 0. 158 * (- 1. 67)	- 0. 162 ** (- 2. 41)	- 0. 005 (- 0. 14)	0. 147 ** (1. 99)
ROA	- 0. 001 (- 0. 20)	- 0. 003 (- 0. 39)	- 0. 203 (- 0. 89)	- 0. 235 (- 1. 46)	- 0. 080 (- 0. 75)	
MB	0. 005 *** (16. 93)	0. 004 *** (15. 28)	0. 040 *** (4. 14)	0. 021 *** (3. 30)	- 0. 013 *** (- 3. 94)	0. 019 (1. 25)
Dturn	0. 004 *** (13. 16)	0. 004 *** (13. 11)	- 0. 025 *** (- 2. 59)	- 0. 021 *** (- 2. 94)	0. 002 (0. 49)	0. 040 *** (5. 77)
AbsDA	0. 003 (0. 78)	0. 002 (0. 46)	0. 231 (1. 48)	0. 092 (0. 82)	- 0. 037 (- 0. 56)	0. 192 (1. 43)
Top1	- 0. 000 (- 0. 62)	- 0. 000 (- 0. 34)	- 0. 001 (- 0. 78)	- 0. 001 (- 0. 82)	0. 001 * (1. 68)	- 0. 001 (- 0. 57)
Manho	0. 007 ** (2. 01)	0. 002 (0. 75)	0. 143 (1. 02)	0. 073 (0. 67)	0. 033 (0. 52)	- 0. 044 (- 0. 39)
SOE	0. 002 (0. 97)	0. 003 (1. 22)				- 0. 017 (- 0. 32)

变量	(1) Idio_risk_c	(2) Idio_risk_f	(3) Ncskew	(4) Duvol	(5) Dcrash	(6) Ret
Ncskew_lag			−0.151 *** (−12.42)			
Duvol_lag				−0.134 *** (−11.30)		
Yret			−0.075 *** (−3.29)	−0.074 *** (−4.54)	−0.050 *** (−5.47)	
Sigma			−6.676 *** (−8.19)	−3.758 *** (−6.61)	0.932 *** (2.93)	
Constant	0.003 (0.19)	0.010 (0.63)	−0.545 (−0.91)	0.392 (0.90)	0.861 *** (3.60)	0.599 (1.01)
Firm F. E.	Yes	Yes	Yes	Yes	Yes	Yes
Year F. E.	Yes	Yes	Yes	Yes	Yes	Yes
N	8 869	8 869	8 751	8 751	8 869	7 493
R^2	0.66	0.79	0.30	0.29	0.19	0.47
F	295.897 ***	740.822 ***	27.555 ***	24.364 ***	8.247 ***	191.358 ***

注：括号中为 t 值，*** 、** 、* 分别表示在 1%、5% 和 10% 的水平下显著。

果的稳健性。第四，考虑到股价同步性和股价崩盘风险相对来说可能是更加综合的指标，参考科林斯等（Collins et al.，1994）和钟凯等（2017），本章还以未来盈余反应系数（FERC）来表征投资者对于公司信息的解读，并设置了模型（5−11）：

$$\text{Ret} = \beta_0 + \beta_1 \text{SHHK} \times \text{Post} + \beta_2 \text{SHHK} \times \text{Post} \times \text{Earnings} + \beta_3 \text{Earnings}$$
$$+ \beta_4 \text{Size} + \beta_5 \text{Lev} + \beta_6 \text{MB} + \beta_7 \text{Dturn} + \beta_8 \text{AbsDA} + \beta_9 \text{Top1}$$
$$+ \beta_{10} \text{Manho} + \beta_{11} \text{SOE} + \text{firmF. E.} + \text{yearF. E.} + \varepsilon \qquad (5-11)$$

其中，Ret 表示的是公司股票年度回报，Earnings 表示的是公司盈余水平，以公司期末净利润与期初总资产之比来衡量。具体的实证结果如表 5−14

第（6）列所示①。可以发现，SHHK × Post × Earnings 的系数显著为正，说明随着股票市场的开放，标的公司"回报—未来盈余"敏感性显著提高，即未来盈余反应系数更高，意味着股票当期回报反映公司未来业绩的能力增强，投资者的信息解读能力增强，股价信息含量提升。

此外，我们重新思考了互联互通机制的影响时点问题。在前面的分析中，本章将沪港通和深港通的实施当年分别界定为政策已实施年份，但沪港通作为互联互通机制的首次尝试，具有很强的突然性，因此沪港通实施当年可能并不会立即产生影响。在这里，我们采用了剔除 2014 年度的观测和将 2014 年视为政策未实施年份两种方式，重新进行了回归分析，具体结果如表 5–15 所示。可以发现两种方式下，无论是对于 Synch1 和 Synch2，还是对于 Ncskew 和 Duvol，交互项 SHHK × Post 的系数均高度显著为负，这分别与表 5–4 和表 5–5 的发现相一致。

最后，我们还考虑了其他三种不同的研究情境：（1）仅考虑互联互通标的公司；（2）以沪港通为研究情境，仅考虑沪市上市公司；（3）以深港通为研究情境，仅考虑深市上市公司。在这三种情境下，我们再次探讨了股票市场开放对公司股价同步性、股价崩盘风险的影响，实证结果列于表 5–16 中。可以发现，仅互联互通标的公司和仅沪市上市公司情形下，交互项 SHHK × Post 的系数在被解释变量为股价同步性（Synch1 和 Synch2）和股价崩盘风险（Ncskew 和 Duvol）时，均至少在 5% 的水平下显著为负；在仅深市上市公司的情形下，除被解释变量为 Ncskew 时 SHHK × Post 的系数接近负显著外，其他情形下 SHHK × Post 的系数均在统计意义上显著为负。这说明股票市场开放确实可以降低公司的股价同步性和股价崩盘风险，再次验证了表 5–4 和表 5–5 的研究发现。

---

① 由于考察的是未来盈余反应系数，故存在一年的样本损失，导致最终观测有些许减少；未列示的结果显示，即使是考察当期的盈余反应系数，依然可以得到如表 5–14 第（6）列相类似的结果。此外，由于控制了 Earnings，故为了防止多重共线性的影响，在模型中暂不控制 ROA，这也与钟凯等（2017）相一致。

表 5-15　　稳健性分析：政策影响年份的界定

变量	剔除 2014 年				2014 年视为政策未实施年份			
	(1)	(2)	(3)	(4)	(5)	(6)	(7)	(8)
	Synch1	Synch2	Ncskew	Duvol	Synch1	Synch2	Ncskew	Duvol
SHHK × Post	-0.408***	-0.341***	-0.108***	-0.094***	-0.137***	-0.101***	-0.080***	-0.070***
	(-8.56)	(-8.90)	(-3.30)	(-4.02)	(-3.32)	(-3.24)	(-2.71)	(-3.28)
Controls	Yes	Yes	Yes	Yes	Yes	Yes	Yes	Yes
Firm F. E.	Yes	Yes	Yes	Yes	Yes	Yes	Yes	Yes
Year F. E.	Yes	Yes	Yes	Yes	Yes	Yes	Yes	Yes
N	7 341	7 341	7 341	7 341	8 869	8 869	8 869	8 869
R^2	0.48	0.50	0.31	0.31	0.55	0.56	0.28	0.28
F	157.197***	194.228***	13.250***	13.035***	381.877***	402.348***	16.323***	16.325***

注：括号中为 t 值，***、**、* 分别表示在 1%、5% 和 10% 的水平下显著。

表 5-16 稳健性分析：不同研究情境

变量	(1)	(2)	(3)	(4)	(5)	(6)	(7)	(8)	(9)	(10)	(11)	(12)
	仅沪深港通标的				沪港通				深港通			
	Synch1	Synch2	Ncskew	Duvol	Synch1	Synch2	Ncskew	Duvol	Synch1	Synch2	Ncskew	Duvol
SHHK × Post	-0.777***	-0.735***	-0.096***	-0.069***	-0.197**	-0.239***	-0.170***	-0.133***	-0.202***	-0.081*	-0.053	-0.052*
	(-14.20)	(-17.50)	(-2.81)	(-2.80)	(-2.33)	(-3.53)	(-2.80)	(-3.15)	(-2.59)	(-1.65)	(-1.28)	(-1.76)
Controls	Yes	Yes	Yes	Yes	Yes	Yes	Yes	Yes	Yes	Yes	Yes	Yes
Firm F. E.	Yes	Yes	Yes	Yes	Yes	Yes	Yes	Yes	Yes	Yes	Yes	Yes
Year F. E.	Yes	Yes	Yes	Yes	Yes	Yes	Yes	Yes	Yes	Yes	Yes	Yes
N	5 023	5 023	5 023	5 023	1 935	1 935	1 935	1 935	4 174	4 174	4 174	4 174
R^2	0.47	0.47	0.28	0.27	0.47	0.51	0.37	0.37	0.61	0.66	0.40	0.40
F	153.934***	146.516***	13.657***	13.545***	36.971***	44.378***	7.271***	5.393***	198.836***	271.926***	24.774***	26.736***

注：括号中为 t 值，***、**、* 分别表示在 1%、5% 和 10% 的水平下显著。

5.5 本章小结

加快完善现代市场体系与构建开放型经济新体制是我国全面深化改革的重要议题，党的十九大报告提出"推动形成全面开放新格局"，这为金融市场的进一步开放明确了方向。不可否认的是，我国资本市场发展起步较晚且先天不足，在投资者结构和投资理念上存在诸多问题，这使得 A 股市场上充斥着题材投机、频繁买卖、追涨杀跌的市场投机之风。因此，规范资本市场运行机制、提升上市公司治理水平是我国内地资本市场开放的重要初衷之一。那么，金融市场的开放是否有利于借助国外成熟的资本市场体系建立国内的市场纪律呢？基于此，本章以互联互通机制的实施为准自然实验，通过采用控制公司固定效应和年度固定效应的双重差分模型实证检验了股票市场开放对市场上投资者信息解读的影响。具体地，通过以 2012 ~ 2017 年间 A 股上市公司为研究样本，本章实证检验了股票市场开放对于公司股价同步性、股价崩盘风险的作用。研究发现，股票市场开放有利于降低公司的股价同步性和股价崩盘风险，而且这一发现在经过多种稳健性测试后依然成立。此外，上述"降低效应"主要体现在非国有企业、不具有政治关联的企业、分析师关注度高的企业和媒体关注度高的企业，说明政府背景和资本市场信息中介发达程度影响股票市场开放政策的最终效果；进一步研究还发现股票市场开放提升了公司的会计稳健性水平并抑制了管理层的过度自信，意味着公司会计稳健性的提升和管理层过度自信的降低是股票市场开放影响公司股价同步性、股价崩盘风险的重要渠道。

本章的研究结论表明股票市场开放会从信息的解读层面改善公司的信息环境，从而具有重要的理论和现实意义：第一，本章的研究进一步丰富了股票市场开放、外资持股领域的研究；第二，本章的研究进一步丰富了市场信息解读视角的研究，尤其是极大地丰富了股价同步性和股价崩盘风险的文献；第三，本章的研究发现表明股票市场开放的实施效果受到政府、市场环境的影响，因此为最终提升内地资本市场的信息效率，在推行股票市场开放政策的同时，也应当注重自身市场化程度的提升；第四，本章的研究还具有重要的政策含义。党的十八届三中全会以来，积极稳妥持续扩大资本市场对外开放一直受到政策制定者的关注，2017 年 10 月 18 日，习近平总书记在中国共产党十九大报告中更是明确指出"中国的金融市场会进一步开放"，而 2018 年 6 月我国 A 股市场将正式纳入 MSCI，表明我国政府对于持续深化资本市场开放水平的决心和勇气。因此，本章的研究揭示了互联互通政策实施的初步成效，积极响应了近年来中央政府关于"提高资本市场开放水平、建立多层次资本市场体系"的改革精神，为后续资本市场的深度开放提供了重要的实践启示。

第 6 章

股票市场开放、信息环境与资源配置效率

本章主要结合信息不对称理论、委托代理理论以及迎合理论，以公司的投资效率这一典型的资源配置效率为研究视角，探讨了股票市场开放影响公司信息环境的经济后果。首先，本章回顾了与公司投资效率相关的文献，然后通过理论分析提出了研究假设，构建控制公司固定效应和年度固定效应的双重差分模型，实证检验了股票市场开放对公司投资效率的影响；其次，结合公司的不同特征，进一步分析了股票市场开放所产生的影响在不同信息环境水平的公司间的差异性；最后，本章还从内在的信息披露和外在的信息解读两个维度分析了公司信息环境的改善是否是股票市场开放影响公司资源配置效率的潜在渠道。本章的研究发现提供了股票市场开放影响公司投资行为的证据，从而从经济后果层面增强了对股票市场开放影响公司信息环境的认识。

6.1 文 献 回 顾

资源配置效率的决定因素是公司财务领域的一个基本问题（Myers and Majluf，1984；Stein，1997；Chen et al.，2017）。在一个没有摩擦的市场环境中，企业的投资行为应当仅仅取决于其所面临的投资机会（Modigliani - Miller，1958），然而现实却并非如此，现实中的资本市场存在广泛的摩擦，从而造成企业的投资规模往往偏离最佳水平。而信息不对称问题和代理问题正是造成企业资源配置效率低下的两个重要原因（Chen et al.，2007；Jiang et al.，2011；Chen et al.，2017）。现有以企业的投资效率为切入点的研究也大多基于上述两个原因关注了影响企业资源配置效率的具体因素。

信息不对称模型认为，当公司的股价被高估时，相比于借债进行融资，管理层由于掌握私有信息，知道公司股票的内在价值，因而其更愿意发行股票进行股权融资。而市场中的投资者也洞察了管理层的融资决策，因而会对所发行的股票进行折价，造成有盈利项目的公司很难及时获得充足的资金保证投资的顺利进行，最终降低了投资效率。迈尔斯和马杰鲁夫（Myers and Majluf，1984）就发现公司内外部人之间的信息不对称性会提高融资成本，继而诱发内部资金匮乏的企业产生投资不足；陈等（Chen et al.，2007）发现公司的信息环境影响投资效率，经理人会从公司股价中获取与公司基本面相关的私有信息并将其融入公司投资决策中；比德尔等（Biddle et al.，2009）发现公司会计信息质量的提升增强了公司的透明度，能够同时降低过度投资并缓解投资不足；李青原（2009）指出会计信息质量的提高，会降低道德风险和逆向选择并最终提高投资效率；张纯和吕伟（2009）发现上市公司信息披露水平的提高和分析师等资本市场信息中介的发展，降低了公司内外部人之间的信息不对称程度，抑制了过度投资行为，提高了投资效率。

代理模型认为公司的经理人是自利的，由于其效用的目标函数区别于股东效用的目标函数，因而会造成经理人不以股东财富最大化为目标（Jensen and Meckling，1976），最终偏离了企业的最优投资规模。詹森（Jensen，1986）指出股东与经理人之间的代理问题是导致经理人自利行为的重要原因，比如出于"帝国构建"的目的，经理人会将公司的自由现金流投资于NPV小于零的项目；阿格瓦尔和萨姆威克（Aggarwal and Samwick，2006）发现增强公司激励契约的有效性有助于降低公司的投资不足；理查森（Richardson，2006）从实证的角度检验了公司的自由现金流与投资效率之间的关系，发现自由现金流水平越高的公司过度投资越严重，而诸如积极股东行为等一些公司治理因素能够起到抑制过度投资的作用；魏明海和柳建华（2007）发现现金股利的支付有助于降低可供经理人支配的自由现金流，能够在一定程度上抑制企业的过度投资行为；李万福等（2010）发现公司的非效率投资水平随着内部控制质量的提升而降低；唐雪松等（2010）发现政府干预影响国有企业的投资效率，尤其是在市场化进程较慢的地区，地方政府会在 GDP 增速较慢时强势干预国有企业的投资行为，造成相应地区国有企业过度投资现象较为严重；刘慧龙等（2012）则发现在国有企业改制过程中，独立董事可以显著抑制上市公司的投资不足行为。

近年来，也有一些学者从股权结构的视角对公司的资源配置效率展开了研究，比如，拉波塔等（La Porta et al.，2002）指出控股股东的存在会导致过度投资的发生；艾丽西亚尼等（Elyasiani et al.，2010）认为机构投资者有助于提高治理水平并提升公司的投资效率；陆瑶等（2011）发现非控股国有股权一方面能够通过政治关系给上市公司带来更多的投资资源，但另一方面由于国有股权并不控股导致上市公司管理层面临的监督与约束相对较少，从而会加重上市公司的过度投资问题；陈等（Chen et al.，2017）发现政府股权会降低投资与 Q 值之间的敏感性，说明政府股权会导致企业投资效率的减损。

通过上述文献回顾，可以发现现有研究企业投资效率的文献多是分析了影响公司投资效率的因素及如何从公司治理层面提高企业的投资效率。退一步来说，从股权结构视角对公司资源配置效率展开的研究也多是基于控股股东、机构投资者、政府股权等，鲜有研究关注到外资股东对于公司投资效率的影响，现有探讨外资持股与公司投资行为的文献仅有几篇，例如，陈等（2017）利用 64 个国家的新私有化公司的数据，发现外资股东有助于增强投资与 Q 值之间的敏感性。需要说明的是，仅有的这几篇关注到外资持股与投资之间关系的研究，由于缺乏理想的外生冲击，很难从根本上解决潜在的内生性问题，而且利用跨国公司数据的检验，由于不同国家的具体国情差异很大，研究结论往往存在较大的噪声干扰。而实际上，外资股东作为公司股权结构中重要的一种股东类型，在股票市场开放背景下其发挥的作用可能会越加突出，尤其是可能通过影响公司的信息环境进而作用于公司的投资决策。因此，为了尽可能地提供因果关系证据以弥补现有外资持股与投资效率的研究的不足，本章基于股票市场互联互通政策的实验场景，检验了股票市场开放对企业投资效率的影响，并进一步检验了信息环境在其中所发挥的渠道作用。

6.2　理论分析与研究假设

　　"金融服务于实体经济"是我国政府不断深化资本市场对外开放的基本要求，而实体经济健康发展的重要保障便是高效的资源配置。时任证监会主席刘士余在 2016 年 12 月深港通的开通仪式上表示"中国资本市场发展 26 年来的经验证明，只有坚定不移地扩大开放，才能真正提高中国资本市场对实体经济的服务能力"；2017 年 10 月党的十九大报告更是直接强调了"金融要服务于实体经济"，突出了金融市场改革对实体经济资源配置效率的作用。因此，作为尤为重要的资本市场开放举措，互联互通机制的实施在影响公司信息环境的基础上是否会进一步产生实质性的经济后果，比如影响公司的投资效率呢？在一个有摩擦的现实环境中，公司的投资效率不仅依赖于信息环境不同带来的投资机会差异（Myers and Majluf，1984），还受制于代理问题的严重程度（Jensen，1986）。在股票市场开放背景下，外资业已成为很多上市公司股权结构中的重要组成部分，外资股东作为一种特殊且重要的股东类型（Aggarwal et al.，2011），其可能会对公司的投资效率产生重要影响。而实际上，投资效率的提升是公司不断获得高质现金流乃至在激烈市场竞争中立于不败之地的必要保障，媒体和投资者也非常期待对这一问题的解答[①]。

　　我们认为，随着股票市场开放程度的增加，越来越多的境外投资者得以进入 A 股市场，尤其是互联互通机制的实施，极大地激发了外资对于中国 A 股市场的投资热情。而来自发达资本市场中的境外投资人往往是更加成熟的理性投资者（江振华等，2004），他们倡导价值投资，具有更加专业的信息搜集能力和处理能力（Chen et al.，2013），因而有更强的意愿和能力去约束经理人的不当行为，改善公司的信息环境（Henry，2000），并最终影响企业的投资决策并提升投资效率。

　　[①]　《金融时报》2014 年 11 月 11 日《沪港通的试验田意义》一文称："海外投资者对于上市企业的现金流管理、公司治理以及关联交易，会发出他们作为国际投资者的声音，虽然他们不一定是大股东，但这些声音可能对提升资源配置效率等方面有望产生正面的影响"。

首先，股票市场开放可能会通过影响公司的信息供给来提升企业的投资效率。投资者需要及时无偏的财务信息来对公司的风险、收益乃至公司价值作出评判（Piotroski and Wong，2012）。作为理性投资者的代表，境外投资者在做投资决策时会尽可能地避免信息不对称程度较高的公司（Florou and Pope，2012）。因此，当股票市场开放后，境外投资者的进入一方面会使得投资者群体更加关注公司的信息披露行为，另一方面上市公司为了吸引境外资金的流入也有动机采取迎合行为降低内外部人之间的信息不对称性（Yoon，2017）。更为重要的是，外资股东突出的信息挖掘能力会促进资本市场对于公司特质信息的理解，而这会对经理人的不当行为产生极大的威慑，比如，来自发达市场的境外投资者，由于其长期接受成熟投资理念的熏陶，其所选择的标的对于其他投资者而言也具有重要的信息含量，不少投资者会追随外资的步伐投资或重仓外资所持股的上市公司（Mallin，2012），这会发挥"用脚投票"机制的杠杆效应（陈晖丽等，2014），并对上市公司努力提升自身的信息质量产生极大的刺激作用。随着公司信息质量的提升，公司的投资效率势必也会受到影响，陈等（2007）就发现公司的信息环境影响投资效率，经理人会从公司股价中获取与公司基本面相关的私有信息并将其融入公司投资决策；陈等（2011）也发现财务报告质量正向影响公司的投资效率；李青原（2009）指出会计信息质量的提高，会降低道德风险和逆向选择并最终提高投资效率，而低质量的会计信息则会一方面影响投资者对投资标的的评判，另一方面也会影响管理层对投资机会的把握，最终导致公司投资效率低下。因此，股票市场开放会促进公司信息质量的提升进而提升投资效率。

其次，股票市场开放也可能会影响投资者对于公司信息的解读并最终提升公司的投资效率。一方面，股票市场开放带来的境外成熟投资者的进入会提升公司股价的信息含量。相比于境内投资者，中国香港投资者不仅能够以较低成本获取全球范围内的信息（Bae et al.，2012），还由于地理、文化相近能够享有本地投资者的信息优势（Hayek，1945），从而能够促进公司股价对与公司有关的信息的及时吸收与反应。而实际上，公司股价中包含的信息内容也正是公司管理层进行投资决策的重要依据（Baker et al.，2003；Chen et al.，2007；Bond et al.，2012；连立帅等，2016），通过将各类私有信息反映在股价上，公司管理层能够从中获取有价值的内容，当信息含量越高时，股价越可能向企业管理层反馈有用的信息，企业管理层也越可能获取并利用以上信息制定企业投资等决策，提高投资效率。另一方面，受互联互通政策的影响，越来越多的资本市场信息中介开始关注相关标的上市公司，这促进了投资者对于公司基本面的了解，进而反过来影响到公司的投资决策（朱红军等，2007；张纯和吕伟，2009）。具体来看，随着互联互通机制的实施，外资持股的上市公司也更容易受到媒体、分析师等市场中介的关注，如不少炒股软件出现沪港通、深港通概念股专栏等，而企业的投资活动、创新活动等长期价值驱动因素一直以来更是市场信息中介持续重点关注的对象，这有助于增加投资者对企业投资项目的理解与认识，从而使得投资者能够及时地将自己对公司投资项目的看法反映在公司的股价当中（朱红军等，2007）。为避免公司股价的负面波动，这自然提高了经理人隐藏信息的成本，有助于抑制公司管理层效率低下的投资行为；而投资者对于企业投资、创新等活动的价值的认识也提升了企业的风险承担水平（Li et al.，2011），为经理人进行正 NPV 项目投资提供了保障（Luong et al.，2017），从而提升了经理人进行长期价值增加型项目投资的意愿（Manso，2011），有利于促进企业投资效率的提高。

基于上述分析，我们认为，股票市场开放对公司信息环境的影响会产生相应的实质性经济后果，并据此提出本章最为核心的一个研究假设 H6-1：

H6-1：股票市场开放有利于提高企业的投资效率。

6.3　研究设计

6.3.1　投资效率的度量

根据已有研究，本章采用了两种方式来衡量企业的投资效率。首先，参考陈运森和谢德仁（2011）、曹春方（2013）和刘慧龙等（2014）的研究，借鉴理查德森（Richardson，2006）对非效率投资的计算方法，本章通过模型（6-1）计算了第一个企业的非效率投资水平的衡量指标 Absinv1：

$$Invest_t = \beta_0 + \beta_1 Growth_{t-1} + \beta_2 Lev_{t-1} + \beta_3 Cash_{t-1} + \beta_4 Age_{t-1} + \beta_5 Size_{t-1}$$

$$+ \beta_6 Return_{t-1} + \beta_7 Invest_{t-1} + industryF.E. + yearF.E. + \varepsilon \quad (6-1)$$

模型（6-1）中，Invest 表示的是企业当年的投资水平，Invest =（购建固定资产、无形资产及其他长期资产的支出 + 取得子公司及其他营业单位支付的现金净额 - 处置固定资产、无形资产和其他长期资产收回的现金净额 - 固定资产折旧、油气资产折耗、生产性生物资产折旧）/总资产。其他控制变量包括企业的成长性 Growth、杠杆水平 Lev、现金及现金等价物占总资产的比重 Cash、企业的上市年限 Age、规模 Size、公司股票年度回报 Return 以及行业固定效应 industry 和年度固定效应 year。通过对模型（6-1）进行回归，首先得到投资额的理论预测值，用实际值减去预测值，所得到的残差即为企业的未预期投资水平。一般而言，当残差大于零时，表示过度投资，当残差小于零时，表示投资不足。在这里，我们对残差取绝对值（Absinv1），以此来表示企业的投资额对理论预期值的偏离程度，很显然，偏离程度越大，企业投资效率越低。

其次，参考比德尔等（Biddle et al.，2009），本章通过模型（6-2）计算了第二个衡量企业投资效率的指标 Absinv2：

$$Invest_t = \beta_0 + \beta_1 Growth_{t-1} + \xi_t \quad (6-2)$$

模型（6-2）中，所涉及的变量的具体定义与模型（6-1）相同，通过对模型（6-2）分年度分行业回归，所得残差的绝对值衡量的就是企业的非效率投资水平（Absinv2）。很显然，Absinv2 越大，表示公司的实际投资规模偏离理论预期值越大，投资效率越低。

6.3.2 模型设计与变量定义

基于政策冲击的外生性以及政策使用对象的限定性，利用双重差分模型，可以有效识别并比较受政策影响的实验组样本和不受政策影响的控制组样本在实验前后差异的变化（Ashenfelter and Card，1985），尤其是在错层的准自然实验场景下，利用双重差分模型更能够排除其他替代性解释的干扰，探究出变量之间的因果关系（详细参见4.3.2节）。鉴于股票市场互联互通是分步实施的资本市场开放机制，因此参考伯特兰和穆莱纳桑（Bertrand and Mullainathan，2003），本章设置了如下控制公司固定效应及年度固定效应的双重差分模型（6-1）来检验股票市场开放对企业投资效率的影响：

$$Absinv = \beta_0 + \beta_1 SHHK \times Post + \beta_2 Size + \beta_3 Top1 + \beta_4 Dual + \beta_5 Bsize$$
$$+ \beta_6 Inddirec + \beta_7 Lev + \beta_8 Manho + \beta_9 Mkt + \beta_{10} Cfo + \beta_{11} Age$$
$$+ firmF.\ E. + yearF.\ E. + \varepsilon \qquad (6-3)$$

模型（6-3）中，Absinv 为被解释变量，衡量的是企业的非效率投资水平，具体本章采用了两种方式进行度量（Absinv1 和 Absinv2，详细定义参见6.3.1节）。由于模型控制了公司固定效应和年度固定效应，则交互项 SHHK × Post 的系数 β_1 即为双重差分统计量，当 β_1 显著小于 0 时，说明随着股票市场开放度的提升，上市公司的非效率投资水平下降，投资效率增强。其中，SHHK 为政策干预变量，表示是否为互联互通标的股票，当 SHHK =1 时，说明上市公司为互联互通标的公司；Post 为政策发生时点变量，在互联互通机制实施当年及之后年份取1，否则取0。

此外，根据已有文献（陈运森和谢德仁，2011；刘行和叶康涛，2013；刘慧龙等，2014；陈运森，2015），我们还在模型（6-3）中控制了公司规模 Size、第一大股东持股比例 Top1、是否两职合一 Dual、董事会规模 Bsize、独立董事占比 Inddirec、杠杆水平 Lev、管理层持股比例 Manho、市场环境 Mkt、经营活动产生的现金净流量 Cfo、上市年限 Age 等。本章涉及的主要变量定义如表6-1所示。

表6-1　　　　　　　　　　　　变量定义

变量名称	变量符号	变量定义
资源配置效率	Absinv1	基于理查德森（2006）计算出来的投资效率
	Absinv2	基于比德尔等（2009）计算出来的投资效率
	Overinv1	基于理查德森（2006），将回归残差大于 0 的定义为过度投资
	Overinv2	基于比德尔等（2009），将回归残差大于 1 的定义为过度投资
	Underinv1	基于理查德森（2006），将回归残差小于 0 的定义为投资不足
	Underinv2	基于比德尔等（2009），将回归残差小于 1 的定义为投资不足

变量名称	变量符号	变量定义
互联互通标的	SHHK	当公司股票为互联互通标的取 1，否则取 0
政策发生时点	Post	沪港通/深港通实施当年及之后年份取 1，否则取 0
公司规模	Size	年末公司总资产的自然对数
第一大股东持股比例	Top1	年末第一大股东持股占总股数的比重
两职合一	Dual	哑变量，当董事长与总经理为同一人时，取 1，否则取 0
董事会规模	Bsize	董事会人数的自然对数
独立董事比例	Inddirec	独立董事人数占公司董事会人数的比重
杠杆水平	Lev	年末总负债/年末总资产
管理层持股	Manho	管理层持股占公司所有股份的比重
市场化程度	Mkt	哑变量，樊纲市场化指数高于当年中位数时取 1，其他取 0
经营现金净流量	Cfo	经营活动中的现金净流量占年末总资产的比重
上市年限	Age	公司上市年限加 1 后取自然对数
产权性质	SOE	哑变量，国有企业取 1，否则取 0
政治关联	POL	哑变量，公司高管有曾在政府部门任职经历取 1，否则取 0
分析师关注度高低	Dana	哑变量，公司分析师跟踪人数高于同年度样本中位数取 1，否则取 0
媒体关注度高低	Dmedia	哑变量，公司的媒体报道数高于同年度样本中位数取 1，否则取 0
盈余管理	AbsDA	根据修正琼斯模型计算的操控性应计水平的绝对值
股价同步性	Synch1	基于 CAPM 模型计算的股价同步性指标，详细参见 5.3.1 节

6.3.3 样本选择

本章选取了 2012～2017 年中国 A 股上市公司为初始研究样本，涉及的数据除标的股票名单来自香港联合交易所官网（http：//www. hkex. com. hk）外，其他财务数据均来自 CSMAR 数据库和 Wind 数据库。对于初始样本，本章根据以下原则进行了筛选：（1）考虑到金融行业的特殊性，剔除金融行业上市公司样本观测；（2）鉴于发行 H 股的公司之前已存在外资持股，为防止其对研究结果的干扰，剔除发行同时发行 H 股股票的样本观测；（3）根据互联互通标的的选择要求，剔除样本期间内 ST 公司的观测以及 2013 年之后上市的公司观测；（4）鉴于沪股通和深股通标的股名单随着上证 180 指数、上证 380 指数、深证成指、深证中小创新指数以及是否同时发行 A 股和 H 股的变化而调整，故为了使得研究结果较为可信，剔除 2014 年 11 月 17 日之后新增的沪股通标的股观测和调出的沪股通标的股观测，剔除 2016 年 12 月 5 日之后新增的深股通标的股观测以及调出的深股通标的股观测；（5）剔除相关财务数据缺失的样本观测。最终，本章共得到了 9 226 个公司/年份观测值。在研究中，为了避免极端值对研究结果的影响，本章还对所有连续变量进行了上下各 1% 的 winsorize 处理。本研究所采用的统计和回归分析软件为 Stata 软件。

6.4　实证结果分析

6.4.1　描述性分析

表 6 - 2 列示了本章研究所涉及的主要变量的描述性统计结果。从表 6 - 2 中可以看出，Absinv1 的均值为 0.031，Absinv2 的均值为 0.038，说明平均而言，两种度量方式下上市公司的非效率投资额占总资产的比重分别为 3.1% 和 3.8%。此外，Absinv1 的中位数为 0.022，Absinv2 的中位数为 0.028，最大值分别为 0.175 和 0.203，最小值分别为 0 和 0.001，这意味着在我国不同公司的投资效率是存在巨大差异的，这与刘慧龙等（2014）的发现相一致。SHHK × Post 的均值为 0.248，表明在本章的研究当中互联互通标的公司在政策实施后的观测大概占全样本的 25%。另外，Top1 的均值为 0.341，说明平均来说样本公司中第一大股东持股比例约为 34.1%；Dual 的均值为 0.254，说明董事长和总经理两职合一的样本观测大概占全样本的 25.4%；Mkt 的均值为 0.821，意味着绝大部分上市公司都位于市场化程度

较高的省份，这也与我国的现状相符；Age 的均值为 2.306，中位数为
2.398，说明样本中公司的平均上市年限超过了 9 年。

表 6 - 2 主要变量描述性统计

变量	N	mean	p50	max	min	sd
Absinv1	9 226	0.031	0.022	0.175	0	0.032
Absinv2	9 226	0.038	0.028	0.203	0.001	0.036
SHHK × Post	9 226	0.248	0	1	0	0.432
Size	9 226	22.173	22.031	25.620	19.268	1.224
Top1	9 226	0.341	0.320	0.742	0.085	0.147
Dual	9 226	0.254	0	1	0	0.435
Bsize	9 226	2.140	2.197	2.944	1.099	0.203
Inddirec	9 226	0.374	0.353	0.800	0.200	0.055
Lev	9 226	0.440	0.432	0.964	0.046	0.213
Manho	9 226	0.114	0.002	0.674	0	0.183
Mkt	9 226	0.821	1	1	0	0.383
Cfo	9 226	0.040	0.039	0.242	− 0.200	0.072
Age	9 226	2.306	2.398	3.178	1.099	0.605

表 6 - 3 列示了本章所涉及的主要变量的相关系数矩阵。其中，Absinv1
和 Absinv2 的相关系数为 0.748，且在 1% 的水平下显著；SHHK × Post 与
Absinv1、Absinv2 的相关系数分别为 − 0.037 和 − 0.074，且都在 1% 的水平
下显著为负，从而初步说明随着股票市场开放程度的提升，上市公司的非效
率投资水平下降，投资效率提高；Size 与 Absinv1、Absinv2 的相关系数均显
著为负，说明规模越大的公司投资效率越高；Cfo 与 Absinv1、Absinv2 的相
关系数显著为正，说明公司的自由现金流越多，投资效率越低，这也与之前
的理论分析相一致；Age 与 Absinv1、Absinv2 的相关系数均在 1% 的水平下
显著为负，说明上市年限越长的公司非效率投资水平越低，这可能是源于资
本市场监管体系下完善的内部治理机制的建立。

表 6 - 3

相关系数分析

变量	Absinv1	Absinv2	SHHK×Post	Size	Top1	Dual	Bsize	Inddirec	Lev	Manho	Mkt	Cfo	Age
Absinv1	1												
Absinv2	0.748***	1											
SHHK×Post	-0.037***	-0.074***	1										
Size	-0.110***	-0.114***	0.433***	1									
Top1	-0.012	-0.010	0.016	0.241***	1								
Dual	0.047***	0.040***	-0.030***	-0.153***	-0.044***	1							
Bsize	-0.048***	-0.038***	0.071***	0.253***	0.037***	-0.194***	1						
Inddirec	0.024**	0.007	-0.009	-0.016	0.035***	0.103***	-0.506***	1					
Lev	-0.103***	-0.011	0.048***	0.458***	0.066***	-0.117***	0.162***	-0.029***	1				
Manho	0.080***	0.025**	-0.089***	-0.260***	-0.122***	0.233***	-0.164***	0.069***	-0.323***	1			
Mkt	-0.002	-0.028***	0.031***	-0.049***	-0.044***	0.089***	-0.083***	-0.008	-0.046***	0.157***	1		
Cfo	0.055***	0.039***	0.057***	0.051***	0.098***	-0.012	0.051***	-0.036***	-0.185***	0.002	0.013	1	
Age	-0.122***	-0.067***	0.209***	0.314***	-0.049***	-0.215***	0.127***	-0.040***	0.377***	-0.589***	-0.173***	-0.027***	1

注：***、**、*分别表示在1%、5%和10%的水平下显著。

6.4.2　回归分析

表 6 - 4 列示了对本章核心研究假设 H6 - 1 的实证检验结果。其中，第（1）、第（2）列为不控制其他相关控制变量，只控制公司固定效应和年度固定效应下的检验结果。SHHK × Post 的系数分别在 10% 和 1% 的水平下显著为负，初步说明股票市场开放有利于降低公司的非效率投资水平，从而提高了投资效率；第（3）、第（4）列为控制其他控制变量和公司固定效应以及年度固定效应下的检验结果。第（3）列的结果显示当被解释变量为 Absinv1 时，SHHK × Post 的系数为 - 0.003，t 值为 - 2.20，在 5% 的水平下显著为负；第（4）列的结果显示当被解释变量为 Absinv2 时，SHHK × Post 的系数也为 - 0.003，t 值为 - 2.03，同样也在 5% 的水平下显著为负，这两部分的结果说明随着股票市场开放程度的增加，企业的非效率投资水平得以下降。经济意义上，两种投资效率的度量方式下，股票市场开放会导致企业的非效率投资水平约下降 10%（0.003/0.031）和 8%（0.003/0.038），下降的绝对额度约为总资产的 3‰，从而意味着积极引入境外投资者有助于提升企业的投资效率。因此，本章的研究假设 H6 - 1 得以验证。

表 6 - 4　　　　　　　　　　股票市场开放与投资效率

变量	(1) Absinv1	(2) Absinv2	(3) Absinv1	(4) Absinv2	(5) Absinv1	(6) Absinv2
SHHK × Post	- 0.002 * (- 1.93)	- 0.004 *** (- 4.33)	- 0.003 ** (- 2.20)	- 0.003 ** (- 2.03)		
Before2					- 0.003 (- 1.53)	- 0.004 (- 1.64)
Before1					- 0.001 (- 0.20)	- 0.000 (- 0.14)
After1					- 0.006 ** (- 2.04)	- 0.006 * (- 1.79)
After2					- 0.008 ** (- 2.25)	- 0.007 * (- 1.74)

续表

变量	(1) Absinv1	(2) Absinv2	(3) Absinv1	(4) Absinv2	(5) Absinv1	(6) Absinv2
Size			0.010 *** (6.14)	0.006 *** (3.55)	0.011 *** (5.87)	0.006 *** (3.47)
Top1			− 0.000 (− 0.48)	− 0.000 (− 0.93)	− 0.000 (− 0.50)	− 0.000 (− 0.93)
Dual			− 0.000 (− 0.01)	0.003 (1.48)	0.000 (0.07)	0.003 (1.47)
Bsize			− 0.006 (− 1.56)	− 0.008 (− 1.58)	− 0.008 * (− 1.71)	− 0.008 (− 1.63)
Inddirec			− 0.004 (− 0.26)	− 0.017 (− 1.10)	− 0.005 (− 0.29)	− 0.016 (− 0.92)
Lev			0.005 (0.77)	0.023 *** (3.56)	0.003 (0.47)	0.024 *** (3.56)
Manho			0.005 (0.58)	− 0.008 (− 0.94)	0.005 (0.53)	− 0.009 (− 0.94)
Mkt			− 0.001 (− 0.37)	− 0.001 (− 0.42)	− 0.001 (− 0.21)	− 0.001 (− 0.41)
Cfo			0.008 (1.34)	0.008 (1.21)	0.007 (1.13)	0.008 (1.16)
Age			− 0.018 *** (− 4.29)	− 0.021 *** (− 4.39)	− 0.019 *** (− 4.17)	− 0.022 *** (− 4.39)
Constant	0.031 *** (86.40)	0.039 *** (96.47)	− 0.134 *** (− 3.74)	− 0.021 (− 0.59)	− 0.158 *** (− 3.77)	− 0.026 (− 0.69)
Firm F. E.	Yes	Yes	Yes	Yes	Yes	Yes
Year F. E.	Yes	Yes	Yes	Yes	Yes	Yes
N	9 226	9 226	9 226	9 226	9 226	9 226
R^2	0.32	0.35	0.34	0.36	0.33	0.36
F	3.726 *	18.733 ***	5.588 ***	5.338 ***	4.636 ***	4.890 ***

注：括号中为 t 值，*** 、** 、* 分别表示在 1% 、5% 和 10% 的水平下显著。

此外，第（5）、第（6）列进一步列示了股票市场开放对投资效率影响的时间趋势变化结果。本研究的核心在于双重差分模型，而使用双重差分模型的重要前提是：实验组样本和控制组样本在外生冲击发生之前具有相同或类似的变化趋势，即满足平行趋势假定（Parallel Trend Assumption）。基于此，本章采用分年度动态效应回归分析的方法对上述假定进行了检验。具体地，对于互联互通标的公司，本章首先根据年份是否是沪（深）港通实施前两年或前三年、沪（深）港通实施前一年，沪（深）港通实施当年及后一年、沪（深）港通实施后两年及之后分别定义了哑变量 Before2、Before1、After1 和 After2，并各自在相应年份取值为 1，其他情况下以及对于非互联互通标的公司情形下，Before2、Before1、After1 和 After2 都取值为 0；其次将上述变量替换交乘项 SHHK × Post 后一并放入模型（6-1）中，通过观测上述变量的检验结果来判断实验组和控制组之间的时间趋势是否存在显著差异。根据第（5）、第（6）列的结果不难发现，Before2、Before1 均不显著，而 After1 和 After2 基本上都在传统的统计意义上显著为负，说明互联互通政策实施之前，实验组样本与控制组样本之间投资效率变化并不存在显著差异，而在互联互通政策实施之后，实验组样本的非效率投资水平相对于控制组样本显著下降，从而再次论证了股票市场开放对于提升公司投资效率的积极作用。

表 6-4 的实证结果论证了股票市场开放对公司投资效率的影响，那么进一步地对于不同信息环境水平的公司，其投资效率所受到的股票市场开放的作用是否有显著的差异呢？对这一问题的解答有助于不断丰富股票市场开放、公司信息环境与公司投资效率之间的内在机理。因此，本章以分析师和媒体这两个资本市场最为重要的信息中介为切入点展开了详细探讨。

首先，已有研究发现分析师跟踪有利于降低公司的信息不对称程度，吸引更多投资者的关注（Barber and Loeffler，1993；Brammer and Millington，2005）。那么在股票市场开放背景下，分析师关注度越高的公司自然也更可能会受到境外投资者的青睐，从而使得这类公司受到股票市场开放的冲击更大。据此，本章预期股票市场开放对投资效率的影响应当主要体现在分析师关注度较高的公司当中。具体地，本章根据上市公司的分析师跟踪人数是否高于同年度样本中位数将研究样本分为分析师关注度高（Dana = 1）和分析师关注度低（Dana = 0）两组，然后在各组子样本中分别探讨了股票市场开放对投资效率的影响，实证结果如表 6 - 5 所示。与上述预期一致，SHHK × Post 的系数也只在 Dana = 1 时显著为负，且在 Dana = 1 时 SHHK × Post 的系数显著区别于 Dana = 0 时 SHHK × Post 的系数。

表 6 - 5 股票市场开放、分析师关注与投资效率

变量	(1) Absinv1	(2) Absinv1	(3) Absinv2	(4) Absinv2
	Dana = 1	Dana = 0	Dana = 1	Dana = 0
SHHK × Post	- 0. 004 ** (- 2. 11)	0. 001 (0. 25)	- 0. 004 ** (- 2. 21)	0. 002 (0. 84)
Size	0. 008 *** (3. 91)	0. 010 *** (6. 84)	0. 012 *** (5. 42)	0. 002 (1. 05)
Top1	- 0. 000 (- 0. 03)	- 0. 000 * (- 1. 78)	0. 000 (0. 06)	- 0. 000 ** (- 2. 35)
Dual	- 0. 001 (- 0. 62)	- 0. 002 (- 0. 87)	0. 001 (0. 53)	0. 002 (0. 93)
Bsize	- 0. 012 * (- 1. 85)	- 0. 014 ** (- 2. 10)	- 0. 009 (- 1. 22)	- 0. 016 ** (- 2. 52)
Inddirec	0. 006 (0. 30)	- 0. 017 (- 0. 91)	0. 003 (0. 14)	- 0. 036 * (- 1. 88)
Lev	0. 035 *** (4. 78)	- 0. 000 (- 0. 05)	0. 050 *** (6. 19)	0. 020 *** (3. 83)
Manho	0. 016 (1. 57)	- 0. 018 ** (- 1. 97)	- 0. 001 (- 0. 08)	- 0. 024 *** (- 2. 73)
Mkt	- 0. 001 (- 0. 30)	0. 001 (0. 20)	- 0. 002 (- 0. 42)	- 0. 003 (- 0. 74)
Cfo	0. 001 (0. 06)	0. 012 (1. 45)	0. 012 (1. 04)	0. 008 (0. 96)

变量	(1) Absinv1	(2) Absinv1	(3) Absinv2	(4) Absinv2
	Dana = 1	Dana = 0	Dana = 1	Dana = 0
Age	− 0.016 *** (− 3.21)	− 0.023 *** (− 4.18)	− 0.033 *** (− 5.88)	− 0.019 *** (− 3.38)
Constant	− 0.098 ** (− 2.10)	− 0.099 *** (− 2.70)	− 0.164 *** (− 3.15)	0.100 *** (2.72)
Firm F. E.	Yes	Yes	Yes	Yes
Year F. E.	Yes	Yes	Yes	Yes
N	4 906	4 320	4 906	4 320
R^2	0.44	0.38	0.45	0.43
F	5.450 ***	4.547 ***	8.959 ***	3.763 ***
Difference Test	(1) − (2)		(3) − (4)	
Difference	− 0.005 **		− 0.006 **	
Chi^2	4.10		4.53	

注：括号中为 t 值，*** 、** 、* 分别表示在 1%、5% 和 10% 的水平下显著。

其次，媒体报道作为资本市场上重要的信息传播途径，能够增强公司的透明度，促进投资者对于公司信息的获取与理解，因而往往发挥着改善公司信息环境的作用（李培功和沈艺峰，2010；Peress，2014）。在股票市场开放背景下，越多的媒体关注越可能降低境外投资者与公司之间的信息不对称性，尤其是考虑到境外资金相对来说是"聪明的钱"，更加偏好信息环境较好的公司，那么媒体报道越多的公司也越有可能吸引境外投资者的关注（刘锋等，2014），从而也自然受到股票市场开放的影响更大。基于此，本章预期股票市场开放对投资效率的提升作用主要体现在媒体关注度较高的公司中。具体地，根据上市公司的媒体报道数是否高于同年度样本中位数将研究样本分为媒体关注度高（Dmedia = 1）和媒体关注度低（Dmedia = 0）两组，实证结果如表 6 − 6 所示。SHHK × Post 的系数也只在 Dmedia = 1 时显著为负，且组间系数差异检验也基本上印证了上述预期（仅在以 Absinv2 为被解释变量的情况下，组间系数差异不显著）。

表 6 - 6　　　　　　　　股票市场开放、媒体关注与投资效率

变量	(1) Absinv1	(2) Absinv1	(3) Absinv2	(4) Absinv2
	Dmedia = 1	Dmedia = 0	Dmedia = 1	Dmedia = 0
SHHK × Post	- 0. 004 ** (- 2. 19)	- 0. 002 (- 1. 33)	- 0. 004 ** (- 2. 10)	- 0. 003 (- 1. 20)
Size	0. 009 *** (6. 15)	0. 012 *** (8. 27)	0. 007 *** (4. 02)	0. 007 *** (4. 27)
Top1	0. 000 (0. 45)	- 0. 000 * (- 1. 71)	0. 000 (0. 23)	- 0. 000 * (- 1. 86)
Dual	0. 001 (0. 61)	- 0. 000 (- 0. 23)	0. 006 *** (2. 71)	- 0. 001 (- 0. 33)
Bsize	- 0. 011 * (- 1. 85)	- 0. 006 (- 0. 94)	- 0. 012 * (- 1. 84)	- 0. 010 (- 1. 37)
Inddirec	- 0. 019 (- 1. 15)	- 0. 006 (- 0. 31)	- 0. 040 ** (- 2. 30)	- 0. 001 (- 0. 03)
Lev	- 0. 001 (- 0. 19)	0. 000 (0. 04)	0. 015 ** (2. 35)	0. 028 *** (4. 71)
Manho	- 0. 007 (- 0. 77)	0. 011 (1. 35)	- 0. 027 *** (- 2. 62)	0. 009 (0. 98)
Mkt	0. 002 (0. 53)	- 0. 002 (- 0. 45)	- 0. 003 (- 0. 75)	0. 001 (0. 31)
Cfo	0. 012 (1. 35)	0. 006 (0. 68)	0. 009 (0. 99)	0. 016 (1. 56)
Age	- 0. 018 *** (- 3. 29)	- 0. 017 *** (- 3. 57)	- 0. 020 *** (- 3. 40)	- 0. 020 *** (- 3. 55)
Constant	- 0. 111 *** (- 2. 99)	- 0. 173 *** (- 4. 88)	- 0. 028 (- 0. 71)	- 0. 057 (- 1. 40)
Firm F. E.	Yes	Yes	Yes	Yes
Year F. E.	Yes	Yes	Yes	Yes
N	4 618	4 608	4 618	4 608
R^2	0. 45	0. 39	0. 47	0. 41

变量	（1） Absinv1	（2） Absinv1	（3） Absinv2	（4） Absinv2
	Dmedia = 1	Dmedia = 0	Dmedia = 1	Dmedia = 0
F	3. 463 ***	6. 775 ***	4. 091 ***	5. 426 ***
Difference Test	（1）－（2）		（3）－（4）	
Difference	－ 0. 002 *		－ 0. 001	
Chi²	2. 73		0. 92	

注：括号中为 t 值，*** 、** 、* 分别表示在 1%、5% 和 10% 的水平下显著。

6. 4. 3　渠道分析

根据前文的理论分析，股票市场开放会影响公司的信息环境，进而提升公司的投资效率。那么公司信息环境的改善是否真的就是股票市场开放影响投资效率的途径呢？在这里，本章参考第 4 章和第 5 章的分析内容，同时结合管理学中中介效应的检验方法（详细表述参见 4.4.3 节），从信息供给和信息解读两个层面探讨了股票市场开放提升投资效率的潜在机制。

从信息供给层面来看，本章以公司的信息质量为切入点，即以 Jones 模型计算出的操控性应计水平的绝对值（AbsDA）来表征公司信息质量的高低。具体地，本章首先分析了股票市场开放对公司信息质量的影响，然后一并考察了股票市场开放、公司信息质量对公司投资效率的影响。根据中介效应的检验原理，如果股票市场开放能够提升公司的信息质量（实际上本书在第 4 章已经证明），另外股票市场开放、公司信息质量能够同时影响公司的投资效率，那么表明（部分）中介效应存在，说明公司信息质量的提高是股票市场开放提升投资效率的重要渠道。具体的实证结果如表 6 - 7 的第（1）~ 第（3）列所示。第（1）列中，SHHK × Post 的系数显著为负，说明股票市场开放确实降低了公司的盈余管理程度，提升了信息质量；第（2）列和第（3）列中 SHHK × Post 的系数依然显著为负，而 AbsDA 的系数均在 10% 的水平下显著为正，这表明部分中介效应存在，意味着公司信息质量的提升是股票市场开放影响公司投资效率的重要渠道。

表6-7 渠道分析

变量	(1)	(2)	(3)	(4)	(5)	(6)
	信息供给			信息解读		
	AbsDA	Absinv1	Absinv2	Synch1	Absinv1	Absinv2
SHHK×Post	−0.011*** (−4.48)	−0.003** (−2.08)	−0.003* (−1.95)	−0.161*** (−4.04)	−0.001 (−1.06)	−0.002* (−1.69)
AbsDA		0.015* (1.81)	0.017* (1.91)			
Synch1					0.001** (2.17)	0.001* (1.73)
Size	0.009*** (3.01)	0.010*** (6.17)	0.006*** (3.50)	−0.207*** (−7.08)	0.008*** (9.56)	0.004*** (4.56)
Top1	0.000 (1.03)	−0.000 (−0.61)	−0.000 (−1.01)	−0.003 (−1.36)	−0.000 (−0.00)	−0.000 (−0.73)
Dual	−0.000 (−0.14)	−0.000 (−0.14)	0.003 (1.39)	−0.016 (−0.37)	0.000 (0.16)	0.003** (2.10)
Bsize	−0.008 (−0.91)	−0.006 (−1.47)	−0.007 (−1.45)	0.253** (2.00)	−0.003 (−0.82)	−0.005 (−1.15)
Inddirec	−0.006 (−0.24)	−0.006 (−0.40)	−0.019 (−1.18)	0.458 (1.28)	−0.002 (−0.13)	−0.014 (−1.11)
Lev	0.039*** (3.62)	0.004 (0.66)	0.022*** (3.38)	−0.274** (−2.45)	0.014*** (3.65)	0.028*** (7.07)
Manho	−0.009 (−0.63)	0.005 (0.65)	−0.007 (−0.81)	0.320** (2.02)	0.008 (1.29)	−0.004 (−0.64)
Mkt	0.002 (0.28)	−0.001 (−0.40)	−0.002 (−0.50)	−0.002 (−0.03)	−0.001 (−0.19)	−0.001 (−0.41)
Cfo	−0.115*** (−5.05)	0.009 (1.46)	0.009 (1.36)	−0.114 (−0.65)	0.001 (0.13)	0.005 (0.72)
Age	−0.012* (−1.77)	−0.017*** (−4.10)	−0.020*** (−4.10)	0.155 (1.54)	−0.019*** (−6.99)	−0.018*** (−6.28)
Constant	−0.107 (−1.61)	−0.135*** (−3.78)	−0.023 (−0.63)	2.253*** (3.69)	−0.048*** (−2.79)	0.024 (1.31)
Firm F.E.	Yes	Yes	Yes	Yes	Yes	Yes

续表

变量	(1)	(2)	(3)	(4)	(5)	(6)
	信息供给			信息解读		
	AbsDA	Absinv1	Absinv2	Synch1	Absinv1	Absinv2
Year F. E.	Yes	Yes	Yes	Yes	Yes	Yes
N	9 149	9 149	9 149	9 215	9 215	9 215
R²	0. 36	0. 34	0. 36	0. 68	0. 32	0. 36
F	4. 535 ***	5. 427 ***	5. 088 ***	617. 704 ***	9. 099 ***	8. 041 ***

注：括号中为 t 值，*** 、** 、* 分别表示在 1%、5% 和 10% 的水平下显著。

从信息解读层面来看，本章以公司的股价信息含量来表征投资者能否及时获取公司层面的特质信息，用股价同步性（Synch1）来衡量。类似地，如果股票市场开放能够导致公司股价同步性的下降（实际上本书在第 5 章已经证明），另外在控制股票市场开放的影响下，股价同步性与公司的投资效率如果高度相关，则说明中介效应存在，股票市场开放会通过影响投资者的信息解读来影响公司的投资效率。相关的实证检验结果如表 6－7 的第（4）～第（6）列所示。第（4）列中，SHHK × Post 的系数显著为负，说明股票市场开放会导致公司股价同步性地下降，这与第 5 章的研究发现一致；第（5）列和第（6）列中 Synch1 的系数显著为正，SHHK × Post 的系数为负且也接近显著，这说明中介效应存在，公司股价同步性的下降是股票市场开放提升投资效率的内在机制。

综合表 6－7 的研究结果可以发现，股票市场开放会通过提升公司的信息环境水平，进而提升公司的投资效率，说明股票市场开放对公司信息环境的改善会产生实质性的作用，这也反过来从经济后果层面丰富了对股票市场开放影响公司信息环境水平的认识。

6.4.4　稳健性分析

为验证本章研究结果的可靠性，针对表 6－4 的研究发现，本章进行了如下几项稳健性测试。

　　首先，为防止标的公司和非标的公司之间固有特征差异及随机因素对研究结论的干扰，本章采用了两种安慰剂检验的方法：第一，虚拟了互联互通机制的实施时点，即将沪港通和深港通的实施年份分别向前平推 3 年，假使沪港通于 2011 年开始实施，深港通于 2013 年开始实施，并据此重新定义了政策影响时点哑变量 Post2（具体定义可参见 4.4.4 节和 5.4.4 节），通过构建交乘项 SHHK×Post2 并进行回归，我们得到了假想的互联互通政策的实施对标的公司和非标的公司投资效率的影响，如表 6－8 所示。可以发现，两种投资效率度量指标下，SHHK×Post2 的系数均不显著，说明标的公司和非标的公司之间的固有特征差异并不是导致研究结果产生的主要原因，表明了表 6－4 的研究发现的稳健性。第二，虚拟了互联互通的标的公司，即随机选择了相应数目的 A 股公司作为假想的沪港通标的股和深港通标的股，并根据模型（6－3）回归得到了此情形下 SHHK×Post 的系数，通过将上述过程重复 1 000 次，我们得到了双重差分统计量的概率分布图，根据被解释变量的不同，具体如图 6－1 和图 6－2 所示。可以发现，交乘项 SHHK×Post 的系数基本满足均值为 0 的正态分布，而本章实际所得系数则处于正态分布图的末端，显然异于 0，这说明表 6－4 的研究发现并不是受到一些随机因素的干扰。

表 6－8　　　　　　　　　安慰剂检验：虚拟政策发生时点

变量	(1) Absinv1	(2) Absinv2
SHHK×Post2	−0.001 (−0.65)	−0.003 (−1.50)
Size	0.003 (1.37)	−0.002 (−1.13)
Top1	−0.000 (−0.33)	0.000 (0.40)
Dual	0.000 (0.02)	0.001 (0.30)
Bsize	−0.001 (−0.20)	−0.003 (−0.49)
Inddirec	0.002 (0.12)	−0.006 (−0.36)

续表

变量	(1) Absinv1	(2) Absinv2
Lev	-0.002 (-0.37)	0.010* (1.81)
Manho	0.016 (1.09)	0.013 (0.74)
Mkt	-0.001 (-0.30)	0.000 (0.04)
Cfo	0.005 (0.87)	0.009 (1.42)
Age	-0.008 (-1.56)	-0.009 (-1.50)
Constant	-0.003 (-0.06)	0.108** (2.30)
Firm F. E.	Yes	Yes
Year F. E.	Yes	Yes
N	7 909	7 909
R^2	0.37	0.43
F	4.437***	3.159***

注:括号中为 t 值,***、**、*分别表示在1%、5%和10%的水平下显著。

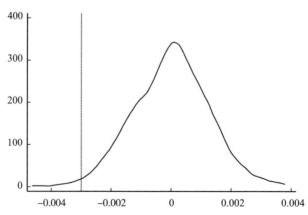

图 6-1 Absinv1 为被解释变量时安慰剂测试概率分布

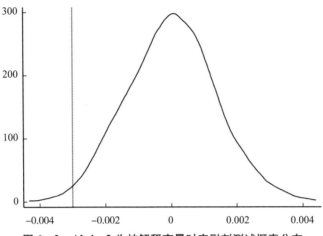

图 6 – 2　Absinv2 为被解释变量时安慰剂测试概率分布

其次，考虑到成为互联互通标的的公司可能本身就在基本面上与非标的公司存在一定差异，本章在这里采用了倾向得分匹配法（PSM）以降低样本选择非随机性的影响。具体地，本章以模型（6 – 3）中的控制变量为 PSM 的配对变量，基于沪港通实施前一年份、深港通实施前一年份的 A 股上市公司数据给每家沪港通标的公司和深港通标的公司分别匹配了倾向得分与之最为接近的非标的公司，并以获得的非标的公司作为控制组样本进行了双重差分分析，实证结果如表 6 – 9 所示。与表 6 – 4 中研究发现相类似，SHHK × Post 的系数在两种投资效率度量指标为被解释变量的情形下均显著为负，从而验证了本章主要研究结果的稳健性。

表 6 –9　　　　　　　　　　　　稳健性分析：PSM

变量	(1) Absinv1	(2) Absinv2
SHHK × Post	– 0. 004 * （ – 1. 91）	– 0. 006 ** （ – 2. 53）
Size	0. 009 *** （4. 88）	0. 007 *** （3. 22）

续表

变量	(1) Absinv1	(2) Absinv2
Top1	− 0. 000 ** (− 2. 33)	− 0. 000 * (− 1. 86)
Dual	− 0. 001 (− 0. 46)	− 0. 000 (− 0. 14)
Bsize	− 0. 007 (− 0. 98)	− 0. 009 (− 1. 25)
Inddirec	0. 007 (0. 32)	0. 011 (0. 48)
Lev	0. 019 *** (3. 11)	0. 037 *** (5. 37)
Manho	0. 010 (1. 20)	− 0. 007 (− 0. 73)
Mkt	− 0. 004 (− 0. 99)	− 0. 001 (− 0. 23)
Cfo	0. 016 * (1. 65)	0. 015 (1. 38)
Age	− 0. 015 *** (− 3. 05)	− 0. 022 *** (− 4. 05)
Constant	− 0. 116 *** (− 2. 72)	− 0. 045 (− 0. 96)
Firm F. E.	Yes	Yes
Year F. E.	Yes	Yes
N	3 456	3 456
R^2	0. 33	0. 34
F	4. 184 ***	5. 041 ***

注：括号中为 t 值，*** 、** 、* 分别表示在1%、5%和10%的水平下显著。

再次，本章考察了投资效率的其他度量方式。第一，本章将总体投资效率区分为过度投资与投资不足，以此来检验股票市场开放对企业投资效率影响的内在动因。根据模型（6 - 1）和模型（6 - 2）回归所得残差，我们将大于 0 的定义为过度投资，分别用 Overinv1 和 Overinv2 来表示；将小于 0 的取绝对值后定义为投资不足，分别用 Underinv1 和 Underinv2 来表示。很显然，Overinv1 和 Overinv2 的值越大，表示过度投资越严重；Underinv1 和 Underinv2 的值越大，表示投资不足越严重，相关实证结果如表 6 - 10 的第（1）~ 第（4）列所示。当被解释变量为 Overinv1 和 Overinv2 时，SHHK × Post 的系数至少在 10% 的水平下显著为负；而当被解释变量为 Underinv1 和 Underinv2 时，SHHK × Post 的系数不显著，说明股票市场开放显著降低了企业的投资过度，但与投资不足不相关。第二，除了理查德森（2006）和比德尔等（2009）能计算公司层面的投资效率，陈等（2011）也从资本投资与成长性的视角度量了公司的非效率投资水平，详细参见模型（6 - 4）：

$$\text{Invest}_t = \beta_0 + \beta_1 \text{Growth}_{t-1} + \beta_2 \text{NEG}_{t-1} + \beta_3 \text{Growth}_{t-1} \times \text{NEG}_{t-1} + \xi_t$$

$$(6-4)$$

上述模型中，NEG 是哑变量，当公司的营业收入增长率小于 0 时取 1，其他取 0，Growth 的定义同模型（6 - 1）。通过分年度分行业回归，所得残差的绝对值衡量的就是企业的非效率投资水平。据此，本章构建了另一个投资效率指标 Absinv3，实证结果如表 6 - 10 的第（5）列所示。可见 SHHK × Post 的系数在 5% 的水平下显著为负，说明表 6 - 4 中的结果是稳健的。第三，参考陈等（2017）以及陈康和刘琦（2018），本章还从企业投资—股价敏感性的视角分析了股票市场开放对于企业投资行为的影响。具体地，我们设置了模型（6 - 5）：

$$\begin{aligned}\text{Invc} =\ & \beta_0 + \beta_1 \text{SHHK} \times \text{Post} + \beta_2 \text{SHHK} \times \text{Post} \times Q + \beta_3 Q + \beta_4 \text{Size} + \beta_5 \text{Top1} \\ & + \beta_6 \text{Dual} + \beta_7 \text{Bsize} + \beta_8 \text{Inddirec} + \beta_9 \text{Lev} + \beta_{10} \text{Manho} + \beta_{11} \text{Mkt} \\ & + \beta_{12} \text{Cfo} + \beta_{13} \text{Age} + \text{firmF. E.} + \text{yearF. E.} + \varepsilon \end{aligned} \qquad (6-5)$$

其中，Invc 表示的是公司下一期的资本投资水平[①]，在这里本章采用了两种方式衡量：一是公司构建固定资产、无形资产以及其他长期资产所支付的现金与年初总资产之比（Capx）；二是公司构建固定资产、无形资产和其

---

① 之所以用下一期的资本投资水平作为被解释变量，是为了与已有文献（陈康和刘琦，2018）保持一致。这也使得最终的回归观测数略有下降。

他长期资产所支付的现金加上研发支出后与年初总资产之比（Capxrnd）。Q
是企业股价指标，以托宾 Q 来衡量，等于企业权益市场价值与负债账面价
值之和除以总资产。其他变量定义与模型（6－3）一致。具体实证结果参
见表 6－10 的第（6）、第（7）列。可以发现，两种情形下，SHHK × Post × Q
的系数均在 5% 的水平下显著为正，说明互联互通机制实施以后，相对于非
标的公司，标的公司的投资—股价敏感性更高，从而意味着股票市场开放有
利于提高企业的投资效率。

表 6 – 10　　　　　　　　　稳健性分析：其他被解释变量

变量	(1) Overinv1	(2) Underinv1	(3) Overinv2	(4) Underinv2	(5) Absinv3	(6) Capx	(7) Capxrnd
SHHK × Post	− 0. 006 ** (− 2. 08)	0. 001 (1. 38)	− 0. 006 * (− 1. 67)	0. 001 (0. 57)	− 0. 003 ** (− 2. 32)	− 0. 004 (− 0. 58)	− 0. 004 (− 0. 63)
SHHK × Post × Q						0. 004 ** (2. 24)	0. 004 ** (2. 34)
Q						0. 000 *** (2. 92)	0. 001 *** (2. 96)
Size	0. 024 *** (9. 66)	0. 002 ** (2. 25)	0. 025 *** (8. 01)	− 0. 005 *** (− 6. 24)	0. 005 *** (5. 39)	− 0. 067 *** (− 16. 73)	− 0. 069 *** (− 17. 10)
Top1	− 0. 000 (− 0. 54)	0. 000 * (1. 65)	− 0. 000 (− 0. 16)	− 0. 000 (− 0. 47)	− 0. 000 (− 0. 99)	− 0. 001 *** (− 4. 81)	− 0. 001 *** (− 4. 81)
Dual	− 0. 002 (− 0. 64)	0. 000 (0. 28)	− 0. 002 (− 0. 62)	0. 002 ** (2. 03)	0. 003 * (1. 94)	− 0. 004 (− 0. 75)	− 0. 004 (− 0. 81)
Bsize	− 0. 004 (− 0. 36)	− 0. 007 ** (− 2. 02)	− 0. 002 (− 0. 16)	− 0. 006 * (− 1. 78)	− 0. 007 (− 1. 59)	0. 002 (0. 14)	0. 005 (0. 32)
Inddirec	0. 001 (0. 02)	0. 006 (0. 56)	− 0. 003 (− 0. 07)	− 0. 007 (− 0. 74)	− 0. 019 (− 1. 50)	− 0. 009 (− 0. 21)	− 0. 007 (− 0. 15)
Lev	0. 015 * (1. 75)	− 0. 000 (− 0. 05)	0. 049 *** (4. 58)	0. 007 ** (2. 20)	0. 023 *** (5. 81)	0. 045 *** (3. 15)	0. 046 *** (3. 20)

续表

变量	(1) Overinv1	(2) Underinv1	(3) Overinv2	(4) Underinv2	(5) Absinv3	(6) Capx	(7) Capxrnd
Manho	−0.004 (−0.27)	0.006 (1.24)	−0.009 (−0.61)	−0.010** (−1.97)	−0.006 (−1.04)	−0.054** (−2.34)	−0.052** (−2.26)
Mkt	−0.002 (−0.34)	−0.001 (−0.38)	−0.004 (−0.62)	0.002 (0.88)	−0.001 (−0.33)	−0.013 (−1.55)	−0.015* (−1.68)
Cfo	0.000 (0.01)	−0.004 (−0.82)	0.020 (1.05)	0.000 (0.09)	0.007 (1.15)	−0.064*** (−2.91)	−0.063*** (−2.82)
Age	−0.016* (−1.91)	−0.014*** (−4.80)	−0.047*** (−5.34)	0.017*** (5.79)	−0.020*** (−5.73)	−0.031** (−2.42)	−0.034** (−2.65)
Constant	−0.436*** (−7.14)	0.024 (1.11)	−0.415*** (−5.30)	0.121*** (6.24)	−0.023 (−0.91)	1.640*** (17.24)	1.685*** (17.61)
Firm F. E.	Yes	Yes	Yes	Yes	Yes	Yes	Yes
Year F. E.	Yes	Yes	Yes	Yes	Yes	Yes	Yes
N	3 678	5 548	3 582	5 644	9 226	7 658	7 658
R^2	0.49	0.46	0.51	0.58	0.35	0.37	0.38
F	7.142***	6.801***	8.319***	9.017***	9.262***	23.789***	24.649***

注：括号中为 t 值，***、**、* 分别表示在 1%、5% 和 10% 的水平下显著。

　　此外，我们还考虑了互联互通机制首次实施的影响时点问题。在前面的分析中，本章将沪港通和深港通的实施当年分别界定为政策已实施年份，但沪港通作为互联互通机制的首次尝试，具有很强的突然性，因此沪港通实施当年可能并不会立即产生影响。在这里，我们采用了剔除 2014 年度的观测和将 2014 年视为政策未实施年份两种方式，重新进行了回归分析，具体结果分别参见表 6 - 11 的第（1）、第（2）列和第（3）、第（4）列。可以发现，两种方式下 SHHK × Post 的系数都在 5% 的水平下显著为负，从而说明股票市场开放确实有利于降低非效率投资水平，提升投资效率，再次印证了表 6 - 4 的研究发现。

表 6 – 11   稳健性分析：政策影响年份的界定

变量	(1)	(2)	(3)	(4)
	剔除 2014 年		2014 年视为政策未实施年份	
	Absinv1	Absinv2	Absinv1	Absinv2
SHHK × Post	– 0. 003 ** (– 2. 17)	– 0. 004 ** (– 2. 28)	– 0. 003 ** (– 2. 38)	– 0. 004 ** (– 2. 43)
Controls	Yes	Yes	Yes	Yes
Firm F. E.	Yes	Yes	Yes	Yes
Year F. E.	Yes	Yes	Yes	Yes
N	7 646	7 646	9 226	9 226
R^2	0. 36	0. 38	0. 34	0. 36
F	4. 793 ***	4. 915 ***	5. 637 ***	5. 413 ***

注：括号中为 t 值，*** 、** 、* 分别表示在 1%、5% 和 10% 的水平下显著。

最后，本章也考虑了其他三种不同的研究样本构造：（1）仅考虑互联互通标的公司；（2）以沪港通为研究情境，仅考虑沪市上市公司；（3）以深港通为研究情境，仅考虑深市上市公司。在这三种研究情境下，我们再次探讨了股票市场开放对公司投资效率的影响，相关实证结果如表 6 – 12 所示。可以发现，在仅沪深港通标的的研究样本和仅沪市上市公司的研究样本中，SHHK × Post 的系数都至少在 10% 的水平下显著为负，而在仅深市上市公司的研究样本中，SHHK × Post 的系数都在 1% 的水平下显著为负，这些发现均与本章的主要研究结果相类似。

表 6 – 12   稳健性分析：不同研究情境

变量	(1)	(2)	(3)	(4)	(5)	(6)
	仅沪深港通标的		沪港通		深港通	
	Absinv1	Absinv2	Absinv1	Absinv2	Absinv1	Absinv2
SHHK × Post	– 0. 003 * (– 1. 70)	– 0. 005 ** (– 2. 33)	– 0. 003 * (– 1. 81)	– 0. 007 *** (– 3. 60)	– 0. 009 *** (– 3. 53)	– 0. 009 *** (– 3. 67)
Controls	Yes	Yes	Yes	Yes	Yes	Yes

续表

变量	(1)	(2)	(3)	(4)	(5)	(6)
	仅沪深港通标的		沪港通		深港通	
	Absinv1	Absinv2	Absinv1	Absinv2	Absinv1	Absinv2
Firm F. E.	Yes	Yes	Yes	Yes	Yes	Yes
Year F. E.	Yes	Yes	Yes	Yes	Yes	Yes
N	5 396	5 396	2 501	2 501	4 286	4 286
R^2	0.35	0.39	0.05	0.08	0.42	0.43
F	9. 355 ***	9. 291 ***	4. 307 ***	6. 638 ***	3. 735 ***	3. 602 ***

注：括号中为 t 值，*** 、** 、* 分别表示在 1% 、5% 和 10% 的水平下显著。

6.5　本 章 小 结

股票市场的持续对外开放是中国资本市场开放的重大改革措施，比如，2015 年 5 月，国务院明确指出进一步扩大金融业对内对外开放，健全多层次资本市场，促进资源优化配置；2017 年 7 月，习近平总书记在第五次全国金融工作会议以及中央财经领导小组（现中央财经委员会）第十六次会议上表示外商投资推动了资源合理配置，并强调"积极稳妥推动金融业对外开放，进一步放开多个领域的外资准入限制和股比限制"。作为金融改革的重要初衷，股票市场开放在影响公司信息环境的基础上，是否有助于促进公司资源配置效率的提高，这是学界、业界以及政府部门都非常关注的一个问题，而对这一问题的解答也有助于从经济后果层面丰富对股票市场开放影响公司信息环境的认识。基于此，本章选择了投资这一典型的资源配置效率视角，以沪港通和深港通为基础的互联互通机制为准自然实验，实证检验了股票市场开放对公司投资效率的影响。根据中国 A 股 2012 ~ 2017 年上市公司的数据，研究发现：股票市场开放显著提高了公司的投资效率，这一结果在经过安慰剂测试、采用 PSM 构造控制组样本、更换了不同的投资效率度量模型、重新界定互联互通机制影响时点和重新选择研究情境等后依然稳健。此外，股票市场开放对公司投资效率的提升作用主要体现在分析师关注度较高和媒体关注度较高的公司；进一步研究发现，公司信息环境的改善是股票市场开放影响投资效率的重要渠道，表现为股票市场开放显著提高了公司的信息质量和股价信息含量，最终提升了公司的投资效率。

本章的研究结论具有较强的理论意义和现实意义：从理论层面来看，国内外虽然已有部分文献关注股票市场开放过程中外资股东的特殊影响，但大多只关注到了股价波动、股利政策、经营效率等（Stiglitz，1999；Li et al.，2011；周县华等，2012），鲜有研究对股票市场开放与企业投资决策之间的关系展开探讨。相对于以往文献，我们利用陆港通分步实施为准自然实验场景，缓解了以往研究难以解决的内生性问题，提供了外资持股影响公司投资效率的因果证据，从而表明股票市场开放对公司信息环境的影响会产生相应的实质性影响，从经济后果层面增进了对股票市场开放影响公司信息环境的认识，因此本章的研究对于股票市场开放领域和投资效率领域乃至公司信息环境领域的文献都是极为重要的补充。从现实意义层面来看，互联互通机制实施的重要目的之一便是提高内地资本市场的资源配置效率，沪港通自2014年11月运行至今已超过8年，深港通自2016年12月运行至今已超过6年，但其实施效果究竟如何尚不得而知。本章基于投资效率视角的分析，则是第一批系统地检验互联互通政策经济后果的文献之一，结论有助于为互联互通政策的有效实施乃至后续资本市场的深度开放提供丰富的证据支持。

第7章

结 论 与 启 示

本章主要基于前文的理论分析和实证检验结果，归纳了本书研究的主要结论；同时基于相关的研究发现，从政府、上市公司和投资者等不同视角提出了相应的政策建议；最后指出了本书研究的局限以及未来潜在的研究方向。

7.1　研 究 结 论

本书以我国股票市场上沪港通、深港通的相继实施这一互联互通机制为准自然实验场景，基于中国 A 股上市公司 2012～2017 年的数据，实证检验了股票市场开放对公司信息环境的影响及其经济后果。顺应着信息流的方向，首先，本书从信息供给的层面探讨了股票市场开放对公司信息披露数量和信息质量的影响，即检验了股票市场开放与公司自愿性信息披露和公司盈余管理水平之间的关系；其次，本书从信息解读的层面探讨了股票市场开放对资本市场上投资者信息解读的影响，具体检验了股票市场开放对公司股价同步性和股价崩盘风险的作用；最后，鉴于"金融服务于实体经济"的本质特征，本书以公司的投资效率为切入点，探讨了股票市场开放在影响公司信息环境的基础上所产生的一些实质性经济后果。而在对各个维度检验的过程中，本书还结合不同的公司特征/性质，探讨了股票市场开放所产生影响的差异性，并尝试性地探讨了潜在的作用途径。本书主要研究结论如下。

关于股票市场开放对公司信息披露的影响：第一，股票市场开放增加了公司自愿性业绩预告的数量，降低了公司盈余管理的程度，从而表明股票市场开放有利于公司信息披露数量和信息质量的提升。第二，不同特征的公司在股票市场开放背景下所受的影响存在显著差异，在融资需求较高的企业，股票市场开放对公司信息披露数量的提升作用和对公司盈余管理程度的降低作用更大；从股权结构视角来看，股票市场开放主要增加了机构持股较少的企业以及没有 QFII 持股的企业的信息披露数量和信息质量。第三，股票市场开放导致了公司媒体关注度的增加，审计收费的提升和管理层过度自信的下降，而这也是股票市场开放影响公司信息披露行为的重要途径。

关于股票市场开放对市场信息解读的影响：第一，股票市场开放有利于降低公司的股价同步性和股价崩盘风险，这意味着随着股票市场开放程度的提升，市场上的投资者越能够及时有效地获取公司层面的特质信息，包括与公司相关的负面消息，增强了公司股价的信息含量。第二，从政府背景和资本市场发展两个维度来看，一方面，股票市场开放对股价同步性和股价崩盘风险的降低效应主要体现在非国有企业和不具有政治关联关系的企业当中，说明股票市场开放政策在微观层面的实施效果受制于非市场化因素的干扰；另一方面，对于分析师关注度较高的企业和媒体关注度较高的企业，股票市场开放对公司股价同步性和股价崩盘风险的降低效应更为明显，同样说明资本市场信息中介发达程度的提升有助于保证股票市场开放效用的发挥。第三，从公司股价同步性和股价崩盘风险的成因来看，股票市场开放提升了公司的会计稳健性水平并抑制了管理层的过度自信，意味着公司会计稳健性的提升和管理层过度自信的降低是股票市场开放影响公司股价同步性、股价崩盘风险的重要渠道之一。

关于股票市场开放对资源配置效率的影响：第一，股票市场开放有利于降低公司的非效率投资水平，提高公司的投资效率；第二，不同信息环境水平的公司受到股票市场开放的影响具有显著差异，表现为在分析师关注更高的公司和媒体关注度更高的公司，股票市场开放对投资效率的提升作用较为明显；第三，股票市场开放会通过提升公司的信息质量和股价信息含量来提升公司的投资效率，这表明股票市场开放对公司投资效率的提升是股票市场开放影响公司信息环境的重要经济后果。

综合上述三个方面的研究发现，可以看出股票市场开放不仅会影响上市公司的信息披露行为，还会作用到资本市场上投资者对于公司具体信息的理解，从而从信息流的供需两端影响公司的信息环境水平，并最终会产生实质性的经济后果，提升公司的投资效率。

7.2　政策启示

根据本研究的研究发现和研究结论，从政府、上市公司和投资者三个方面提出了如下相关政策建议。

政府层面，应当稳步推进资本市场对外开放政策，深化资本市场对外开放水平。现阶段我国内地资本市场最为重要的两个特征便是新兴加转轨，由于发展起步晚且先天不足，A 股市场上尚有许多机制未建立健全，相关法律法规也未能很好地契合市场快速发展的需求，虽然近年来市场化程度不断提高，但政府干预仍然发挥着重要作用。本书的研究发现表明积极引进外资，有序提升市场开放水平能够有效借助境外成熟资本市场上投资者的投资经验来规范境内资本市场的市场纪律，提高公司的信息环境和治理水平，促进资源的优化配置。因此，一方面，政府部门应当保持资本市场开放政策的连贯性，确保外资政策的透明、稳定、可预期，不断提升监管水平，利用好外资这块"他山之石"，琢磨好 A 股市场这块"宝玉"；另一方面，资本市场开放政策的实施效果也非常依赖于现有市场信息中介的发达程度，因此政府部门应适当降低对资本市场的干预，重视分析师、媒体等市场中介的作用，提升市场化程度，利用好市场这只"无形之手"，确保资本市场开放对于我国资本市场加速由新兴向成熟转变的重要职能的发挥。

公司层面，应当积极适应股票市场开放过程中的环境的变化，抓住机遇，迎接挑战。股票市场开放作为一项宏观政策，在微观层面对上市公司也会产生一系列影响，比如，互联互通机制的实施，会导致境外投资者的增加，上市公司不仅受到境内投资者的评价，还会面临来自境外的成熟投资者的评判，而境外投资者由于拥有在发达资本市场的投资经验，法律意识、自我保护和维权意识相对更强，这自然对上市公司投资者关系的管理提出新的要求，因此这需要上市公司认真关注公司投资者构成和结构的变化，制定好相应的投资者关系管理预案，确保境内外投资者对于公司信息的需求得到满足。而在股票市场开放的过程中，也只有那些能够及时迎合并满足境外投资者投资偏好的公司，才可能会充分享受股票市场开放的红利，将市场化改革的挑战转变成自身发展的机遇。

投资者层面，境内投资者应当及时转变自身的投资理念，积极学习发达资本市场上成熟投资者的信息挖掘技能和相关专业知识，紧密跟上资本市场开放的步伐。目前，A股市场在投资者结构和投资理念上存在诸多问题，这使得A股市场上充斥着题材投机、频繁买卖、追涨杀跌的市场投机之风，而互联互通机制的实施，增强了投资者进行跨境投资的便利性，逐渐满足了境外投资者投资A股市场和内地投资者投资境外股票市场日益增长的强烈需求。一方面，来自成熟市场的境外投资者能够引领价值投资，发挥稳定资本市场的作用，而要做到真正赚钱，投资者就应当"以投资企业的心态去买股票"以及"和超级明星公司一起成长"；另一方面，境内投资者要想真正参与到境外股票市场中并从中谋利，也需要回归到价值投资的理念中去，适应海外市场的投资风格和投资习惯。

7.3 研究局限及未来展望

7.3.1 研究局限

本书考察了股票市场开放对公司信息环境及资源配置效率的影响，但不可否认的是，本书的研究可能存在以下三个方面的局限。

第一，标的公司选择的非随机性问题。实际上，即使是互联互通机制的实施，也不是绝对意义下的自然实验状态，因而方法本身依然存在非随机选择问题。具体而言，尽管分步实施的互联互通机制能够较好地识别股票市场开放这一因素，但毕竟沪港通和深港通标的并不是随机选取的，导致研究样本可能是有偏的，其中，沪港通业务中A股标的的选择标准是"上海证券交易所上证 180 指数、上证 380 指数的成分股,以及上海证券交易所上市的 A＋H 股公司股票",深港通业务中 A 股标的的选择标准是"市值 60 亿元人民币及以上的深证成分指数和深证中小创新指数的成分股,以及深圳证券交易所上市的 A＋H 股公司股票",这种非随机性导致我们依然面临着内生性问题。

第二,外资在公司治理中的作用问题。现阶段,我国 A 股市场上境外投资者持有的上市公司股份比重还相对较低[①]。在此情形下,外资股东在上市公司中的话语权可能还不是很大,因而可能会抑制其在公司治理决策中所发挥的作用。虽然互联互通机制的实施,导致外资持股比例的增加,但由于相关政策实施年份还相对较短,来自成熟市场的境外投资者即使已经在规范 A 股市场的"市场纪律",提升公司的治理水平,但可能还需要更长时间才能在公司的经营决策中发挥越发重要的作用。

第三,部分研究指标的采用可能不够全面。本书在探讨股票市场开放对公司信息披露和市场信息解读以及资源配置效率的过程中,采用了多种衡量公司信息环境和投资效率的指标,但部分指标的选择可能还比较单一,比如,我们在考虑信息披露数量时,根据已有文献从公司自愿性业绩预告的角度着手,但实际上,公司信息披露数量的增加可能不仅只是自愿性业绩预告的增加,也可能有迎合境外投资者的相关披露行为的变化,诸如发布英文版的公司公告,更多地披露企业的社会责任报告等。

7.3.2 未来展望

针对上述研究局限和潜在的研究机会,未来需要进一步丰富的研究点有:

首先,股票市场开放的重要初衷之一便是提升 A 股市场的公司治理水平,引领价值投资,那么随着互联互通机制的不断推进,这一目标是否得到有效的完成呢?既然股票市场开放能够提升公司的信息环境和治理水平,那

---

① 截止到 2018 年 3 月,外资持有 A 股流通市值合计约为 12 016.33 亿元,占比约为 6%,详情参见东方财富网 2018 年 9 月 9 日报道《持续买入! 外资持有 A 股流通市值占比约为 6%:现在买入长期看不会有大问题》。

么我们有理由相信互联互通机制的实施会作用于公司的风险水平和各类经营决策。因此，在本书的基础上，未来还将进一步探讨股票市场开放对公司风险承担、现金持有、现金股利政策、企业税收规避以及创新产出等的影响，从而不断丰富股票市场开放规范 A 股市场纪律的因果证据。

其次，随着互联互通机制实施时间的延续，一方面研究区间得以延长，另一方面会有越来越多的 A 股公司成为股票市场互联互通的标的，外资在 A 股市场中的作用和地位可能会更加突出。因此，未来可能获得更多的错层的准自然实验的研究机会（如沪港通、深港通、沪伦通、沪德通等），从而更有助于从研究设计上降低实验组样本和控制组样本非随机性对研究结论的干扰。

再次，针对现有研究存在的内生性问题，未来研究可以在本书研究的基础上，进一步采用多种控制组的样本构造方法。通过学习先进的计量方法并综合使用，包括但不限于：熵平衡匹配法（entropy balanced matching）、广义精确匹配法（coarsened exact matching）等，保证在有效样本观测的前提下，降低内生性问题的影响。

最后，为了弥补本书部分章节研究指标单一的不足，未来研究还可以通过考察股票市场开放与标的公司英文版公告披露情况之间的关系等进一步丰富本书相关的研究发现和研究结论。

参 考 文 献

[1] 步丹璐，屠长文．外资持股，制度环境与审计质量 [J]．审计研究，2017（4）：65－72．

[2] 蔡卫星，高明华．审计委员会与信息披露质量：来自中国上市公司的经验证据 [J]．南开管理评论，2009（4）：120－127．

[3] 曹春方．政治权力转移与公司投资：中国的逻辑 [J]．管理世界，2013（1）：143－157．

[4] 陈德球，李思飞，钟昀珈．政府质量，投资与资本配置效率 [J]．世界经济，2012（3）：89－110．

[5] 陈冬华，姚振晔．政府行为必然会提高股价同步性吗？——基于我国产业政策的实证研究 [J]．经济研究，2018（12）：112－128．

[6] 陈晖丽，刘峰．融资融券的治理效应研究——基于公司盈余管理的视角 [J]．会计研究，2014（9）：45－52．

[7] 陈俊，张传明．操控性披露变更、信息环境与盈余管理 [J]．管理世界，2010（8）：181－183．

[8] 陈康，刘琦．股价信息含量与投资—股价敏感性——基于融资融券的准自然实验 [J]．金融研究，2018（9）：126－142．

[9] 陈胜蓝，马慧．卖空压力与公司并购——来自卖空管制放松的准自然实验证据 [J]．管理世界，2017（7）：142－156．

[10] 陈运森，谢德仁．网络位置，独立董事治理与投资效率 [J]．管理世界，2011（7）：113－127．

[11] 陈运森．独立董事网络中心度与公司信息披露质量 [J]．审计研究，2012（5）：92－100．

[12] 陈运森．社会网络与企业效率：基于结构洞位置的证据 [J]．会

计研究，2015（1）：48-55.

[13] 崔艳娟，李延喜，陈克兢. 外部治理环境对盈余质量的影响：自然资源禀赋是"诅咒"吗 [J]. 南开管理评论，2018（2）：172-181.

[14] 崔云，唐雪松. 审计师法律责任风险关注度与真实盈余管理行为 [J]. 审计研究，2015（6）：60-69.

[15] 邓川，孙金金. QFII 持股，产权性质与企业融资约束 [J]. 管理世界，2014（5）：180-181.

[16] 方红星，孙翯，金韵韵. 公司特征，外部审计与内部控制信息的自愿披露——基于沪市上市公司 2003-2005 年年报的经验研究 [J]. 会计研究，2009（10）：44-52.

[17] 高敬忠，王英允. 强制或自愿：哪种披露政策下的业绩预告可靠性更高？——基于中国 A 股上市公司的经验研究 [J]. 财贸研究，2014（1）：149-156.

[18] 高敬忠，周晓苏，王英允. 机构投资者持股对信息披露的治理作用研究——以管理层盈余预告为例 [J]. 南开管理评论，2011（5）：129-140.

[19] 高雷，宋顺林. 公司治理与公司透明度 [J]. 金融研究，2007（11A）：28-44.

[20] 何佩励. 外资持股，市场信息传递与股价同步性——基于中国上市公司的实证研究 [J]. 改革与战略，2015（3）：77-80.

[21] 何威风. 高管团队垂直对特征与企业盈余管理行为研究 [J]. 南开管理评论，2015（1）：141-151.

[22] 何贤杰，王孝钰，赵海龙，陈信元. 上市公司网络新媒体信息披露研究：基于微博的实证分析 [J]. 财经研究，2016（3）：16-27.

[23] 何玉，唐清亮，王开田. 碳信息披露，碳业绩与资本成本 [J]. 会计研究，2014（1）：79-86.

[24] 洪剑峭，薛皓. 股权制衡如何影响经营性应计的可靠性——关联交易视角 [J]. 管理世界，2009（1）：153-161.

[25] 侯宇，叶冬艳. 机构投资者，知情人交易和市场效率——来自中国资本市场的实证证据 [J]. 金融研究，2008（4）：131-145.

［26］胡军，王甄．微博，特质性信息披露与股价同步性［J］．金融研究，2015（11）：190－206.

［27］黄俊，郭照蕊．新闻媒体报道与资本市场定价效率［J］．管理世界，2014（5）：121－130.

［28］江轩宇．税收征管，税收激进与股价崩盘风险［J］．南开管理评论，2013（5）：152－160.

［29］江振华，李敏，汤大杰．对外开放条件下的中国股市风险分析［J］．经济研究，2004（3）：74－80.

［30］姜付秀，朱冰，唐凝．CEO和CFO任期交错是否可以降低盈余管理［J］．管理世界，2013（1）：158－167.

［31］姜涛，王怀明．大股东持股，治理环境与信息披露质量［J］．经济与管理研究，2011（8）：5－11.

［32］孔东民，申睿．信息环境，R^2 与过度自信：基于资产定价效率的检验［J］．南方经济，2007（6）：3－21.

［33］李春涛，刘贝贝，周鹏．卖空与信息披露：融券准自然实验的证据［J］．金融研究，2017（9）：130－145.

［34］李春涛，赵一，徐欣，李青原．按下葫芦浮起瓢：分析师跟踪与盈余管理途径选择［J］．金融研究，2016（4）：144－157.

［35］李青原．会计信息质量，审计监督与公司投资效率——来自我国上市公司的经验证据［J］．审计研究，2009（4）：65－73.

［36］李万福，林斌，杨德明，孙烨．内控信息披露，企业过度投资与财务危机——来自中国上市公司的经验证据［J］．中国会计与财务研究，2010（4）：76－141.

［37］李文贵，余明桂．民营化企业的股权结构与企业创新［J］．管理世界，2015（4）：112－125.

［38］李小荣，刘行．CEO vs CFO：性别与股价崩盘风险［J］．世界经济，2012（12）：102－129.

［39］李馨子，肖土盛．管理层业绩预告有助于分析师盈余预测修正吗［J］．南开管理评论，2015（2）：30－38.

［40］李延喜，包世泽，高锐，孔宪京．薪酬激励，董事会监管与上市

公司盈余管理 [J]. 南开管理评论, 2007 (6): 55 – 61.

[41] 李志生, 陈晨, 林秉旋. 卖空机制提高了中国股票市场的定价效率吗?——基于自然实验的证据 [J]. 经济研究, 2015 (4): 165 – 177.

[42] 连立帅, 陈超, 米春蕾. 吃一堑会长一智吗?——基于金融危机与经济刺激政策影响下企业绩效关联性的研究 [J]. 管理世界, 2016 (4): 111 – 126.

[43] 廖志敏, 陈晓芳. 强制披露理论依据之批评 [J]. 北京大学学报 (哲学社会科学版), 2009 (5): 136 – 145.

[44] 林乐, 郑登津. 退市监管与股价崩盘风险 [J]. 中国工业经济, 2016 (12): 58 – 74.

[45] 林曙, 叶海春. 福兮祸之所伏: 发展中国家股票市场开放的增长效应再探究 [J]. 金融研究, 2014 (11): 142 – 158.

[46] 刘成彦, 胡枫, 王皓. QFII 也存在羊群行为吗? [J]. 金融研究, 2007 (10): 111 – 122.

[47] 刘锋, 叶强, 李一军. 媒体关注与投资者关注对股票收益的交互作用: 基于中国金融股的实证研究 [J]. 管理科学学报, 2014 (1): 72 – 85.

[48] 刘行, 叶康涛. 企业的避税活动会影响投资效率吗? [J]. 会计研究, 2013 (6): 47 – 53.

[49] 刘慧龙, 王成方, 吴联生. 决策权配置, 盈余管理与投资效率 [J]. 经济研究, 2014 (8): 93 – 106.

[50] 刘慧龙, 吴联生, 王亚平. 国有企业改制, 董事会独立性与投资效率 [J]. 金融研究, 2012 (9): 127 – 140.

[51] 刘家松, 聂宝平. 商业银行境外引资, 股权结构与经营绩效——基于 2007—2015 年 62 家商业银行的经验证据 [J]. 会计研究, 2016 (10): 34 – 41.

[52] 卢太平, 张东旭. 融资需求, 融资约束与盈余管理 [J]. 会计研究, 2014 (1): 35 – 41.

[53] 鲁桂华, 张静, 刘保良. 中国上市公司自愿性积极业绩预告: 利公还是利私——基于大股东减持的经验证据 [J]. 南开管理评论, 2017 (2): 133 – 143.

［54］陆瑶，何平，吴边．非控股国有股权，投资效率与公司业绩［J］．清华大学学报（自然科学版），2011（4）：513－520.

［55］罗进辉，杜兴强．媒体报道，制度环境与股价崩盘风险［J］．会计研究，2014（9）：53－59.

［56］罗玫，陈运森．建立薪酬激励机制会导致高管操纵利润吗？［J］．中国会计评论，2010（1）：3－16.

［57］罗栘心，伍利娜．资本市场开放对公司审计的影响——基于"陆港通"背景的实证研究［J］．审计研究，2018（5）：65－73.

［58］牛建波，吴超，李胜楠．机构投资者类型，股权特征和自愿性信息披露［J］．管理评论，2013（3）：48－59.

［59］潘越，戴亦一，林超群．信息不透明，分析师关注与个股暴跌风险［J］．金融研究，2011（9）：138－151.

［60］饶育蕾，许军林，梅立兴，刘敏．QFII持股对我国股市股价同步性的影响研究［J］．管理工程学报，2013（2）：202－208.

［61］石凡，陆正飞，张然．引入境外战略投资者是否提升了公司价值——来自H股公司的经验证据［J］．经济学（季刊），2008（4）：231－248.

［62］孙俊奇．市场情绪，高管过度自信与股价信息含量［J］．会计与经济研究，2015（4）：18－32.

［63］谭劲松，宋顺林，吴立扬．公司透明度的决定因素——基于代理理论和信号理论的经验研究［J］．会计研究，2010（4）：26－33.

［64］唐雪松，周晓苏，马如静．政府干预，GDP增长与地方国企过度投资［J］．金融研究，2010（9）：99－112.

［65］万鹏，曲晓辉．董事长个人特征，代理成本与营收计划的自愿披露——来自沪深上市公司的经验证据［J］．会计研究，2012（7）：15－23.

［66］王朝阳，王振霞．涨跌停，融资融券与股价波动率——基于AH股的比较研究［J］．经济研究，2017（4）：151－165.

［67］王冲，谢雅璐．会计稳健性，信息不透明与股价暴跌风险［J］．管理科学，2013（1）：68－79.

［68］王化成，曹丰，叶康涛．监督还是掏空：大股东持股比例与股价崩盘风险［J］．管理世界，2015（2）：45－57.

［69］王化成，佟岩．控股股东与盈余质量——基于盈余反应系数的考察［J］．会计研究，2006（2）：66－74．

［70］王雄元，严艳．强制性信息披露的适度问题［J］．会计研究，2003（2）：13－18．

［71］王雄元，张鹏，顾俊．信息环境，年报披露时间选择与下年盈余管理［J］．南开管理评论，2009（5）：47－54．

［72］王亚平，刘慧龙，吴联生．信息透明度，机构投资者与股价同步性［J］．金融研究，2009（12）：162－174．

［73］王志强，刘星．上市公司 IPO 盈余管理与其后期市场表现的实证分析［J］．经济管理，2003（18）：78－81．

［74］魏明海，柳建华．国企分红，治理因素与过度投资［J］．管理世界，2007（4）：88－95．

［75］吴德军．外资持股对上市公司股价崩盘风险的影响研究［J］．国际商务：对外经济贸易大学学报，2015（3）：55－65．

［76］吴联生，王亚平．盈余管理程度的估计模型与经验证据：一个综述［J］．经济研究，2007（8）：143－152．

［77］夏立军．盈余管理计量模型在中国股票市场的应用研究［J］．中国会计与财务研究，2003（2）：94－154．

［78］肖土盛，宋顺林，李路．信息披露质量与股价崩盘风险：分析师预测的中介作用［J］．财经研究，2017（2）：109－120．

［79］谢德仁，郑登津，崔宸瑜．控股股东股权质押是潜在的"地雷"吗？——基于股价崩盘风险视角的研究［J］．管理世界，2016（5）：128－140．

［80］胥朝阳，刘睿智．提高会计信息可比性能抑制盈余管理吗？［J］．会计研究，2014（7）：50－57．

［81］许年行，于上尧，伊志宏．机构投资者羊群行为与股价崩盘风险［J］．管理世界，2013（7）：31－43．

［82］薛祖云，王冲．信息竞争抑或信息补充：证券分析师的角色扮演——基于我国证券市场的实证分析［J］．金融研究，2011（11）：167－182．

［83］闫化海．自愿性信息披露问题研究及其新进展［J］．外国经济与

管理，2004（10）：42－48.

［84］杨海燕，韦德洪，孙健. 机构投资者持股能提高上市公司会计信息质量吗？——兼论不同类型机构投资者的差异［J］. 会计研究，2012（9）：16－23.

［85］伊闽南，陈国辉. CEO过度自信，公司治理与盈余预测质量［J］. 改革，2018（8）：149－159.

［86］伊志宏，姜付秀，秦义虎. 产品市场竞争，公司治理与信息披露质量［J］. 管理世界，2010（1）：133－141.

［87］游家兴，张俊生，江伟. 制度建设，公司特质信息与股价波动的同步性——基于 R^2 研究的视角［J］. 经济学（季刊），2007（1）：189－206.

［88］游家兴. R^2 的复活——股价同步性研究评述与展望［J］. 管理科学学报，2017（3）：63－79.

［89］于丽峰，唐涯，徐建国. 融资约束，股价信息含量与投资—股价敏感性［J］. 金融研究，2014（11）：159－174.

［90］于忠泊，田高良，张咏梅，曾振. 会计稳健性与投资者保护：基于股价信息含量视角的考察［J］. 管理评论，2013（3）：146－158.

［91］于忠泊，田高良，张咏梅. 媒体关注，制度环境与盈余信息市场反应——对市场压力假设的再检验［J］. 会计研究，2012（9）：40－51.

［92］袁知柱，鞠晓峰. 基于面板数据模型的股价波动非同步性方法测度股价信息含量的有效性检验［J］. 中国软科学，2009（3）：174－185.

［93］张纯，吕伟. 信息披露，信息中介与企业过度投资［J］. 会计研究，2009（1）：60－65.

［94］张丽达，冯均科，陈军梅. 媒体监督，内部控制与审计意见［J］. 审计研究，2016（5）：73－81.

［95］张敏，张雯，马黎珺. 金融生态环境，外资持股与商业银行的关联贷款［J］. 金融研究，2014（12）：102－116.

［96］张娆，薛翰玉，赵健宏. 管理层自利，外部监督与盈利预测偏差［J］. 会计研究，2017（1）：32－38.

［97］张佑辉，李延喜，高锐. QFII与我国上市公司股价波动率关系研

究［J］. 大连理工大学学报，2008（2）：37－42.

［98］赵瑞光. 外资持股与国有企业投资效率［J］. 求索，2016（7）：100－104.

［99］钟凯，程小可，王化成，刘金钊. 融资融券制度提高了股价信息含量吗？——基于未来盈余反应系数的实证分析［J］. 会计与经济研究，2017（2）：3－25.

［100］钟凯，孙昌玲，王永妍，王化成. 资本市场对外开放与股价异质性波动——来自"沪港通"的经验证据［J］. 金融研究，2018（7）：174－192.

［101］钟覃琳，陆正飞. 资本市场开放能提高股价信息含量吗？——基于"沪港通"效应的实证检验［J］. 管理世界，2018（1）：169－179.

［102］周林洁. 公司治理，机构持股与股价同步性［J］. 金融研究，2014（8）：146－161.

［103］周县华，范庆泉，吕长江，张新. 外资股东与股利分配：来自中国上市公司的经验证据［J］. 世界经济，2012（11）：112－140.

［104］朱红军，何贤杰，陶林. 中国的证券分析师能够提高资本市场的效率吗——基于股价同步性和股价信息含量的经验证据［J］. 金融研究，2007（2）：110－121.

［105］Abarbanell J. , Lehavy R. . Biased forecasts or biased earnings? The role of reported earnings in explaining apparent bias and over/underreaction in analysts' earnings forecasts［J］. Journal of Accounting and Economics，2003，36（1－3）：105－146.

［106］Aboody D. , Kasznik R. . CEO stock option awards and the timing of corporate voluntary disclosures［J］. Journal of Accounting and Economics，2000，29（1）：73－100.

［107］Aggarwal R. K. , Samwick A. A. . Empire-builders and shirkers：Investment，firm performance，and managerial incentives［J］. Journal of Corporate Finance，2006，12（3）：489－515.

［108］Aggarwal R. , Erel I. , Ferreira M. , Matos P. . Does governance travel around the world? Evidence from institutional investors［J］. Journal of Financial Economics, 2011, 100 (1): 154 – 181.

[109] Agustinus P.. Foreign ownership and firm financing constraint in Indonesia [J]. MPRA Paper 6500, University library of Munich, Germany, 2007.

[110] Aleksanyan M.. Does the information environment affect the value relevance of financial statement data? [J]. Applied Economics Letters, 2009, 16 (8): 835 – 839.

[111] Ang J. B.. Innovation and financial liberalization [J]. Journal of Banking & Finance, 2014, 47: 214 – 229.

[112] Ashenfelter O. , Card D. E.. Using the longitudinal structure of earnings to estimate the effect of training programs [J]. Review of Economics & Statistics, 1985, 67 (4): 648 – 660.

[113] Baber W. , Kang S. , Liang L. , Zhu Z.. Shareholder rights, corporate governance and accounting restatement. Georgetown University Working Paper, 2009.

[114] Bae K. H. , Bailey W. , Mao C. X.. Stock market liberalization and the information environment [J]. Journal of International Money and Finance, 2006, 25 (3): 404 – 428.

[115] Bae K. H. , Chan K. , Ng A.. Investibility and return volatility [J]. Journal of Financial Economics, 2004, 71 (2): 239 – 263.

[116] Bae K. H. , Ozoguz A. , Tan H. , Wirjanto T. S.. Do foreigners facilitate information transmission in emerging markets? [J]. Journal of Financial Economics, 2012, 105 (1): 209 – 227.

[117] Baker M. , Stein J. C. , Wurgler J.. When does the market matter? Stock prices and the investment of equity-dependent firms [J]. The Quarterly Journal of Economics, 2003, 118 (3): 969 – 1005.

[118] Baker M. , Wurgler J.. A catering theory of dividends [J]. Journal of Finance, 2004, 59 (3): 1125 – 1165.

[119] Balakrishnan K. , Li X. , Yang H.. Mandatory financial reporting and voluntary disclosure: evidence from mandatory IFRS adoption [J]. Wharton University of Pennsylvania Working Paper, 2012.

[120] Barber B. M. , Loeffler D. . The "Dartboard" column: Second-hand information and price pressure [J]. Journal of Financial and Quantitative Analysis, 1993, 28 (2): 273 – 284.

[121] Bartram S. M. , Brown G. , Stulz R. M. . Why are US stocks more volatile? [J]. Journal of Finance, 2012, 67 (4): 1329 – 1370.

[122] Basu S. . The conservatism principle and the asymmetric timeliness of earnings [J]. Journal of Accounting and Economics, 1997, 24 (1): 3 – 37.

[123] Bekaert G. , Harvey C. R. , Lundblad C. . Does financial liberalization spur growth? [J]. Journal of Financial Economics, 2005, 77 (1): 3 – 55.

[124] Bekaert G. , Harvey C. R. . Time-varying world market integration [J]. Journal of Finance, 1995, 50 (2): 403 – 444.

[125] Bena J. , Ferreira M. A. , Matos P. , Pires P. . Are foreign investors locusts? The long-term effects of foreign institutional ownership [J]. Journal of Financial Economics, 2017, 126 (1): 122 – 146.

[126] Bentivogli C. , Mirenda L. . Foreign ownership and performance: Evidence from a panel of Italian firms [J]. Temi Di Discussione, 2016 (1): 1 – 23.

[127] Bertrand M. , Mullainathan S. . Enjoying the quiet life? Corporate governance and managerial preferences [J]. Journal of Political Economy, 2003, 111 (5): 1043 – 1075.

[128] Beuselinck C. , Blanco B. , García Lara J. M. . The role of foreign shareholders in disciplining financial reporting [J]. Journal of Business Finance & Accounting, 2017, 44 (5 – 6): 558 – 592.

[129] Bhagat S. , Black B. , Blair M. . Relational investing and firm performance [J]. Journal of Financial Research, 2004, 27 (1): 1 – 30.

[130] Bhattacharya U. , Daouk H. , Welker M. . The world price of earnings opacity [J]. The Accounting Review, 2003, 78 (3): 641 – 678.

[131] Biddle G. C. , Hilary G. , Verdi R. S. . How does financial reporting quality relate to investment efficiency? [J]. Journal of Accounting and Economics, 2009, 48 (2 – 3): 112 – 131.

[132] Bleck A. , Liu X. , Market transparency and the accounting regime

[J]. Journal of Accounting Research, 2007, 45 (2): 229 - 256.

[133] Bonaimé A. A., Mandatory disclosure and firm behavior: Evidence from share repurchases [J]. The Accounting Review, 2015, 90 (4): 1333 - 1362.

[134] Bond P., Edmans A., Goldstein I.. The real effects of financial markets [J]. Annual Review of Financial Economics, 2012, 4 (1): 339 - 360.

[135] Boubakri N., Cosset J. C., Saffar W.. The role of state and foreign owners in corporate risk-taking: Evidence from privatization [J]. Journal of Financial Economics, 2013, 108 (3): 641 - 658.

[136] Brammer S., Millington A.. Corporate reputation and philanthropy: An empirical analysis [J]. Journal of Business Ethics, 2005, 61 (1): 29 - 44.

[137] Brown L. D., Richardson G. D., Schwager S. J.. An information interpretation of financial analyst superiority in forecasting earnings [J]. Journal of Accounting Research, 1987 25 (1): 49 - 67.

[138] Bryan D. M., Tiras S. L.. The influence of forecast dispersion on the incremental explanatory power of earnings, book value, and analyst forecasts on market prices [J]. The Accounting Review, 2007, 82 (3): 651 - 677.

[139] Burgstahler D. C., Hail L., Leuz C.. The importance of reporting incentives: Earnings management in European private and public firms [J]. The Accounting Review, 2006, 81 (5): 983 - 1016.

[140] Bushman R. M., Piotroski J. D., Smith A. J.. What determines corporate transparency? [J]. Journal of Accounting Research, 2004, 42 (2): 207 - 252.

[141] Bushman R. M., Smith A. J.. Financial accounting information and corporate governance [J]. Journal of Accounting and Economics, 2001, 32 (1 - 3): 237 - 333.

[142] Cao L., Du Y., Hansen J.. Foreign institutional investors and dividend policy: Evidence from China [J]. International Business Review, 2017, 26 (5): 816 - 827.

[143] Chan K., Hameed A.. Stock price synchronicity and analyst coverage

in emerging markets [J]. Journal of Financial Economics, 2006, 80 (1): 115 – 147.

[144] Chaney P. K. , Faccio M. , Parsley D.. The quality of accounting information in politically connected firms [J]. Journal of Accounting and Economics, 2011, 51 (1 – 2): 58 – 76.

[145] Chari A. , Henry P. B.. Firm-specific information and the efficiency of investment [J]. Journal of Financial Economics, 2008, 87 (3): 636 – 655.

[146] Chau G. K. , Gray S. J.. Ownership structure and corporate voluntary disclosure in Hong Kong and Singapore [J]. The International Journal of Accounting, 2002, 37 (2): 247 – 265.

[147] Chen D. , Jiang D. , Liang S. , Wang F.. Selective enforcement of regulation [J]. China Journal of Accounting Research, 2011, 4 (1 – 2): 9 – 27.

[148] Chen F. , Hope O. K. , Li Q. , Wang X.. Financial reporting quality and investment efficiency of private firms in emerging markets [J]. The Accounting Review, 2011, 86 (4): 1255 – 1288.

[149] Chen J. , Hong H. , Stein J. C.. Forecasting crashes: Trading volume, past returns, and conditional skewness in stock prices [J]. Journal of Financial Economics, 2001, 61 (3): 345 – 381.

[150] Chen Q. , Goldstein I. , Jiang W.. Price informativeness and investment sensitivity to stock price [J]. The Review of Financial Studies, 2007, 20 (3): 619 – 650.

[151] Chen R. , El Ghoul S. , Guedhami O. , Wang H.. Do state and foreign ownership affect investment efficiency? Evidence from privatizations [J]. Journal of Corporate Finance, 2017, 42: 408 – 421.

[152] Chen Y. , Chen D. , Wang W. , Zheng D.. Political uncertainty and firms' information environment: Evidence from China [J]. Journal of Accounting and Public Policy, 2018, 37 (1): 39 – 64.

[153] Chen Z. , Du J. , Li D. , Ouyang R.. Does foreign institutional ownership increase return volatility? Evidence from China [J]. Journal of Banking & Finance, 2013, 37 (2): 660 – 669.

［154］Cheng L. T. W. , Leung T. Y.. Is there information content from insider trading activities preceding earnings and dividend announcements in Hong Kong? ［J］. Accounting & Finance, 2008, 48 （3）: 417 – 437.

［155］Cheng Q. , Du F. , Wang X. , Wang Y.. Seeing is believing: analysts' corporate site visits ［J］. Review of Accounting Studies, 2016, 21 （4）: 1245 – 1286.

［156］Cheng Q. , Lo K.. Insider trading and voluntary disclosures ［J］. Journal of Accounting Research, 2006, 44 （5）: 815 – 848.

［157］Chetty R. , Looney A. , Kroft K.. Salience and taxation: Theory and evidence ［J］. American Economic Review, 2009, 99 （4）: 1145 – 1177.

［158］Choe H. , Kho B. C. , Stulz R. M.. Do domestic investors have an edge? The trading experience of foreign investors in Korea ［J］. Review of Financial Studies, 2005, 18 （3）: 795 – 829.

［159］Choe H. , Kho B. C. , Stulz R. M.. Do foreign investors destabilize stock markets? The Korean experience in 1997 ［J］. Journal of Financial Economics, 1999, 54 （2）: 227 – 264.

［160］Choi J. J. , Lam K. C. K. , Sami H. , Zhou H.. Foreign ownership and information asymmetry ［J］. Asia-Pacific Journal of Financial Studies, 2013, 42 （2）: 141 – 166.

［161］Chung R. , Firth M. , Kim J. B.. Institutional monitoring and opportunistic earnings management ［J］. Journal of Corporate Finance, 2002, 8 （1）: 29 – 48.

［162］Coffee J. C.. Market failure and the economic case for a mandatory disclosure system ［J］. Virginia Law Review, 1984, 70 （4）: 717 – 753.

［163］Collins D. W. , Kothari S. P. , Shanken J. , Sloan R. G.. Lack of timeliness and noise as explanations for the low contemporaneuos return-earnings association ［J］. Journal of Accounting and Economics, 1994, 18 （3）: 289 – 324.

［164］Cooper M. J. , Dimitrov O. , Rau P. R.. A rose. com by any other name ［J］. Journal of Finance, 2001, 56 （6）: 2371 – 2388.

[165] Cooper M. J. , Gulen H. , Rau P. R. . Changing names with style: Mutual fund name changes and their effects on fund flows [J]. Journal of Finance, 2005, 60 (6): 2825 – 2858.

[166] Dahlquist M. , Robertsson G. . Direct foreign ownership, institutional investors, and firm characteristics [J]. Journal of Financial Economics, 2001, 59 (3): 413 – 440.

[167] Daske H. , Hail L. , Leuz C. , Verdi R. . Adopting a label: Heterogeneity in the economic consequences around IAS/IFRS adoptions [J]. Journal of Accounting Research, 2013, 51 (3): 495 – 547.

[168] Davenport T. H. , Prusak L. . Information ecology: Mastering the information and knowledge environment [M]. Oxford University Press on Demand, 1997.

[169] DeFond M. L. , Hung M. , Li S. , Li Y. . Does mandatory IFRS adoption affect crash risk? [J]. The Accounting Review, 2014, 90 (1): 265 – 299.

[170] Demirgüç-Kunt A. , Maksimovic V. . Law, finance, and firm growth [J]. Journal of Finance, 1998, 53 (6): 2107 – 2137.

[171] Desai M. A. , Dharmapala D. . Corporate tax avoidance and high-powered incentives [J]. Journal of Financial Economics, 2006, 79 (1): 145 – 179.

[172] Diamond D. W. , Verrecchia R. E. . Disclosure, liquidity, and the cost of capital [J]. Journal of Finance, 1991, 46 (4): 1325 – 1359.

[173] Dimson E. . Risk measurement when shares are subject to infrequent trading [J]. Journal of Financial Economics, 1979, 7 (2): 197 – 226.

[174] Durnev A. , Morck R. , Yeung B. , Zaromin P. . Does greater firm-specific return variation mean more or less informed stock pricing? [J]. Journal of Accounting Research, 2003, 41 (5): 797 – 836.

[175] Durnev A. , Morck R. , Yeung B. . Value-enhancing capital budgeting and firm-specific stock return variation [J]. Journal of Finance, 2004, 59 (1): 65 – 105.

[176] Dvorak T. . Do domestic investors have an information advantage? Evidence from Indonesia [J]. Journal of Finance, 2005, 60 (2): 817 – 839.

[177] Dyck A. , Volchkova N. , Zingales L. . The corporate governance role of the media: Evidence from Russia [J]. Journal of Finance, 2008, 63 (3): 1093 – 1135.

[178] Edison H. J. , Levine R. , Ricci L. , Slok T. . International financial integration and economic growth [J]. Journal of International Money and Finance, 2002, 21 (6): 749 – 776.

[179] Elyasiani E. , Jia J. . Distribution of institutional ownership and corporate firm performance [J]. Journal of Banking & Finance, 2010, 34 (3): 606 – 620.

[180] Eng L. L. , Mak Y. T. . Corporate governance and voluntary disclosure [J]. Journal of Accounting and Public Policy, 2003, 22 (4): 325 – 345.

[181] Ertimur Y. , Sletten E. , Sunder J. . Large shareholders and disclosure strategies: Evidence from IPO lockup expirations [J]. Journal of Accounting and Economics, 2014, 58 (1): 79 – 95.

[182] Fan J. P. H. , Wong T. J. . Corporate ownership structure and the informativeness of accounting earnings in East Asia [J]. Journal of Aaccounting and Economics, 2002, 33 (3): 401 – 425.

[183] Fan J. P. H. , Wong T. J. . Do external auditors perform a corporate governance role in emerging markets? Evidence from East Asia [J]. Journal of Accounting Research, 2005, 43 (1): 35 – 72.

[184] Fang L. , Peress J. . Media coverage and the cross-section of stock returns [J]. Journal of Finance, 2009, 64 (5): 2023 – 2052.

[185] Ferreira M. A. , Laux P. A. . Corporate governance, idiosyncratic risk, and information flow [J]. Journal of Finance, 2007, 62 (2): 951 – 989.

[186] Ferreira M. A. , Matos P. . The colors of investors' money: The role of institutional investors around the world [J]. Journal of Financial Economics, 2008, 88 (3): 499 – 533.

[187] Fischer S. . Capital account liberalization and the role of the IMF [J].

Princeton Essays in International Finance, 1998, 207: 1 – 10.

［188］ Fischer S. . Globalization and its challenges ［J］. American Economic Review, 2003, 93 (2): 1 – 30.

［189］ Fishman M. J. , Hagerty K. M. . Insider trading and the efficiency of stock prices ［J］. The RAND Journal of Economics, 1992, 23 (1): 106 – 122.

［190］ Florou A. , Pope P. F. . Mandatory IFRS adoption and institutional investment decisions ［J］. The Accounting Review, 2012, 87 (6): 1993 – 2025.

［191］ Gamra S. B. . Does financial liberalization matter for emerging East Asian economies growth? Some new evidence ［J］. International Review of Economics & Finance, 2009, 18 (3): 392 – 403.

［192］ Ghosh C. , Harding J. , Phani B. V. . Does liberalization reduce agency costs? Evidence from the Indian banking sector ［J］. Journal of Banking & Finance, 2008, 32 (3): 405 – 419.

［193］ Giannetti M. , Liao G. , Yu X. . The brain gain of corporate boards: Evidence from China ［J］. Journal of Finance, 2015, 70 (4): 1629 – 1682.

［194］ Gray R. , Kouhy R. , Lavers S. . Corporate social and environmental reporting: A review of the literature and a longitudinal study of UK disclosure ［J］. Accounting, Auditing & Accountability Journal, 1995, 8 (2): 47 – 77.

［195］ Greenaway D. , Guariglia A. , Yu Z. . The more the better? Foreign ownership and corporate performance in China ［J］. The European Journal of Finance, 2014, 20 (7 – 9): 681 – 702.

［196］ Grinblatt M. , Keloharju M. . The investment behavior and performance of various investor types: A study of Finland's unique data set ［J］. Journal of Financial Economics, 2000, 55 (1): 43 – 67.

［197］ Guadalupe M. , Kuzmina O. , Thomas C. . Innovation and foreign ownership ［J］. American Economic Review, 2012, 102 (7): 3594 – 3627.

［198］ Gul F. A. , Kim J. B. , Qiu A. A. . Ownership concentration, foreign shareholding, audit quality, and stock price synchronicity: Evidence from China ［J］. Journal of Financial Economics, 2010, 95 (3): 425 – 442.

［199］ Gupta N. , Yuan K. . On the growth effect of stock market liberalizations [J]. Review of Financial Studies, 2009, 22 (11): 4715 –4752.

[200] Hartzell J. C. , Starks L. T.. Institutional investors and executive compensation [J]. Journal of Finance, 2003, 58 (6): 2351 –2374.

[201] Hayek F. A.. The use of knowledge in society [J]. American Economic Review, 1945, 35 (4): 519 –530.

[202] He H. , Chen S. , Yao S. , Qu J.. Financial liberalisation and international market interdependence: Evidence from China's stock market in the post – WTO accession period [J]. Journal of International Financial Markets, Institutions and Money, 2014, 33: 434 –444.

[203] He W. , Li D. , Shen J. , Zhang B.. Large foreign ownership and stock price informativeness around the world [J]. Journal of International Money and Finance, 2013, 36 (36): 211 –230.

[204] He X. , Wong T. J. , Young D.. Challenges for implementation of fair value accounting in emerging markets: Evidence from China [J]. Contemporary Accounting Research, 2012, 29 (2): 538 –562.

[205] Healy P. M. , Hutton A. P. , Palepu K. G.. Stock performance and intermediation changes surrounding sustained increases in disclosure [J]. Contemporary Accounting Research, 1999, 16 (3): 485 –520.

[206] Healy P. M. , Palepu K. G.. Information asymmetry, corporate disclosure, and the capital markets: A review of the empirical disclosure literature [J]. Journal of Accounting and Economics, 2001, 31 (1 –3): 405 –440.

[207] Henry P. B.. Do stock market liberalizations cause investment booms? [J]. Journal of Financial Economics, 2000, 58 (1 –2): 301 –334.

[208] Ho S. S. M. , Wong K. S.. A study of the relationship between corporate governance structures and the extent of voluntary disclosure [J]. Journal of International Accounting, Auditing and Taxation, 2001, 10 (2): 139 –156.

[209] Holthausen R. W. , Larcker D. F. , Sloan R. G.. Annual bonus schemes and the manipulation of earnings [J]. Journal of Accounting and Economics, 1995, 19 (1): 29 –74.

[210] Hossain M. , Reaz M.. The determinants and characteristics of volun-

tary disclosure by Indian banking companies [J]. Corporate Social Responsibility and Environmental Management, 2007, 14 (5): 274 – 288.

[211] Hou W., Moore G.. Player and referee roles held jointly: The effect of state ownership on China's regulatory enforcement against fraud [J]. Journal of Business Ethics, 2010, 95 (2): 317 – 335.

[212] Hung M., Kim Y., Li S.. Political connections and voluntary disclosure: Evidence from around the world [J]. Journal of International Business Studies, 2018, 49 (3): 272 – 302.

[213] Hung M., Subramanyam K. R.. Financial statement effects of adopting international accounting standards: The case of Germany [J]. Review of Accounting Studies, 2007, 12 (4): 623 – 657.

[214] Hutton A. P., Marcus A. J., Tehranian H.. Opaque financial reports, R^2, and crash risk [J]. Journal of Financial Economics, 2009, 94 (1): 67 – 86.

[215] Jensen M. C., Meckling W. H.. Theory of the firm: Managerial behavior, agency costs and ownership structure [J]. Journal of Financial Economics, 1976, 3 (4): 305 – 360.

[216] Jensen M. C.. Agency costs of free cash flow, corporate finance, and takeovers [J]. American Economic Review, 1986, 76 (2): 323 – 329.

[217] Jiang L., Kim J. B., Pang L.. Control-ownership wedge and investment sensitivity to stock price [J]. Journal of Banking & Finance, 2011, 35 (11): 2856 – 2867.

[218] Jin L., Myers S. C.. R^2 around the world: New theory and new tests [J]. Journal of Financial Economics, 2006, 79 (2): 257 – 292.

[219] Jiraporn P., Chintrakarn P., Kim Y. S.. Analyst following, staggered boards, and managerial entrenchment [J]. Journal of Banking & Finance, 2012, 36 (11): 3091 – 3100.

[220] Kaminsky G., Schmukler S.. Short-run pain, long-run gain: The effects of financial liberalization [M]. The World Bank, 2002.

[221] Karamanou I., Vafeas N.. The association between corporate boards,

audit committees, and management earnings forecasts: An empirical analysis [J]. Journal of Accounting Research, 2005, 43 (3): 453 – 486.

[222] Kelly P. J.. Information efficiency and firm-specific return variation [J]. The Quarterly Journal of Finance, 2014, 4 (4): 1 – 44.

[223] Kim E. H., Singal V.. Stock market openings: experience of emerging economies [J]. Journal of Business, 2000, 73 (1): 25 – 66.

[224] Kim J. B., Yi C. H.. Foreign versus domestic institutional investors in emerging markets: Who contributes more to firm-specific information flow? [J]. China Journal of Accounting Research, 2015, 8 (1): 1 – 23.

[225] Kim J. B., Li Y., Zhang L.. CFOs versus CEOs: Equity incentives and crashes [J]. Journal of Financial Economics, 2011, 101 (3): 713 – 730.

[226] Kim J. B., Li Y., Zhang L.. Corporate tax avoidance and stock price crash risk: Firm-level analysis [J]. Journal of Financial Economics, 2011, 100 (3): 639 – 662.

[227] Kim J. B., Zhang L.. Accounting conservatism and stock price crash risk: Firm-level evidence [J]. Contemporary Accounting Research, 2016, 33 (1): 412 – 441.

[228] Kim O., Verrecchia R. E.. Market liquidity and volume around earnings announcements [J]. Journal of Accounting and Economics, 1994, 17 (1 – 2): 41 – 67.

[229] King B. F.. Market and industry factors in stock price behavior [J]. Journal of Business, 1966, 39 (1): 139 – 190.

[230] Klein A.. Audit committee, board of director characteristics, and earnings management [J]. Journal of Accounting and Economics, 2002, 33 (3): 375 – 400.

[231] Klein M., Olivei G.. Capital account liberalisation, financial depth and economic growth [J]. Journal of International Money and Finance, 2008, 27 (6): 861 – 875.

[232] La Ferrara E., Chong A., Duryea S.. Soap operas and fertility: Evidence from Brazil [J]. American Economic Journal: Applied Economics,

2012, 4 (4): 1 – 31.

[233] La Porta R., Lopez-de-Silanes F., Shleifer A., Vishny R.. Investor protection and corporate valuation [J]. Journal of Finance, 2002, 57 (3): 1147 – 1170.

[234] Lang M. H., Lundholm R. J.. Corporate disclosure policy and analyst behavior [J]. The Accounting Review, 1996, 71 (4): 467 – 492.

[235] Lerman A.. Individual investors' attention to accounting information: Message board discussions [J]. Social Science Electronic Publishing, 2011.

[236] Leuz C., Oberholzer-Gee F.. Political relationships, global financing, and corporate transparency: Evidence from Indonesia [J]. Journal of Financial Economics, 2006, 81 (2): 411 – 439.

[237] Levine R., Zervos S.. Capital control liberalization and stock market development [J]. World Development, 1998, 26 (7): 1169 – 1183.

[238] Li D., Nguyen Q. N., Pham P. K., Wei S. X.. Large foreign ownership and firm-level stock return volatility in emerging markets [J]. Journal of Financial and Quantitative Analysis, 2011, 46 (4): 1127 – 1155.

[239] Li Y., Zhang L. Short selling pressure, stock price behavior, and management forecast precision: Evidence from a natural experiment [J]. Journal of Accounting Research, 2015, 53 (1): 79 – 117.

[240] Liao G., Ma, M., Yu X.. Transporting transparency: Director foreign experience and corporate information environment. Working Paper, 2016.

[241] Luong H., Moshirian F., Nguyen L., Tian X., Zhang B.. How do foreign institutional investors enhance firm innovation? [J]. Journal of Financial and Quantitative Analysis, 2017, 52 (4): 1449 – 1490.

[242] Mallin C.. Institutional investors: The vote as a tool of governance [J]. Journal of Management & Governance, 2012, 16 (2): 177 – 196.

[243] Malmendier U., Tate G.. Who makes acquisitions? CEO overconfidence and the market's reaction [J]. Journal of Financial Economics, 2008, 89 (1): 20 – 43.

[244] Manso G.. Motivating innovation [J]. Journal of Finance, 2011, 66

(5): 1823 – 1860.

[245] McKinnon J. L. , Dalimunthe L. . Voluntary disclosure of segment information by Australian diversified companies [J]. Accounting & Finance, 1993, 33 (1): 33 – 50.

[246] Mitton T. . Stock market liberalization and operating performance at the firm level [J]. Journal of Financial Economics, 2006, 81 (3): 625 – 647.

[247] Modigliani F. , Miller M. H. . The cost of capital, corporation finance and the theory of investment [J]. American Economic Review, 1958, 48 (3): 261 – 297.

[248] Morck R. , Yeung B. , Yu W. . The information content of stock markets: Why do emerging markets have synchronous stock price movements? [J]. Journal of Financial Economics, 2000, 58 (1 – 2): 215 – 260.

[249] Myers S. C. , Majluf N. S. . Corporate financing and investment decisions when firms have information that investors do not have [J]. Journal of Financial Economics, 1984, 13 (2): 187 – 221.

[250] Peress J. . The media and the diffusion of information in financial markets: Evidence from newspaper strikes [J]. Journal of Finance, 2014, 69 (5): 2007 – 2043.

[251] Piotroski J. D. , Roulstone D. T. . The influence of analysts, institutional investors, and insiders on the incorporation of market, industry, and firm-specific information into stock prices [J]. The Accounting Review, 2004, 79 (4): 1119 – 1151.

[252] Piotroski J. D. , Wong T. J. , Zhang T. . Political incentives to suppress negative information: Evidence from Chinese listed firms [J]. Journal of Accounting Research, 2015, 53 (2): 405 – 459.

[253] Piotroski J. D. , Wong T. J. . Institutions and information environment of Chinese listed firms [M]//Capitalizing China. University of Chicago Press, 2012: 201 – 242.

[254] Rajgopal S. , Shivakumar L. , Simpson A. V. . A catering theory of earnings management. Working Paper, 2007.

[255] Richardson S.. Over-investment of free cash flow [J]. Review of Accounting Studies, 2006, 11 (2 −3): 159 −189.

[256] Roll R.. R^2. Journal of Finance [J]. 1988, 43: 541 −566.

[257] Rossi S., Volpin P. F.. Cross-country determinants of mergers and acquisitions [J]. Journal of Financial Economics, 2004, 74 (2): 277 −304.

[258] Saunders A., Cornett M. M., McGraw P. A.. Financial institutions management: A risk management approach [M]. New York: McGraw-Hill/ Irwin, 2006.

[259] Schneider A.. Auditors' internal control opinions: Do they influence judgments about investments? [J]. Managerial Auditing Journal, 2009, 24 (8): 709 −723.

[260] Shleifer A., Vishny R. W.. A survey of corporate governance [J]. Journal of Finance, 1997, 52 (2): 737 −783.

[261] Shleifer A., Vishny R. W.. Large shareholders and corporate control [J]. Journal of Political Economy, 1986, 94 (3, Part 1): 461 −488.

[262] Solomon D. H., Soltes E., Sosyura D.. Winners in the spotlight: Media coverage of fund holdings as a driver of flows [J]. Journal of Financial Economics, 2014, 113 (1): 53 −72.

[263] Solow R. M.. A contribution to the theory of economic growth [J]. The Quarterly Journal of Economics, 1956, 70 (1): 65 −94.

[264] Stein J. C.. Internal capital markets and the competition for corporate resources [J]. Journal of Finance, 1997, 52 (1): 111 −133.

[265] Stiglitz J. E.. Reforming the global economic architecture: Lessons from recent crises [J]. Journal of Finance, 1999, 54 (4): 1508 −1522.

[266] Valero M., Lee H. W., Cai N. K.. Cross-listing pursuit of unseasoned foreign firms after going public in the US [J]. Journal of Business Research, 2009, 62 (8): 797 −804.

[267] Wang L., Yung K.. Do state enterprises manage earnings more than privately owned firms? The case of China [J]. Journal of Business Finance & Accounting, 2011, 38 (7 −8): 794 −812.

[268] Wang X. , Zhou S. , Fang W. . The Relations between QFII Holdings and Company Performance: Evidence from China's A – Share Listed Companies [J]. Discrete Dynamics in Nature and Society, 2014: 1 – 9.

[269] Wang Y. J. , Hou H. , Khan W. . Foreign institutional ownership and firm dividend payout: An emerging market Case [C]. Working Paper, in FMA Annual Meeting, 2009.

[270] Warfield T. D. , Wild J. J. , Wild K. L. . Managerial ownership, accounting choices, and informativeness of earnings [J]. Journal of Accounting and Economics, 1995, 20 (1): 61 – 91.

[271] West K. D. . Dividend innovations and stock price volatility [J]. Econometrica: Journal of the Econometric Society, 1988, 56 (1): 37 – 61.

[272] Wu W. , Johan S. A. , Rui O. M. . Institutional investors, political connections, and the incidence of regulatory enforcement against corporate fraud [J]. Journal of Business Ethics, 2016, 134 (4): 709 – 726.

[273] Wurgler J. . Financial markets and the allocation of capital [J]. Journal of Financial Economics, 2000, 58 (1 – 2): 187 – 214.

[274] Xu N. , Chan K. C. , Jiang X. , et al. . Do star analysts know more firm-specific information? Evidence from China [J]. Journal of Banking & Finance, 2013, 37 (1): 89 – 102.

[275] Yoon A. . Credibility of disclosures in weak enforcement institutions: Evidence from Shanghai-Hong Kong Connect. Working Paper, 2017.

[276] Yu M. . Analyst forecast properties, analyst following and governance disclosures: A global perspective [J]. Journal of International Accounting, Auditing and Taxation, 2010, 19 (1): 1 – 15.

[277] Zhang L. . Why do firms pay cash in acquisitions? Evidence from a demand perspective. Working Paper, 2009.

[278] Ziebart D. A. . The association between consensus of beliefs and trading activity surrounding earnings announcements [J]. The Accounting Review, 1990, 65 (2): 477 – 488.